대인관계 능력과 프레젠테이션 기술

저자 소개

이수라
현재 전주대학교 교양학부 객원교수

장미영
현재 전주대학교 교양학부 교수

장원길
현재 전주대학교 건강자원학부 교수

장창영
현재 전주대학교 교양학부 객원교수

최경호
현재 전주대학교 여론통계학과 교수

대인관계 능력과 프레젠테이션 기술

초판1쇄 인쇄 2006년 9월 20일 | **초판1쇄 발행** 2006년 9월 27일
지은이 이수라 · 장미영 · 장원길 · 장창영 · 최경호 | **펴낸이** 최종숙 | **편집** 이은희 · 공혜정 | **펴낸 곳** 도서출판 글누림
등록 제303-2005-000038호(등록일 2005년 10월 5일)
주소 서울 성동구 성수2가 3동 301-80 (주)지시코 별관 3층
전화 3409-2055 | **팩스** 3409-2059 | **이메일** nurim3888@hanmail.net
ISBN 89-91990-34-7 93330

정가 13,000원
* 잘못된 책은 교환해 드립니다.

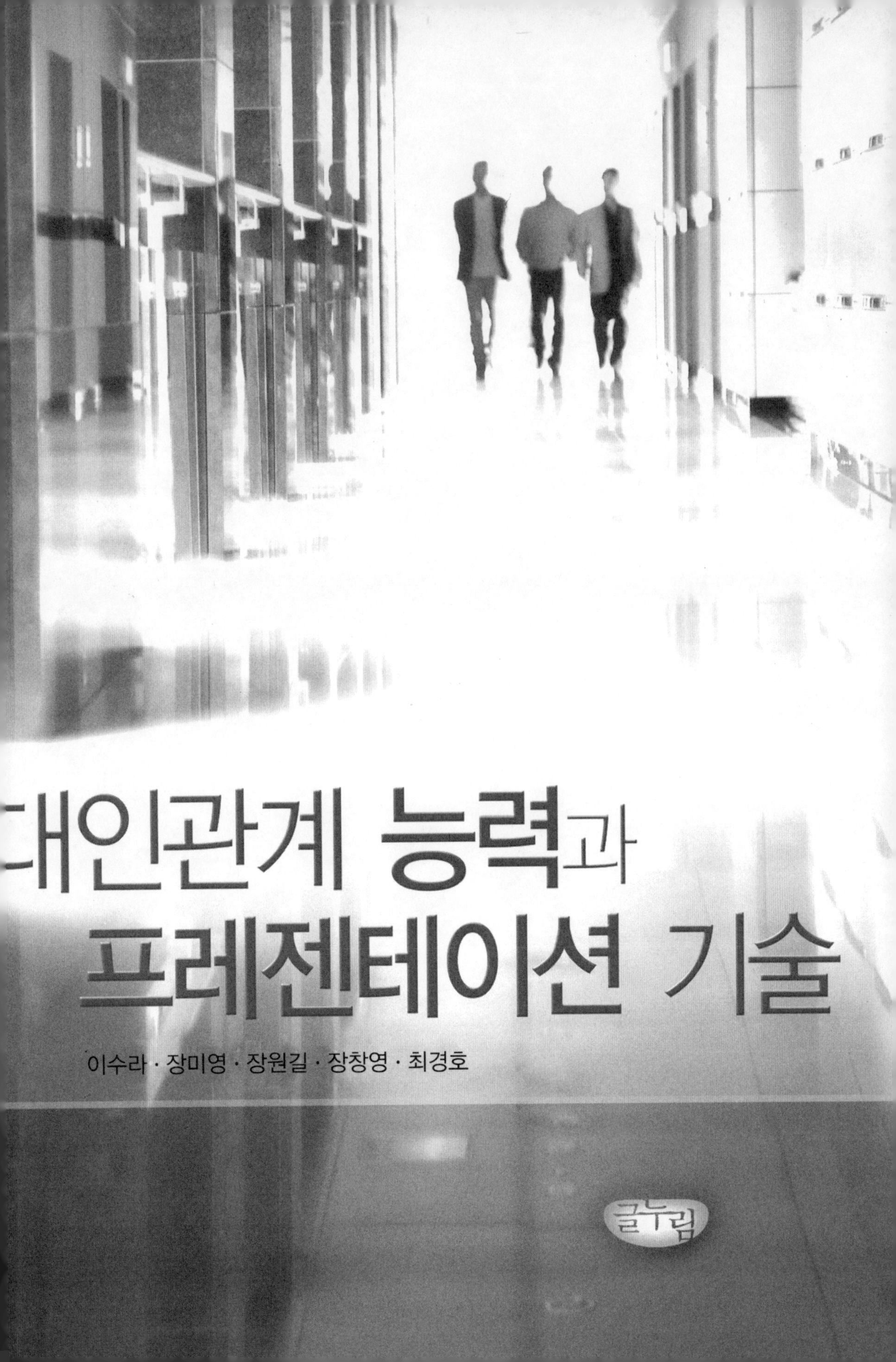

대인관계 능력과 프레젠테이션 기술

이수라 · 장미영 · 장원길 · 장창영 · 최경호

글누림

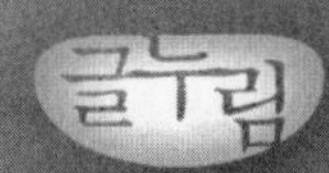

그간 출판된 수많은 책들이 대인관계를 잘 하는 방법을 소개하였고 프레젠테이션의 성공 비결을 다루었다. 이 책은 그러한 선행 업적들에 기대면서도 독자들이 이 책을 통해 실제적인 효과를 거둘 수 있도록 실전 훈련을 많이 배치했다.

이 책은 크게 3장으로 나누어져 있다. 제1장에서는 대인관계 능력을 향상시킬 수 있는 실제적인 훈련 단계로 발음, 자기소개법, 몸짓 연출 등을 비롯하여 사적이거나 공적인 상황에서의 대화 예절을 익히는 데 중점을 두었다. 제2장에서는 프레젠테이션을 성공적으로 해낼 수 있는 효과적인 기법들을 인지하고 그러한 기법들이 머리 속에서만이 아니라 실전에 대비하여 숙달이 될 수 있도록 배려했다. 제3장에서는 시각적 프레젠테이션을 도모하기 위한 한 방법으로 다양한 파워포인트 기법을 소개하였다.

현대는 여러 가지 다양한 매체가 발달함에 따라 말을 전달하고 수용하는 기법도 다양해지고 고급화되었다. 이제는 순진하거나 거친 화법이 더 이상 미덕이 되지 못한다. 사람들은 좀더 세련되고 좀더 신선하고 좀더 다채로운 화법을 요구하고 있다. 이에 부응하기 위해 필자들은 여러 가지 실전 훈련이 가능한 방법을 찾느라 많은 자료를 섭렵하고 그러한 자료들을 새롭게 배치하느라 골몰했다.

이 책은 교육 현장에서 학생들을 가르치기 위한 실전 훈련자료로서의 의미가 크다. 우리 필진들은 백 가지를 아는 것보다 한 가지를 실천하는 것이 더 낫다는 신념으로 이 책을 꾸렸다. 필진들의 전공이 각기 다름에도 불구하고 우리들은 이러한 책의 필요성을 공감했다. 이 책이 부디 학생들의 성장에 보탬이 되기를 소망한다.

　　다양한 자료를 찾아내고 정리하느라 애썼던 장창영 교수님은 다른 필진들의 안부까지를 걱정하는 애틋한 인간미를 보여줌으로써 우리들을 흐뭇하게 만들었다. 이수라 교수님은 산후 후유증으로 몸이 불편함에도 불구하고 밤샘 작업을 마다하지 않는 책임감을 과시했다. 장원길 교수님은 특히 예문을 만드는 데 의욕적이셨고 책이 출판되기까지 소요되는 일체의 경비를 책임 지셨다. 최경호 교수님의 남다른 부지런함은 다른 필진들을 긴장시켰다. 모두들 열심히 하셨는데, 다 꾸려놓고 보니 처음 구상했던 것에 턱도 없이 못 미친다. 이 책을 보게 될 독자 여러분들의 새로운 아이디어와 제안을 기대한다.

2006년 초가을의 문턱에서
필진을 대신하여 장미영 적음

contents

제1장

의사소통과 대인관계

발음과 억양

대인관계는 말소리를 내는 순간부터 이루어진다. 이때 정확한 발음으로 말소리를 내면 쉽게 사람들의 관심과 주목을 받을 수 있다. 같은 말이라도 불분명한 발음으로 전달하는 메시지는 상대방의 관심을 끌기 어려울 뿐더러 그 내용이 왜곡되기 쉽다. 즉..발음에 따라 상대방이 받아들이는 의미는 무척 크게 달라질 수 있다는 것이다.

예를 들어 경상도 사람들의 경우, '쌀' 발음이 'ㅅ'으로 나기 때문에 '쌀'을 '살'로 오해하는 일이 종종 발생한다. 우리나라 역대 대통령 중의 한 분이 '관광 도시'라는 발음을 잘못해서 '강간 도시'가 되었다는 일화는 정확한 발음의 중요성을 일깨우는 예이다. 이렇게 발음의 차이는 의미의 차이를 가져오기 때문에 정확한 발음은 자신의 의사를 명확하고 올바르게 전달하는 데 필수적이다.

❶ 좋은 발음은 좋은 자세에서 나온다.

정확하고 분명하게 발음을 하기 위해서는 먼저 바른 자세를 취해야 한다. 좋은 발음은 좋은 자세에서 나오기 때문이다. 일반적으로 자신이 가지고 있는 목소리를 가장 효과적으로 내기 위해서는 허리를 곧게 펴야 한다.

허리는 우리 몸의 중심을 이루는 중추적인 역할을 한다. 사람들은 느슨하게 풀어진 채 자세가 굽은 모습보다는 허리를 곧게 편 바른 자세를 접할 때 좋은 인상을 받는다. 따라서 곧게 편 허리는 상대방에게 적극적이면서 긍정적인 성격의 소유자라는 인상을 줄 수 있다.

서서 이야기를 할 때는 발가락에 힘을 주고 양쪽 다리에 똑같이 무게중심을 둔 채 무릎을 펴야 한다. 상대방과 이야기를 나눌 때 몸의 균형을 제대로 유지하는 것은 상대방에게 안정적인 느낌과 함께 좋은 인상을 주는 데 긍정적인 효과를 유발할 수 있다. 자신의 자세가 정돈되고 안정되어 있으면 스스로 편안한 마음을 가질 수 있으며 이에 남들도 편안함을 느끼게 된다. 자신이 흐트러져 있거나 어정쩡한 자세를 취하게 되면 상대방은 불편함을 느끼게 된다.

❷ 시선은 발음만큼 중요하다.

대화 중에 사람들은 대화의 내용에 관심을 기울이기에 앞서 시선 교환을 통해 상대방과의 교감을 시도한다. 시선은 상대방과 지속적으로 교환하는 것이 가장 바람직하다. 그러나 넓은 장소에 청중이 많을 때는 자기 나름대로 순서를 정해놓고 시선을 이동해야 한다. 이때는 주로 주제가 바뀌거나 화제가 끊기는 곳과 같이 내용이 일단락된 지점에서 시선을 이동하는 것이 좋다.

상대방과 이야기를 나눌 때 또는 발표자가 되어 청중 앞에 섰을 때는 상대방이나 청중을 의식적으로 쳐다보아야 한다. 시선을 자료에 빼앗기거나 칠판에 글자를 쓰면서 등을 보이게 되면 말을 듣는 사람은 무시당하는 느낌을 받게 되고 말에 집중을 하지 않게 된다.

특히 중요한 내용을 말할 때는 눈빛에 메시지를 실어 전달한다는 느낌으로 상대방이나 청중을 응시하는 것이 좋다. 이때 등과 가슴을 쭉 펴고 청중의 눈을 직시하면 전달하려는 메시지에 더욱 힘이 가해지게 된다.

❸ 목소리는 꾸미지 않아야 한다.

전달하는 내용이 아무리 훌륭하다 할지라도 말하는 이의 목소리가 자연스럽지 않으면 상대방은 신뢰를 보이지 않는다. 자연스러운 목소리를 내기 위해서는 적당한 세기와 높이, 적당한 빠르기, 고른 음정, 명료한 발음, 따스한 음색 등이 훈련되어야 한다.

훈련할 때는 목소리를 여유 있게 천천히 내는 것이 중요하다. 자신감 있는 목소리를 내려면 입술에 힘을 주고 큰 소리로 정확한 발음이 되도록 신경을 써야 한다.

1) 기초 발성 연습

(1) 한글 자모 발음 연습

❶ 모음 발성 연습

아야/어여/오요/우유/으이
아에이오우/에이오우아/이오우아에/오우아에이/우아에이오
가기구게고/나니누네노/다디두데도/라리루레로/마미무메모/바비부베보/사시수세소/아이우에오/자지주제조/차치추체초/카키쿠케코/타티투테토/파피푸페포/하히후헤호

❷ 자음 발성 연습

가나다라/마바사아/자차카타/파하
거너더러/머버서어/저처커터/퍼허
고노도로/모보소오/조초코토/포호
구누두루/무부수우/주추쿠투/푸후
그느드르/므브스으/즈츠크트/프흐
기니디리/미비시이/지치키티/피히

가갸/거겨/고교/구규/그기
나냐/너녀/노뇨/누뉴/느니
다댜/더뎌/도됴/두듀/드디
라랴/러려/로료/루류/르리
마먀/머며/모묘/무뮤/므미
바뱌/버벼/보뵤/부뷰/브비
사샤/서셔/소쇼/수슈/스시
아야/어여/오요/우유/으이
자쟈/저져/조죠/주쥬/즈지
차챠/처쳐/초쵸/추츄/츠치
카캬/커켜/코쿄/쿠큐/크키
타탸/터텨/토툐/투튜/트티
파퍄/퍼펴/포표/푸퓨/프피
하햐/허혀/호효/후휴/흐히

각갹/걱격/곡굑/국귝/극긱
간갼/건견/곤굔/군균/근긴
갇갿/걷겯/곧굗/굳귣/귿긷
갈걀/걸결/골굘/굴귤/글길
감갿/검겸/곰굠/굼귬/금김
갑갑/겁겹/곱굡/굽귭/급깁
강걍/경경/공굥/궁귱/긍깅

❸ 거센소리 연습하기

차 카 타 파
처 커 터 퍼
추 쿠 투 푸

초 코 토 포
츠 크 트 프
치 키 티 피

❹ 된소리 연습하기

가 까 따 빠 싸 짜
꺼 떠 뻐 써 쩌
꼬 또 뽀 쏘 쪼
꾸 뚜 뿌 쑤 쭈
끄 뜨 쁘 쓰 쯔
끼 띠 삐 씨 찌

❺ 이중모음 '의' 연습하기

민 주 주 의 의 의 의
　　　[의] [의] [의] [의]
　　　[이] [에] 　[이]

의자　의사
[의]　[의]

유의 사항
 [이]

유희　희망　무늬
[히]　[히]　　[니]

❻ 장모음 연습하기

눈(眼)에 눈:(雪)이 들어가니 눈물인가 눈:물인가.

말(馬)도 말:(言)을 할 수 있다.

배(船)를 타고 배(梨)를 먹으니 배(腹)가 두 배:(倍)로 부르다.

저 혼자만 사과(沙果)를 먹게 되어 사:과(謝過) 드립니다.

막상 종이에 적어(記) 보니 액수가 적:(少)네요.

님 그리는(慕) 마음을 그:려 보았습니다.

오늘 밤(夜)에 밤:(栗) 따러 가자.

화병(瓶)에 있는 애인 사진을 보노라니 상사병:(病)이 절로 납니다.

돌(週) 잔치는 돌:(石)상 놓고 해야겠다.

나는 못(釘)도 못:(不能) 박는다.

영:감(令監)이 무슨 영감(靈感)이 떠오르겠어요?

(2) 4단계 점층적 발성 연습

4단계 발성 연습이란 저음과 중음, 그리고 고음을 차례로 훈련하면서 목소리의 크기를 조절하기 위한 것이다. 즉 이 연습은 음의 높낮이를 강조하기 위한 것이다. 20음 정도는 가장 낮은 음성으로서 인사나 사죄, 슬픔 등을 표현할 때 사용하고, 40음 정도는 낮은 음성으로 설명이나 해명, 낭만적인 표현을 할 때 사용한다. 60음 정도는 보통 음성으로 사건을 설명하거나 비판을 할 때 사용하는 음성이다. 80음 정도는 높은 음성으로 분노나 강조를 표현할 때 사용한다. 100음 정도는 가장 높은 음성으로 절규할 때 사용한다.

①

좋은 만남은 우리에게 웃음을 줍니다(20음)
좋은 만남은 우리에게 희망을 줍니다(40음)
좋은 만남은 우리에게 행복을 줍니다(60음)
좋은 만남은 우리에게 축복을 줍니다(80음)

②

남을 아는 사람은 지혜 있는 사람입니다(25음)
자기를 아는 사람은 명석한 사람입니다(40음)
남을 이기는 사람은 능력 있는 사람입니다(75음)
자기를 이기는 사람은 이 세상에서 가장 강한 사람입니다(100음)

(3) 5단계 가변적 발성 연습

①

리더는(30음)
원하지 않은 결과가 나왔더라도(50음)
실망하기 보다는(30음)
바람직한 결과로(50음)
만들어 갈 수 있어야 합니다(30음)

②

뜻이 있는 곳에 / 길이 있고(20음)
길이 있는 곳에 / 빛이 있으며(40음)

> 빛이 있는 곳에 / 영광이 있고(30음)
>
> 영광이 있는 곳에 / 축복이 있으며(50음)
>
> 축복이 있는 곳에 / 행복이 있습니다(70음)

(4) 10단계 발성 연습

> 최저음 (10음) 하나 하면 드넓은 바다가 생각납니다.
>
> (20음) 둘 하면 고요한 바다가 생각납니다.
>
> 저　음 (30음) 셋 하면 잔잔한 바다가 생각납니다.
>
> (40음) 넷 하면 흔들리는 바다가 생각납니다.
>
> 중간음 (50음) 다섯 하면 일렁이는 바다가 생각납니다.
>
> (60음) 여섯 하면 출렁이는 바다가 생각납니다.
>
> 고　음 (70음) 일곱 하면 넘실대는 바다가 생각납니다.
>
> (80음) 여덟 하면 파도치는 바다가 생각납니다.
>
> 최고음 (90음) 아홉 하면 번개치는 바다가 생각납니다.
>
> (100음) 열 하면 폭풍치는 바다가 생각납니다.

2) 강세 연습

　　강세는 말하기에서 중요한 의미를 부여해야 할 부분에 역점을 두어 말하는 기법이다. 다른 부분과 달리 강조해야 할 부분은 강(强)하게 발음을 함으로써 힘 있고 두드러지게 나타나게 한다. 강세는 행동의 주체나 목적어 등을 강조하기도 하고, 행위나 상태를 부각시키는 데도 유용하게 사용된다.

　　강세를 주면서 문장 낭독 연습을 하는 훈련은 의미의 차이를 구별하기 위해서 효과적이다. 강세는 어감에 변화를 줄 수 있기 때문에 강세

훈련을 지속적으로 실행함으로써 어감의 차이를 인식하는 훈련을 반복할 필요가 있다.

동일한 내용이라 할지라도 음성 표현에 따라서 전달되는 의미가 어떻게 차이를 나타내는지 알아보자.

"그 남자는 내 마음을 훔쳤다."

위의 문장에서 '그 남자는', '내', '마음을', '훔쳤다'와 같이 각각의 단어들을 강조할 때 의미가 달라진다. '그 남자는'을 강조할 경우는 행위를 실행에 옮긴 대상자를 지칭하는 의미가 강하며, '내'에 강세를 두면 마음의 소유자를 의미하게 된다. 또한 '마음을'에 강세를 두면 행위의 대상을 언급함으로써 사건 진행의 구체화가 이루어지며, '훔쳤다'의 경우 행위에 초점을 맞춘 것이 된다. 이와 같이 각각의 단어들은 전체 문장을 구성하는 데 필수적인 역할을 수행하며, 어떤 단어에 강세를 두느냐에 따라 화자의 의도가 완전히 달라지게 된다.

① 역사의 새 물결이 다가오고 있습니다.
② '왜 사느냐'가 아니라 '어떻게 사느냐'가 중요한 것입니다.
③ 정직한 사람이 대우받는 복된 사회를 만듭시다.
④ 땀 흘리는 국민만이 새 나라의 주인이 됩니다.
⑤ 시간은 황금이요, 세월은 약입니다.
⑥ 참는 것이 아니라 이해하는 것이요, 이해하는 것이 아니라 적응하는 것입니다.
⑦ 가진 자는 없는 자를 돕고, 없는 자는 가진 자를 질투하지 말아야 합니다.
⑧ 약한 것은 끊어집니다. 강한 것은 부러집니다. 강약이 합해야 질긴 것이 됩니다.

⑨ 첫 단추가 맞아야 다음 단추가 맞듯이 질서 있는 생활 속에 내 인생이
발전하는 것입니다.
⑩ 억센 물결을 거슬러 올라가는 물고기와 같이 역경을 거슬러 이겨내야
합니다.

3) 어조 연습

어조(tone)는 호흡의 단락마다 나타나는 고저의 변동을 말한다. 그러므로 말할 때 어조를 잘 활용하면 화자의 주관을 직접 표출하는 것과 같은 효과를 거둘 수 있다. 특히 강한 명령을 할 때는 어조가 낮아지며, 질문을 던질 때는 어조가 보통 때보다 높아지는 것을 경험할 수 있다. 명령조의 어조는 상대방에게 고압적인 느낌을 주며, 질문조의 어조는 좀 더 부드러운 느낌을 준다. 그런 점에서 말의 어조는 말하는 이의 감정이 그대로 드러나는 표현법인 동시에 사람들의 흥미를 끌 수 있는 직접적이고 효과적인 방법이 될 수 있다.

조사(弔辭)를 낭독할 때와 같이 슬프거나 엄숙한 자리에서의 어조는 낮아지며, 즐겁고 유쾌한 자리에서의 어조는 자연스럽게 높아진다. 이처럼 어조는 화자의 주관적인 느낌이 강하게 반영되기 때문에 말하는 이는 자신의 감정에 솔직하게 반응하면 된다. 어조는 너무 과장하거나 축소하면 불필요한 오해를 살 수 있다. 따라서 상황에 따라 적절하게 대처할 수 있는 어조 사용법을 익히는 것이 바람직하다.

 다음 글을 의미 단위별로 사선을 치면서 연설 톤으로 낭독해 보자.

결혼 혹은 이혼 이야기

'커피 한 잔'과 '모래시계'의 화려한 이미지로 대변되는 / 두 여성의 이혼에 얽힌 이야기들이 / 가난한 술자리에 / 풍성한 안주거리가 되는 모양입니다. / 삶에 지친 서민들의 / 눈과 귀를 즐겁게 해주는 것이 주임무인 / 대중 스타의 본분을 떠올리면서 / 그들의 위력을 재확인하는 / 얄궂은 심정이 됩니다.

우리나라의 이혼율이 / 세계에서 두 번째를 기록할 만큼 / 높아졌다고 합니다. 하루에 840쌍이 결혼하고 / 398쌍이 이혼한다는 구체적 수치를 보면, / 우리 사회의 결혼은 / 심각한 병을 앓고 있는 게 / 틀림없습니다. 더 늦어버리기 전에 / 정밀 검진을 하고 / 치유책을 백방으로 찾아야 할 텐데 / 그것이 또 쉽지가 않습니다. / 결혼을 / "고장난 명품"이라 명명했던 / 김영민 교수의 혜안에 / 탄복할 따름입니다. /

…(중략)…

19세기 서구의 부르주아 결혼제도는 남녀가 공히 '놀고먹는' 귀족계급의 문란한 생활에 비추어 노동과 일부일처제의 덕목을 근거로 한 도덕성의 비교우위를 점하는 것이 사실입니다. '이성을 지닌 개인'이 또 다른 개인과 '평생을 함께 할' 계약을 맺게 된 것입니다. 그러나 절대군주의 폭정과 신분제의 족쇄를 밀어낸 자리에 '돈'이라는 또 다른 권력이 들어앉는 데까지는 그리 오랜 시간이 걸리지 않았습니다. 지참금 제도가 그 후로도 오랫동안 유지되었던 것이나 그 재산에 대한 권리를 고스란히 남편에게 귀속시키게끔 만든 시민법의 개악은 근대 사회의 도덕성이 부르주아 남성의 이익만을 도모하는 반쪽짜리였음을 증거합니다. 결혼을 재산 증식의 수단으로 삼았던 것은 오히려 사회의 지배계층에 편입하려고 혈안이 되어 있던 근대 초기의 남성들이었던 것입니다. '행복한 가정 만들기와 훌륭한 어머니 되기'의 소명을 부여받은 아내들에게 더욱 정숙할 것을 요구하는 대신 남편들은 머지않아 젊고 아름다운 여성들을 상대로 쾌락을 즐기는 것으로 귀족 흉내를 내기에 이릅니다.

재산권을 박탈당하고 사회적 노동의 권리도 얻지 못한 부르주아 여성들은 마침내 남편의 재산을 상속해 줄 '아들 낳는 기계'로 전락합니다. 그 여성들의 결혼생활을 두

4) 속도 조절 연습

말의 속도는 어구의 실제 발언에 쓰인 시간의 길이와 공백, 즉 어구와 어구 사이에 소요된 시간의 길이를 말한다. 그러므로 발언할 때 시간의 공백이 많으면 많을수록 말 전체의 속도가 느리게 되고, 시간의 공백이 적으면 적을수록 말이 빨라진다.

말의 속도는 듣는 이의 감정에 호소할 수 있는 영향력을 가지고 있다. 보통 때보다 빠른 속도로 말하는 것은 긴급하거나 절박할 때 나타나며, 보통보다 느린 속도는 심사숙고할 때나 강조하기 위해 사용된다.

말의 속도는 듣는 이의 감정을 자극한다. 일반적으로 속도가 빠른 말을 들을 경우, 상대방은 평소와 달리 안정을 찾지 못하고 격한 반응을 보이거나 감정에 휩쓸리는 행동을 하기 쉽다. 반면에 느린 속도의 말은 엄숙함, 아름다움, 위엄, 평온함의 느낌을 주면서 말하는 이의 의도를 드러내게 된다.

느린 속도의 말은 상대방을 설득하거나 권위를 제시하는 데 효과적이기 때문에 종교인들이 많이 사용하며, 빠른 속도의 말은 열정과 흥분을 불러일으키는 데 효과적이기 때문에 상품을 판매할 때 많이 사용한다.

대화 도중 말의 속도에 변화를 주는 것은 이야기에 활력을 불어넣을 수 있다. 말의 평균 속도가 느린 대화는 지루하고 단조로운 느낌을 줄 수 있으며, 상대방의 흥미를 반감시킬 수 있다. 반대로 말의 속도가 빠른 대화는 박진감이 있지만 안정적인 느낌을 주지 못한다. 따라서 말하는 이는 말의 속도를 이야기의 내용에 맞게 조절함으로써 듣는 이로 하여금 말의 내용에 몰입할 수 있게 유도해야 한다.

다음 글을 목사님의 느린 설교나 또는 약장수의 빠른 말투를 생각하며 낭독해 보자. 이때 의미단위별로 사선을 치면서 낭독하면 정확한 의미 전달이 이루어진다.

아동학대, 미성숙한 부모와 무책임한 사회구조가 만듭니다

힘없는 어린아이를 때리는 일은 / 그리 어려운 일이 아닙니다. / 하물며 자기 자식을 때리는 일은 / 매우 손쉽고, / 아무 때나, 어디서나 때릴 수 있고, / 누구에게도 드러나지 않을 수 있습니다. / 그러나 / 부모조차 존중해 주지 않는 어린아이의 인권은 / 누가 찾아줄 수 있을까요? / 그리고 / 그 아이들이 자라면 / 어떤 어른이 될 수 있을까요? /

"내 자식 내가 때리는 데 누가 뭐라고 하느냐, 다 저 잘 되라고 하는 건데…"라고 항변하는, 자식 때리는 부모들.

사람들은 잘 모릅니다. 아동학대가 얼마나 많이 일어나고 있는지 말입니다. 정작 생각해보면 자기 자신도 자식을 학대하고 있는지 모릅니다. 이를테면 어린 자녀를 그냥 내버려두고 외출을 한다거나 아이가 원하지 않는 것을 부모의 이기심으로 강요하는 것도 방임과 정서적인 학대에 해당합니다.

중앙아동학대예방센터가 마련한 <아동학대예방 기본매뉴얼>에 따르면 아동학대는 '신체학대', '정서학대' '성 학대' 그리고 '방임'의 네 가지 유형으로 분류됩니다.

신체학대의 경우 부모가 자녀를 때리는 행위를 두고 '학대'냐 '교육'이냐에 대한 판단은 개인마다 상당한 차이가 있지만 누가 보기에도 학대를 하는 부모들의 공통적인 변명은 나쁜 버릇을 고쳐주기 위해서랍니다. 도대체 자식을 학대하는 부모의 버릇은 누가 고쳐줘야 할까요?

정서학대는 아동을 감금하거나 욕설을 퍼붓거나 '내쫓겠다'고 위협하는 행위, 자녀가 보는 앞에서 부부싸움을 하거나 자녀를 다른 아동과 비교해서 폄하하는 행위, 그리고 아동에게 수준 이상의 기대치를 부여해 괴롭히는 행위도 모두 학대에 해당합니다.

성적 학대를 당하는 아동은 전반적인 인간관계에서 신뢰를 쌓지 못하고 분노와 자기비하, 수치심과 죄의식 등에 시달리는데 특히 어머니가 아버지나 오빠, 사촌으로부터의 성 학대를 알면서도 묵인하거나 딸의 희생을 강요하는 경우 그 후유증이 더욱 심각한 것으로 알려져 있습니다.

그리고 최근에 와서야 '학대'라는 인식이 확산되고 있는 것이 바로 '방임'입니다. 이는 아동의 양육과 보호를 소홀히 하는 것을 의미합니다. 자녀에게 의식주를 제공하지 않거나 학교에 결석을 해도 그냥 방치하는 행위, 예방접종을 하지 않거나 필요한 의료처치를 하지 않는 것, 대화를 하지 않거나 정서적 지지를 제공하지 않는 것 역시 방임입니다.

아동학대의 가장 큰 요인은 "부모가 미성숙하기 때문"입니다. 자녀를 양육하는 것에 대해 준비돼 있지 않고 자녀에 대해 지나친 기대를 하며 자녀를 소유물로 생각하는 부모가 주로 아동학대범이 될 가능성이 큽니다. 또 본인 스스로도 불안정하고 자존감이 낮으며 어릴 적에 부모로부터 학대를 받은 경험이 있는 부모가 자녀에게 학대를 되물림하기도 합니다. 아동학대예방센터 측은 특히 "우리 사회의 '부모와 자녀 사이의 특수한 애착관계'와 '아동을 존중하지 않는' 문화 그리고 '양육책임을 가정에만 전담시키는' 구조가 개선돼야 한다"고 지적합니다.

− 이영진 외, 『여성과 미디어』에서

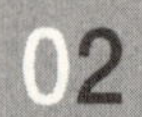

02 자기소개하기

대인관계에서는 다른 사람에게 자기 자신을 똑똑하게 기억시키는 것이 무엇보다 중요하다. 우리는 일상생활에서 평소에 알지 못했던 사람들을 많이 만나게 된다. 처음 만나는 사람에게 나의 첫인상은 내가 나를 소개하는 방식에서 이루어진다. 자기소개는 나의 이름, 직업, 간단한 약력, 상대방을 만나게 된 동기 등으로 구성할 수 있다. 이때 적당한 유머를 섞으면 첫 만남이 한결 부드러워진다.

1) 이름 소개하기

자신의 이름을 다른 사람에게 소개할 때는 기억에 남도록 하는 것이 관건이다. '제 이름은 홍길동입니다. 잘 부탁드립니다.'와 같은 식으로 자기소개를 하면 상대방은 그 이름을 거의 기억하지 못한다. 이름 하나를 소개할 때도 자기만의 개성을 드러낼 수 있도록 연출할 필요가 있다. 이름을 소개할 때는 특별히 특이한 이름이 아닌 경우, 유명 인사에 빗대거나 유의미하게 이름을 풀이하거나 이름으로 삼행시를 짓는 식의 방법을 동원할 수 있다.

이름을 소개한 뒤에는 '나를 소개하는 목적'이 무엇인지를 상대방에게 각인시킬 필요가 있다. 이때 누구를 대상으로 나를 소개하고 있는지를 잊어서는 안 된다. 또 나를 소개하는 시간도 3분이 넘지 않도록 유의해야 한다.

다음 예문을 보면서 자신만의 개성 있는 자기소개를 준비해 보자.

① 오늘부터 이곳에서 일하게 된 김미정입니다. 우리의 인생은 죽기 전까지 그 어느 누구도 앞일에 대해 장담할 수 없습니다. 즉 세상은 완성된 것이 하나도 없는 미정 상태라는 것입니다. 제 이름은 이렇게 철학적인 의미를 담아 '인생은 미정이다'라는 뜻으로 '미정', 즉 김미정이 되었답니다. 이제 여러분과 함께 미정 상태인 우리 부서의 앞날이 영광스럽게

니다. 이제 여러분과 함께 미정 상태인 우리 부서의 앞날이 영광스럽게
될 수 있도록 힘껏 노력하겠습니다. 현재는 아무 것도 모르지만 하루라
도 빨리 업무에 익숙해지도록 노력하겠습니다. 잘 부탁드립니다.

② 오늘 저를 위해 이런 자리를 마련해 주신 사장님과 부장님, 그리고 여러
분들께 감사드립니다. 저는 여러분이 보시다시피 막걸리 타입으로 생겼
다고 해서 저를 처음 대하시는 분들은 제가 술 꽤나 할 것이라고 생각
하시는 분들이 많습니다만 사실 저는 술 냄새만 맡아도 취하는 연약한
남자입니다.
　　그러나 저는 술은 못 마셔도 노래도 잘하고 춤도 잘 추기 때문에
여러분들을 즐겁게 해 드릴 기쁨조 노릇을 확실하게 해드릴 자신이 있
습니다. 그러니까 제가 술을 못 마신다고 해서 술자리에 빼지 마시고
언제든지 불러만 주십시오 여러분들을 웃음으로 취하게 해드리겠습니다.
　　제 이름은 김병조입니다. 코미디언 김병조 씨와 이름이 같습니다.
그래서인지 저는 뱃속에서부터 유머가 흘러나옵니다. 제가 김병조 씨를
능가하는 직장 내의 코미디언이 될 수 있도록 앞으로 잘 부탁드립니다.

③ 여러분! 제 소개를 하기 전에 생각나는 시 한 수를 읊어보겠습니다.

　　사랑이 오라하면
　　불로라도 물로라도 아니 가오리까?
　　사랑이 손짓하여 부르면
　　험한 것을 사양하오리까?

　　　이 시에서 말하는 사랑은 조국을 의미하는 것입니다. 조국이 부를
때 는 언제든지 달려가겠노라고 하는 주요한 시인의 '명령'이라는 시의
한 구절입니다. 그렇습니다. 저도 이 시처럼 여러분이 오라 하면 언제
든지 달려가겠습니다. 특히 지금 저에게 한 눈에 반하신 여성분이 오라
하면 언제든지 달려가겠습니다. 이렇게 사랑에 목말라 하고 사랑을 원

2) 첫 인상 좋게 하기

자기를 소개하면서 첫 인상을 좋게 하는 자세를 알아보자.

첫째, 사람을 만나는 순간 미소를 짓는다.
둘째, 시선을 부드럽고 하고, 말을 하는 도중에 다른 곳으로 시선을 돌려 버리거나 노려보지 않는다.
셋째, 한 걸음 앞으로 나아가 인사한다.
넷째, 필요할 때는 재빨리 움직인다.
다섯째, 침착한 언행을 잃지 않는다.
여섯째, 허리를 똑바로 편다.
일곱째, 발끝을 안정시키고 편안한 자세로 선다.
여덟째, 몸과 눈이 똑바로 상대방을 향하게 한다.

자기소개가 끝난 이후 사람들에게 여운을 줄 수 있는 말을 준비하라. 만약 강연이라면 근접효과에 따라 사람들은 마지막 남긴 말에 더 오랫동안 신경을 쓴다. 따라서 강연의 맨 끝에 자기소개를 한 번 더 하고 청중을 감동시킬 수 있는 말을 마지막에 집중적으로 사용하여 강한 인상을 남겨라. 첫인상이 다른 사람과의 좋은 출발을 위한 시작이라면 잘 마무리된 결말은 상대방에게 의미심장한 느낌과 신뢰감을 줄 수 있는 기회이다. 사람들은 끝나는 순간에 방심하여 실수하는 경향이 있다. 하지만 헤어지는 마지막 순간까지 상대방은 평가의 잣대를 늦추지 않는다는 사실을 항상 명심해야 한다.

3) 자신감을 키우는 9가지 방법

자기를 잘 소개하기 위해서는 평소에 자기 관리가 선행되어야 한다. 그 몇 가지 방법을 들면 다음과 같다.

첫째, 이 세상에서 나는 단 한 사람이다.

자신감이야말로 자신이 의도한 바를 해낼 수 있는 가장 큰 자산이다. 자신감을 얻기 위해 자신이 할 수 있는 것보다 한 차원 높은 목표를 정하고 실행에 옮겨라. 예를 들어 지금 60kg 정도의 역기를 들 수 있다면, 65kg에 도전하라. 스스로 포기하면 아무도 도와줄 수가 없다.

자신의 약점과 장점을 냉정하게 직시하고, 자신이 처한 문제점이 무엇이며, 이를 극복할 수 있는 방법에 대해 고민해야 한다. 이를 위해서는 자신의 현재 문제점을 통해 새로운 대안을 제시할 수 있어야 한다. 자기 비하나 자기 비판을 즐겨하는 사람보다는 자신의 성공과 행복을 스스로에게 확신시킬 수 있는 사람이 성공할 가능성이 크다.

둘째, 행복해지겠다고 결심하고 자신의 미래를 떠올려라.

자신감을 확보할 자신이 생겼다면, 주변 여건을 그렇게 개조하라. 사람은 자신이 작정한 만큼, 아니 그 이상으로 행복해질 수 있다. 그렇게 하기 위해서는 주위 여건이나 환경보다 자신의 태도와 마음가짐이 중요하다. 주변 여건이나 환경은 보조적인 수단일 뿐이다. 행복해지기를 염

원하고, 실제로 그렇게 되도록 노력하라. 만나는 사람들과 반가운 인사를 나누고 이를 통하여 자신이 좋은 사람이라는 인식을 스스로와 타인들에게 심어주자.

셋째, 긍정적이고 낙관적인 사람과 교제하라.

자신이 행복해지기를 꿈꾼다면 주변을 좋은 사람들로 채워라. 썩은 하천을 정화하기 위해서는 본류부터 정화시켜야 한다. 자신에 대한 불행감이나 삶에 대한 허무감을 버리고자 하는 사람이라면 자신이 만나는 사람들을 과감히 교체하라. 하루 종일 땅을 보고 걷는 사람이 줍는 동전은 큰 돈이 못 된다. 주변 사람들을 희망에 가득찬 의욕 있는 사람들로 채우고, 당신도 그들에게 실질적으로 도움을 줄 수 있도록 노력하라.

넷째, 어린 아이들처럼 하루를 즐겁게 시작하라.

하루 일을 시작할 때, 의욕에 넘치게 출발하면 하루가 달라진다. 무기력하고 짜증나는 기분으로 하루를 시작한다면 하루 종일 지겹고 힘들 수밖에 없다. 어린아이들이 좋은 일들이 벌어질 것이라는 기대 속에서 새날을 시작하듯이, 당신도 오늘 일어날 뜻밖의 행운에 감사하라. 살아 있음에 감사하고, 다른 이들과의 만남에 감사하고, 즐거운 식사를 할 수 있음에 감사하라.

다섯째, 승리하는 상상을 그려라

일을 추진할 때, 의욕이 부족하면 추진력 또한 떨어진다. 사람을 최면 상태로 유도한 후 볼펜을 무거운 아령이라고 암시하고 들게 하면 거짓말처럼 진땀을 흘리며 낑낑댄다고 한다. 다른 사람과의 면접이나 만남도 결국에는 기의 싸움이며 교감을 통해 이루어지는 것이다. 다른 사람을 만났을 때, 먼저 주눅 들게 되면 자신의 평소 실력을 펼칠 수 없다. 긍정적이고 자신 있는 자세로 자신이 지금 만나고 있는 사람의 마음을 사로 잡아라.

여섯째, 남과 비교하지 말라!

다른 사람과 비교하는 말을 습관처럼 하는 사람이 있다. 하지만 다른 사람은 당신과 다른 무수하게 많은 이들 가운데 하나일 뿐이다. 세상에는 당신보다 잘난 사람도 있고 못난 사람도 있게 마련이다. 당신이 그들 모두를 바꿀 수도 없고, 변혁시킬 필요도 없다. 당신은 다만 당신만의 독특한 색깔을 내세우면 된다. 다른 이들에 대한 과도한 신경과 관심을 기울임으로써 당신의 균형을 흐트러뜨릴 필요가 없다.

일곱째, 자신만의 비장의 카드를 만들라.

남들이 누구나 다 하는 이야기는 실제 대화에서는 효과를 거두기 어렵다. 듣는 입장에서는 비슷비슷한 이야기를 너무 많이 들어서 듣는 게 지겨울 정도이다. 눈 높이를 듣는 이의 높이로 맞추고, 이를 토대로 하여 이야기를 전개한다. 어린 시절의 추억도 좋고, 자신이 경험했던 특별한 사건도 좋다. 이를 확장시켜 듣는 이와 교감을 이룰 수 있는 통로로 만들어야 한다. 예를 들어, 콩으로 만든 우유처럼 다른 사람과의 차별화 전략을 통해 승산 있는 게임을 만들어라.

여덟째, 다른 사람을 의식하지 말라.

자신의 행동이나 말에 다른 사람들이 즉각적으로 반응하지 않는다고 하여 의기소침해 할 필요는 없다. 자신의 외모에 지나친 자신감을 보이거나 열등감을 보이지 않도록 노력하라. 사람들은 당신이 얼마짜리 옷을 입었고, 성형수술에 얼마의 돈을 썼는가에 관심을 기울이지 않는다. 오히려 그들은 당신이 의상을 소화시킬 만한 감각이 있는가, 문화 흐름과 어울리는 세련된 분위기가 나는가 등에 더 관심을 보일 것이다.

아홉째, 지금, 당장이라는 마법을 활용하라.

오늘 해야 할 일을 미루지 않는다. 만일 내가 회의가 있다거나 방문할 사람이 있다면 그와 관련된 자료들을 오늘 미리 수집 정리해 놓는다. 그 일은 당신이 하지 않아도 되는 일이 아니라 언젠가 당신이 반드시 해야할 일이기 때문이다. 당신의 정신 건강을 위해서도 '지금' '당장' 하는 것이 좋다. '오늘', '지금'이라는 말은 당신에게 성공을 약속하는 마법과 같은 효력을 발휘하는 말이다. '내일'이나 '다음 주', 그리고 '나중에'와 같은 말은 존재하지 않을 수 있기 때문이다.

몸짓 연출

몸짓은 동작, 표정 등 말하는 이의 태도 전체를 말하는 것이다. 몸짓은 말하는 내용에 보조 및 강조의 역할을 할 수 있다. 그러므로 말을 할 때 몸짓을 적절하게 사용하면 말의 내용을 한층 빛나게 할 수 있다.

몸짓을 하는 범위는 자기의 몸을 기준으로 하여 위로는 머리, 아래로는 허리, 옆으로는 양어깨를 중심으로 하는 직사각형 내외이다. 사적인 대화를 할 때는 직사각형 안에서 몸짓을 하고 사람이 많은 대중 연설을 할 때는 직사각형 밖으로까지 범위를 넓혀 몸짓을 크게 사용하는 것이 원칙이다. 1:1 대화를 할 때 몸짓이 크면 과장되어 부자연스럽게 보이지만 많은 청중을 대상으로 할 때는 몸짓이 작으면 옹졸하고 유치해 보인다.

몸짓을 할 때는 시작 단계 – 완성 단계 – 복귀 단계의 3단계를 의식하면서 시행하는 것이 좋다. 몸짓의 시작 단계에서는 손놀림이 이루어질 곳으로 손을 가져가는 동작을 취하고, 완성 단계에서는 강조하고자 하는 동작을 완전하게 표현하는 것이고 복귀 단계에서는 기본 자세로 돌아가는 것이다. 이러한 몸짓의 3단계는 말의 내용과 조화를 이루어야 자연스럽고 멋있게 보이며 설득력이 있게 된다.

몸짓을 하기 전에 기본적인 몸의 자세는 허리와 가슴을 쭉 편 상태이다. 이때 몸을 흔들거나 팔짱을 끼거나 또는 뒷짐을 지거나 하지 않는 것이 좋다. 흔히 마음을 안정시키기 위해 사용하는, 손으로 허리를 받친다거나 주머니에 손을 넣는 자세 또한 하지 않는 것이 바람직하다.

1) 표정

대화는 상대방과 얼굴을 마주하면서 진행된다. 아주 특별하거나 예외적인 경우가 아니라면 말하는 이가 직접 상대방의 얼굴 표정을 보면서 이야기를 하기 때문이다. 이는 한 사람과 대화할 때는 물론이고 여러 사람을 향해 이야기할 경우에도 마찬가지로 적용된다. 말하는 이는 듣는 이의 표정을 보면서 그 사람의 이야기에 대한 반응이나 관심 여부, 이해 정도 등을 판단하게 된다. 이에 따라 소재나 화제, 이야기하는 방식을 바꾸기도 한다.

듣는 이의 입장에서 본다면 말하는 이의 표정은 음성언어 이상의 의미를 갖는다. 따라서 화자가 자신의 이야기를 전달하는 데 있어 어떤 표정으로 말을 할 것인가는 이야기 전개 과정에서 굉장히 중요한 문제이다.

표정 관리를 위해서는 눈썹이나 눈동자를 위 아래로 움직인다든지, 콧등을 위로 끌어 당겨 주름을 잡았다 풀었다 한다. 아래턱을 좌우로 움직이는 가시적인 방법을 사용할 수 있다. 대화 도중에 하는 고갯짓도 마찬가지다.

이러한 동작들은 상대방의 의견에 동조하거나 찬동하는 느낌을 주거나 거부의 의미로 사용될 수 있다. 따라서 상황에 맞게 적절하게 구사하는 몸짓은 상대방과 교감을 나누고 친밀감을 형성하는 근거가 될 수 있다. 반면에 강한 거부의 의미를 지닌 몸짓은 부정적인 인상을 유발하고, 거리감을 낳게 하는 요인이 될 수 있기 때문에 유의해야 한다.

2) 손짓

손도 말을 할 수 있다. 양 손을 양 옆으로 펼쳐 보이면 '함께, 같이, 모두, 전체' 등의 의미를 전달할 수 있다. 양 손을 가슴 아래로 내려 마주 잡으면 '감사, 소망, 의지, 정성' 등의 의미를 표현할 수 있다. 양 손을 목 높이에서 마주 잡으면 '결심, 단호함, 동참, 투지' 등의 의미를 담아낼 수 있다. 오른 손을 좌하단에서 우상단으로 들어 올리면 '성장, 향상, 희망, 의욕' 등을 표현할 수 있으며 오른손을 주먹을 쥔 채 눈높이까지 들어올리면 '도전, 결심, 목표 달성' 등의 적극적인 의미를 표출할 수 있다. 한 손을 들어 머리의 옆 부분에 살짝 손끝을 대면 '고민, 구상, 숙고' 등의 의미를 전달할 수 있기 때문에 사려 깊고 전략적인 이미지를 만들어 낸다.

바람직하지 않은 손짓으로는 '만세'를 하듯 양손을 번쩍 쳐들거나 주먹으로 단상을 치거나 삿대질을 하는 것이다. 이러한 손짓은 경박하고 선동적인 인상을 주거나 거만하고 불손한 인상을 주기 때문에 거부감을 유발하는 한편 의사소통에 장애를 주기도 한다. 반면 손가락으로 코나 귀, 옷자락을 만지거나 머리를 긁적이면 자신감이 없거나 심리적으로 불안하거나 소심한 사람으로 비쳐지며 때로는 준비를 소홀히 한 불성실한 사람으로 여겨지기도 한다.

3) 거리

대화를 나누는 데 있어 사람 사이의 거리는 친밀도와 깊은 관련을 맺는다. 보통 사람들은 사적이고 은밀한 이야기는 가까운 거리에서 말하고 싶어 하고, 공적이고 객관적인 이야기는 떨어진 거리에서 말하고자 하기 때문이다. 이 외에도 말하는 이와 듣는 이 사이의 친밀도와 이해관계, 상황에 따라 대화를 나누는 거리는 유동적으로 변할 수 있다.

말하는 이와 듣는 이가 가까운 거리에 있을 때에는 목소리가 작아지고, 먼 거리에 위치할수록 목소리가 커진다. 또한 가까운 거리에서는 부드럽고 비형식적이며 구어적인 문체로 이야기하는 것이 가능한 반면 먼 거리에서의 대화는 딱딱하고 형식적이고 문어적인 어투로 이야기하게 된다.

공공적 거리는 3.6m 이상
사회적 거리는 1.2m~3.6m
개인적 거리는 46cm~1.2m
친밀한 거리는 1.5cm~46cm

4) 시선

눈은 대화의 시작을 알리는 기능을 하며, 말하는 이의 감정이나 느낌의 변화를 반영한다. 사람들은 말하는 이의 시선을 접하면서 그가 어떤 의도로 말을 하고 있으며, 어떤 이야기를 하고자 하는가, 자신에 대해 어떻게 생각하고 있는가까지를 포괄적으로 감지한다. 그렇기 때문에 말하는 이는 시선 처리를 어떻게 할 것인가에 대해 관심을 기울여야 한다.

시선처리 과정에서는 상대방에게 시선을 주는 빈도수뿐만 아니라 상대방을 응시하는 시선의 각도도 경우에 따라 달라져야 한다. 마주할 때 시선만이 아니라 눈빛도 말을 하기 때문이다. 말할 때는 흐린 눈빛보다는 호기심을 담은 초롱초롱한 눈빛이 더 매혹적이라는 사실을 명심하자. 상대방의 눈에 시선을 맞추면서 이야기하는 것은 적극적이고 능동적인 대화를 하기 위해 필수적이다. 이때 말하는 이가 유의할 사항은 대화 도중 시선을 다른 곳으로 돌리거나 상대방을 노려보지 않아야 한다는 점이다. 대화 도중에는 공격적으로 상대의 눈을 보기보다는 애정을 가지고 부드럽게 주시하는 것이 바람직하다.

특히 공공장소에서 발표할 경우, 대개의 발표자들은 시선 처리에 부담을 많이 느낀다. 이때 흔히 발생하는 것은 한쪽에만 시선을 고정시켜 쳐다본다거나 청중의 시선을 외면하고 미리 준비한 원고만을 읽는 행위이다. 이와 같은 행위는 격식을 갖추었다는 인상을 줄 수는 있지만 무미건조하고 지루하게 느껴지며, 청중들과의 교감을 방해할 수 있다. 따라서 준비된 원고에 전적으로 의존하면서 말하는 것은 피해야 한다.

(1) 일대일 시선 처리

시선을 지나치게 고정시키거나 불편하게 처리한다면 상대방이 입장에서는 고통스러울 수 있다. 특히 한국사회의 보편적인 정서상 시선을 상향으로 처리할 때, 상대방은 도전적이고 공격적인 느낌을 받을 가능성이 크다. 반면에 시선을 지나치게 하향으로 처리할 때, 자신감이 결여되거나 의기소침한 느낌을 줄 수 있다. 그렇기 때문에 상대방을 바라볼 때, 시선은 양미간과 콧잔등을 중심으로 역삼각형의 구도를 유지하는 것이 바람직하다.

눈을 상향으로 뜨면 도전적이고 공격적인 심리적 부담감을 유발하고 하향으로 뜨면 자신감이 결여 되었거나 소극적으로 느껴져 회피의 느낌을 준다. 시선을 마주치지 않거나 다른 곳으로 돌리거나 자꾸 주변을

두리번거리면 상대방의 입장에서는 불쾌감을 느낄 수 있으므로 피해야한다. 한 곳에만 시선을 주는 행위도 상대방의 입장에서 보면 외면당하는 느낌을 받기 때문에 조심해야 한다.

(2) 일대다 시선 처리

사회생활을 하다 보면, 공적인 장소에서 발표나 프레젠테이션을 하는 경우가 많이 발생한다. 그러나 대부분의 사람들은 공공장소에서 많은 수의 청중을 대상으로 말을 하는 것에 익숙하지 않으며 부담스럽게 생각한다. 이때, 흔히 발생하기 쉬운 것은 긴장하여 앞자리의 청중에만 시선을 고정시키는 일이다. 그러나 이 경우, 앞사람들의 호응을 유도할 수는 있지만 뒷자리에 있는 사람들 입장에서는 소외받았다는 부정적인 느낌을 배제하기 어렵다.

청중들은 자신들이 이야기에서 배제 당했다는 느낌을 받는 순간부터 이야기에 집중하는 대신에 자신들의 이야기를 하느라 소란스러워진다. 이를 사전에 방지하기 위해서는 말하는 이가 발표나 강의 내내 청중들에게 시선을 골고루 주어야 한다. 넓은 장소에 본인의 시선이 골고루 미치게 하기 위해서는 'ㄹ'자 형태로 눈길을 보내는 방법을 사용할 수 있다.

5) 미소

미소는 긍정적인 마음을 유발한다는 점에서 대인관계에 필수적이다. 사람들에게 하품이 전이되듯, 미소 역시 감정전이 효과를 낳게 함으로써 대인관계를 원만하게 할 수 있는 또 하나의 방법이다.

일반적으로 알려진 바에 따르면 웃음은 엔돌핀을 생성하여 스트레스를 해소하며, 불안 심리를 해소시키고 혈액 순환을 자극하는 등 건강을 증진시키는 효과가 있다. 웃음을 웃게 되면 자신이 처한 환경의 어려움을 극복할 수 있는 힘을 얻는 신바람 효과가 발생한다. 또한 웃음은 호감과 친밀감을 형성함으로써 원만한 대인관계를 형성하는 데 도움을 준다.

웃음에는 미소와 냉소, 그리고 폭소가 있다. 어색하게 웃는 억지 웃음은 상황이나 분위기를 이상하게 만들며, 오해를 유발할 수도 있다. 자연스러운 미소는 상황을 편안하고 부드럽게 만드는 데 유용하다.

미소는 입꼬리가 위로 올라가도록 하는 것이다. 우리들은 사진을 찍으면서, '김치'라고 말하면서 사진을 찍지만 이 경우 입꼬리가 아래로 향하기 때문에 억지웃음이 될 가능성이 크다. 이보다는 입꼬리가 위로 올라가는 단어, 예를 들면 '와이키키', '아이스케키'와 같은 단어를 발음하는 것이 바람직하다.

아래의 단어를 입을 크게 벌리면서 큰 소리로 발음해 보자. 웃는 듯한 표정과 웃음소리를 만들어 낼 수 있다.

와이키키 / 와**이**키키 / 와이**키**키 / 와이키**키**

아이스케키 / 아**이**스케키 / 아이**스**케키 / 아이스**케**키 / 아이스케**키**

냉소는 비웃는 웃음을 지칭하는 것으로, 상대방에게 언짢음이나 기분 나쁨을 유발하여 감정을 상하게 할 수 있으므로 피해야 한다. 냉소를 짓는 근육은 자신의 표정을 나쁘게 만들기 때문에 말하는 이의 입장에서 본다면 냉소는 그 자체로 손해나는 장사라 할 수 있다. 경우에 따라서는 상대방에게 비열하거나 천박한 느낌을 줄 수 있으므로 냉소는 자기 자신의 표정을 관리하기 위해서라도 고치는 것이 좋다.

폭소는 사람들과의 관계를 유연하게 만드는 데 유용하다. 폭소는 어색한 상황을 반전시키는 데 효과적인 용도로 사용될 수 있기 때문이다. 그러나 웃음은 다다익선(多多益善)에 해당하기도 하지만, 상황에 맞지 않는 웃음이나 폭소의 경우 오히려 상대방을 당황하게 만들 수 있기 때문에 주의해야 한다.

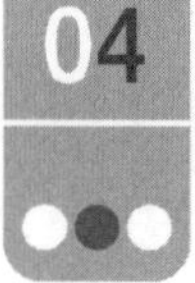

대화의 예절

대화를 한다는 것은 말하는 이 혼자만의 일방적인 형태가 아니라 말하는 이와 듣는 이의 쌍방향 형태로 이루어지는 공동 행위이다. 그렇기 때문에 어느 한쪽만의 일방적인 대화가 이루어진다는 것은 대화의 단절을 의미한다. 만약 논리적으로는 이해가 가능하지만 마음으로 받아들일 수 없는 상태라면 그것은 의사소통 자체의 문제라고 할 수 있다.

그런 점에서 대화를 한다는 것은 상호 소통 관계를 유지한다는 의미를 갖는다. 이를 위해서 필요한 것은 일방적인 대화가 아니라 대화의 순환이며 상호 소통이다. 말을 주고받는 행위 속에서 인간관계가 형성되고, 의사소통이 이루어지기 때문이다.

1) 순서 교대

말하는 이가 대화를 원만하게 진행하기 위해서는 순서의 법칙을 활용할 필요가 있다. 먼저 순서 교대의 법칙을 활용하여 전체 성원들이 골고루 말할 수 있도록 기회를 준다. 이를 위하여 이야기에 적극적인 사람의 경우 상황 전환으로 분위기를 조절하고, 소극적인 사람에게는 질문이나 요청을 통하여 발화를 유도한다. 경우에 따라서는 시선을 돌려 주의를 환기시키거나 호명을 통해서 이야기의 진행 화자를 바꾸는 방법이 있다.

① 혼자만 말하지 않는다.
② 골고루 말할 기회를 준다.
③ 누군가 대화를 독점할 때는 끼어들기로 통제한다.
④ 말이 없는 사람에게는 질문이나 요청으로 발화를 유도한다.
⑤ 화자를 바꿀 때는 시선을 돌리거나 호명을 한다.

2) 대응쌍

상대방에 대한 적절한 대응은 일상의 대화과정에서 가장 많이 발생하는 경우이다. 우리는 대화 과정에서 의식적 혹은 무의식적으로 다른 사람에게 상처를 입히기도 하고 입기도 한다. 이를 대비하기 위하여 '일상생활에서 인사 나누기'나 '낯선 사람과의 첫 만남' 같은 상황 설정연습을 통해 질문 – 대답에 관련하여 대응쌍을 훈련할 필요가 있다.

① 요청에는 수락/거절한다.

> ✖ 요청 : 혹시 해주실 수 없습니까?

✖ **수락하는 방법** :
예 1) 이런 기회를 주셔서 저로서는 큰 영광입니다.
예 2) 감사합니다. 저도 바라던 바입니다.

✖ **정중한 거절 방법** :
예 1) …이유 때문에 곤란합니다만, 다음에 기회가 있으면 연락 드리겠습니다.

예 2) 이번에는 저희 사정이 여의치 않아서…

요청은 자기의 의견을 남에게 납득시키기 위하여 상대방의 지식, 욕구, 감정에 호소하는 것이다. 적절한 몸짓이나 손짓 사용은 내용을 실감나게 하고 돋보이게 함으로써 정열적이고 적극적인 인상을 주며 상대방을 자신의 편으로 설득하는 데 유용하다.

② 사과에는 수용/거부한다.

수용하는 방법 :
예 1) 인간은 누구나 그럴 수 있죠
예 2) 실패하지 않는 인간은 인간을 진정으로 이해하지 못한다지요

잘못된 거부 방법 :
예 1) 내 눈에 흙이 들어가기 전에는 절대 안 된다.
예 2) 지금 그걸 사과라고 하냐. 고작 그것밖에 못해!

잘못을 행했을 때, 언제, 어떻게 사과를 하느냐가 문제 해결에 결정적인 역할을 담당하기도 한다. 그만큼 시의적절하게 이루어지는 사과는 문제해결에 큰 위력을 발휘한다. 사소한 실수가 상대방의 감정을 상하게 할 수 있으며, 이를 제대로 해결하지 못할 경우 원만하지 못한 대인관계가 형성될 수 있기 때문이다. 만약 제때에 문제 해결을 하지 않고 방치하거나 문제를 왜곡시킬 경우, 순간의 위기는 모면할 수 있지만 결국에는 스스로 감당할 수 없을 정도의 어려움에 직면하게 된다.

③ 비난에는 인정/부인한다.

✻ **인정하면서 대응하는 방법** :

예 1) 그렇게 생각하는 것도 무리는 아니다. 그러나…

예 2) 다른 측면에서 본다면 충분히 그럴 수 있겠지. 나도 그랬으니까.

✻ **부인하는 방법** :

예 1) 그건 관점을 달리해서 생각해 볼 필요가 있다.

예 2) 내가 알고 있기로는 문제의 초점은 …이 아니라 …이다. 사실 …이기 때문이다.

우리는 일상생활을 하는 과정에서 다른 사람을 비난하기 쉽다. 그러나 막상 비난을 받거나 난처한 상황에 빠질 경우에는 어떻게 대처할 것인가에 대해서는 특별한 대안을 갖고 있지 못한 경우가 많다. 그러므로 비난에 처했을 때, 상대방을 곤란하게 하지 않으면서도 현명하게 대처할 수 있는 방법을 익힐 수 있다면, 사회생활을 원만하게 하는 데 유용하게 쓸 수 있다.

④ 초대에는 응락/불응한다.

✻ **응락하는 방법** :

예 1) 당연히 가야지.

예 2) 그럼. 물론이지.

예 3) 몇 시에, 어디서 해?

✻ **불응하는 방법** :

예 1) 내일 선약이 있어서,

예 2) 오늘이 마침 어머님 생신이라서,

초대는 타인을 자신의 세계로 포용하기 위한 방식이자 친밀도를 높이는 데 유효한 대화 방식이다. 그렇기 때문에 남의 초대에 응하거나 불응하는 과정에서 어떻게 대처하느냐가 그 사람과의 관계를 결정지을 수 있다.

⑤ 평가에는 동의/반대한다.

❋ **동의하는 방법** :
예 1) 그래, 맞아.
예 2) 정말 그렇구나.
예 3) 보는 안목이 탁월한 걸.

❋ **반대하는 방법** :
예 1) 내 생각에는 아닌데,
예 2) 사람은 겪어봐야 해.
예 3) 똑바로 봐! 사람은 겉만 보고는 모른다니까.

사람들은 다른 사람을 평가하거나 상황을 판단할 때 자신의 경험이나 가치관을 반영하기 마련이다. 때로는 순간의 판단이나 결정이 일의 성패를 좌우할 수도 있다. 따라서 섣부른 판단이나 평가가 그릇된 선입관이나 오해를 유발할 수 있다는 점에서 말할 때는 주의할 필요가 있다. 순간적인 감정에 휩싸이기 보다는 상황을 냉정하고 객관적으로 분석하여 최종 판단을 내려야 한다.

3) 대화의 조직

대화는 수다나 잡담과는 그 성격이 다르다. 효과적인 대화를 진행하기 위해서는 치밀한 전략이 필요하다. 낯선 상대와 만났을 때 긴장을 풀기 위해서는 날씨 이야기와 같이 가벼운 인사로 시작하는 방법을 익히자. 이때 유의할 점은 이야기의 답이 '예'나 '아니오'와 같이 단답형으로 끝나지 않도록 하는 것이다.

구체적인 실천으로는 대응쌍을 중심으로 대화하는 기법을 익히고 이를 토대로 하여 이야기를 심화시키는 방법을 모색해야 한다. 결국 상황 대처나 만남의 분위기 형성도 본인이 어떻게 하느냐에 따라 달라지기 때문이다. 다른 이들과 만나는 것이 두렵거나 청중 앞에서 말하는 것이 어색하다면 먼저 낯선 이들과 접촉할 수 있는 기회를 '자주' 만들도록 해야 한다. 버스를 탈 때, 물건을 살 때, 음식점을 나올 때마다 만나는 사람들에게 진심에서 우러나오는 고마움을 전달해보도록 하자. 일상생활에서 만나는 사람들이야말로 가장 실질적이면서 효과적인 대화 훈련 상대라는 것을 명심하자.

만약 이야기를 시작했다면, 서두를 잘 시작하고 결말부분에 강한 여운을 남기도록 노력해야 한다. 처음에는 날씨나 주변 이야기와 같이 무난한 이야기로 시작하는 것이 바람직하다. 만남에서의 첫 느낌은 그 사람에 대한 인상이나 평가를 결정짓는 중요한 요소가 될 수 있다. 따라서 급하게 서두르는 인상이나 무거운 느낌, 차가운 사람 등과 같이 부정적인 인상보다는 긍정적인 인상을 주는 것이 좋은 인간관계 형성의 첫걸음이다.

 다음의 예화 1)은 평범하게 말을 시작하는 도입부분이며, 예화 2)는 이를 변형시킨 부분이다. 차이를 생각해 보자.

평범한 말의 전개

"제가 26세 되던 해 취직을 하여 낯선 도시 ○○시에서 하숙을 하게 되었는데 그 하숙집에는 초등학교 4학년생인 열한 살 난 예쁜 딸아이가 있었습니다. 그런데 그 아이는 저를 무척 따랐고 저도 그 녀석을 무척 귀여워했습니다. 그러던 어느 날……."

재미있게 유도하는 말의 테크닉

"제가 고백 하나 하죠.(주의집중, 흥미유발) 제가 취직을 하여 낯선 도시 ○○시에서 하숙 생활을 하던 때의 이야깁니다. 그 하숙집에는 딸이 하나 있었는데 기가 막히게 미인이었어요. 솔직히 말하지만 그 하숙집 딸은 저를 무척 좋아했고 저도 그녀를 좋아했습니다.(흥미고조, 긴장) 그 때 제 나이 스물여섯, 그녀는 열 한 살인 초등학교 4학년이었어요.(반전, 폭소)"

위의 두 글이 동일한 내용을 이야기하고 있음에도 불구하고 청중의 반응 정도에는 뚜렷한 차이가 발생한다. 그 이유는 예화 2)가 청중들의 호기심과 관심을 자극하는 방법을 전략적으로 배치하고 있기 때문이다. 예화 2)는 '주의집중, 흥미유발' → '흥미고조, 긴장' → '반전, 폭소'로 상황을 긴밀하게 연결시키면서 관중들을 이야기에 몰입하도록 만들고 있다. 이러한 이야기의 배치 방식이 두 이야기를 뚜렷하게 차별화하는 결정적인 요인으로 작용하는 것이다.

본론을 이야기하면서 화자는 상대방의 질문으로부터 자신이 이야기하고자 하는 내용을 상기하면서 시작할 수 있다. '앞에서 말씀하신', '질문에서 나온 것처럼'과 같이 상대방이 이야기했던 내용에서 한두 단어를 이끌어내어, 그 단어를 중심으로 이야기하는 방법이다. 이는 친숙한 단어를 중심으로 자신의 이야기를 전개함으로써 상대방과 자신의 이야기가 동일 맥락에 놓여 있음을 주지시키는 효과가 있다.

일대일로 대면한 상태에서 상황을 익히는 훈련을 하는 것이 중요하다. 일대일의 관계를 확장시켜 대중 앞에서 대화의 기법을 익히는 것도 필요하다. 이런 훈련이 필요한 것은 사람간의 관계야말로 대화 진행의 가장 중요한 요소이기 때문이다. 특히 대중 앞에 서는 사람의 입장에서는 청중을 적으로 만들면 안 된다. 실전에서는 청중 가운데 몇몇을 자신의 편으로 만드는 것이 중요하다. 처음 대중 앞에 설 때는 자신이 아는 사람을 청중 가운데 심어두는 것도 괜찮다.

5분짜리 인사말을 잘하기 위해서는 준비를 포함하여 열 시간 이상의 노력이 필요하다. 한 시간 강연을 제대로 하기 위해서는 몇 달, 몇 년간의 정신적, 육체적, 경제적 고뇌가 따르는 법이다. 인간은 공짜를 바라는 심리 때문에 소극적, 우유부단이라는 마음의 병이 생겨난다. 자신이 바라는 것이 중요하다고 생각하면 할수록 거기에 해당하는 일정한 정신적, 육체적, 경제적인 대가를 지불해야 한다.

연습은 연습이 아니다. 그것은 실전이며, 실전 이상의 의미를 지닌다. 5분 이야기를 하기 위해서는 50분을 준비하도록 노력하라. 본인 스스로 완벽하다고 느껴질 때까지 연습하는 것이 필요하다. 실전에서 활용할 수 있는 응용력도 충분한 연습 이후의 문제이다. 대화에는 여러 가지 돌발변수가 등장하므로 이를 대응할 수 있는 실전훈련에 충실할 필요가 있다.

4) 경청

대화의 예절 가운데 그 비중이 큰 것 중의 하나는 경청이다. 남의 말을 잘 들어주는 것도 대화의 한 방법이다. 보통 대인관계를 좋게 하기 위해서는 내 말은 한 가지만 하고 남의 말은 두 가지를 들어주고 남의 말에 3번 공감하는 자세를 취해야 한다.

남의 말을 경청하는 자세는 다음과 같다.

첫째, 열린 마음으로 듣는다.

남의 말을 들으면서 편견이나 선입견을 가지지 않아야 한다. 상대의 말을 이해하기 위한 자세로 이야기를 듣게 되면 대화가 한층 더 원활해질 수 있다.

둘째, 몇 백 번을 들은 이야기라도 다시 한 번 더 들어준다.

재미없고 지루한 이야기에도 동참하여 함께 웃을 줄 알아야 한다. 인간관계를 확대하는 데 인내심과 상대방에 대한 이해심은 선결 요인이다.

셋째, 상대방의 자랑을 들어주는 사람이 되어야 한다.

사람이란 자기 자랑하기를 좋아한다. 누구나 남에게 자랑하고 싶은 사연 한두 가지는 가지고 있을 것이다. 그러므로 상대가 자기 자랑을 늘어놓을 때는, "아, 그러세요? 부럽습니다." "좋으시겠네요"라고 호응하며, 상대가 자랑하고자 하는 내용을 살려주는 마음가짐을 가질 수 있어야 한다.

넷째, 맞장구를 쳐준다.

상대방이 적극적인 반응을 보이게 되면 말을 하는 사람은 신이 나기 마련이다. 상대에게 내가 당신의 이야기를 주의 깊게 듣고 있다는 확신을 주게 되면 상대는 더욱 자신감을 얻기 마련이다.

다섯째, 상대가 말문을 열 수 있도록 허점을 보인다.

보다 원만한 인간관계를 위해서는 지나치게 완벽함을 지향해서는 안 된다. 적어도 상대가 내게 마음을 열 수 있는 사람이라는 인상을 주기 위해 허점을 몇 가지 정도 보여주는 것이 좋다.

여섯째, 이야기를 재촉하지 않는다.

상대가 말을 하는 도중에, 말을 가로채거나 상대의 이야기를 재촉하는 행위는 하지 말자. 상대가 하는 이야기가 다소 지루하고 답답하더라도 경청하는 것은 자신의 가치를 높여주는 계기가 될 수 있다. 상대에게 신뢰를 쌓고 싶다면, 우선 남의 말을 끝까지 들을 줄 아는 사람이 되어야 한다.

일곱째, 때로는 아는 것도 모르는 척한다.

상대가 이야기하는 화제에 박식하다 해도, 상대가 말하는 것을 중도에 끊고 "저도 그쪽 방면으로는 좀 알고 있는데요."라며 말하지 말자. 상대가 이야기하고자 하는 부분을 먼저 이야기하게 되면 상대는 그 사람과 이야기하는 것에 대한 흥미를 느끼지 못하게 된다. 아는 것도 모르는 척할 줄 아는 것은 상대의 기분을 만족시켜주며, 상대를 배려할 줄 아는 방법이다.

여덟째, 상대가 말을 끝마칠 때까지 기다린다.

상대가 말을 다 마칠 때까지 기다렸다가 자신의 의견을 이야기할 줄 아는 인내 또한 대화를 자신이 주도하는 전략이며, 지혜이다. 만약 자신이 하고 싶은 대로 행동한다면 자기 만족감은 크겠지만 상대방에게는 부정적인 인상을 줄 수 있다.

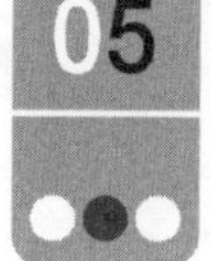

사적인 대화

　　사적인 대화는 애인에게 속삭이는 듯한 상황을 연상하면서 얘기하는 것이 좋다. 사람은 대화 속에서 살아간다. 사람의 마음을 가장 강력하게 사로잡는 것은 대화 중에 상대방의 이름을 불러주는 것이다. 사람은 누군가 자신의 이름을 불러주면 마음이 열린다고 한다. 따라서 대화를 원만하게 풀어가려면 상대방의 이름을 반드시 기억해야 한다.

1) 남성과 여성의 대화

　　남성어와 여성어 사이에는 분명한 차이가 존재한다. 남성어의 음질이 굵고 탁한 데 비해 여성어의 음질은 가늘고 맑게 느껴진다. 가는 소리는 상대방에게 안정감과 신뢰감을 주기 어렵다. 또한 탁한 소리의 경우, 상대방에게 불쾌감이나 싫증을 유발한다. 이러한 느낌 차이가 남녀에 대한 선입관을 형성하는 데 결정적으로 작용한다. 남성은 평음을 주로 사용하며 하강 어조를 보이는 반면 여성은 경음을 비교적 많이 사용하며 상승 어조를 띤다.

　　일반적으로 남성은 정보 중심적으로 대화를 나누고 여성은 정서 중심적으로 대화를 나눈다고 한다. 그래서 남성은 주로 정치, 경제, 또는 직업이나 운동 등 정보성 화제에 흥미를 느끼고, 여성은 친교적이거나 관계적인 화제에 흥미를 느낀다고 한다. 뿐만 아니라 남성의 언어는 대화 환경에 큰 영향을 받지 않고 대화 중심적이면서도 직접적인 반면 여성의 언어는 대화를 나누는 분위기에 많이 좌우되며 대화가 간접적인 경향이 많다.

 다음은 TV드라마의 한 장면이다. 남성과 여성의 대화 차이를 생각하면서 다음 장면을 살펴보자.

> 여자 : 일찍 왔네.
>
> 남자 : 응, 배고파, 밥 줘.
>
> 여자 : 오늘 낮에 내가-. 내말 들어? 듣고 있는 거야?
>
> 남자 : 어?(소파에 앉아 TV만 본다)
>
> 여자 : 무슨 일 있지?
>
> 남자 : 없어.
>
> 여자 : 얼굴이 있다고 써 있는데. 뭐야, 뭐.
>
> 남자 : 저리 비켜.

위의 대화문에서 확인할 수 있듯이, 남자와 여자의 대화에는 뚜렷한 차이가 있다. 위 대화가 조금 더 진행이 된다면 두 사람은 아마도 싸우게 될 것이다. 남자는 대화의 주된 목적이 정보전달에 있기 때문에 여자의 말에 별다른 반응을 보이지 않았다. 그러나 친교적인 차원에서 말을 건넨 여자의 입장에서는 남자가 자신을 무시했다고 생각할 수 있다. 이처럼 남성과 여성의 대화 차이를 이해하지 못할 경우 의사소통에 장애기 발생힌다.

2) 부모와 자녀의 대화

현재 우리 사회에서는 부모와 자녀 사이에 대화가 사라지고 있다. 가장 가까우면서도 가장 멀게 느껴지는 것이 부모와 자녀 사이이다. 이를 해소하기 위해서는 공감적 경청 방법을 적극적으로 활용할 필요가 있다.

유의할 점은 부모가 자녀, 즉 상대방의 행동을 감정적으로 처리해

서는 안 된다는 사실이다. 이를 방지하기 위해서는 자녀 행위의 문제점
을 객관적으로 지적하는 것이 바람직하다. 행동의 결과로 인하여 발생할
수 있는 문제점을 짚어주고, 그 결과에 대한 나의 느낌을 솔직하게 표현
한다. 이때 '나' 전달법을 사용하면 좋다.

'나' 전달법이란 이야기의 진행 주체를 상대방에 맞추는 것이 아니
라 '나'로 시작하는 것을 말한다. 예를 들면, "내 인생은 내가 알아서 할
거야."라든지 "너는 왜 매사가 그 모양이니."라고 말하기보다는 "저는 공
부하기 싫어요."나 "아빠는 네가 공부하는 모습이 보기 좋더라."와 같이
'나' 전달법을 사용하는 것이 바람직하다.

3) 스승과 제자의 대화

스승과 제자의 관계는 사회 활동의 첫 단계라 할 수 있다. 근대에
접어들면서 우리 사회의 구조상 스승과 제자가 상명하복의 관계에서 크
게 벗어나기 어려웠던 것이 현실이다. 결과적으로 제자들은 스승과 인간
적인 교감을 나누기보다는 '죄송하지만'이나 '실례지만'과 같은 정중어법
을 사용하는 데 익숙하다. 그러나 이와 같은 정중어법의 지나친 사용은
인간적인 교감으로 승화할 수 있는 통로를 제한시켜 왔다.

먼저 스승들은 경륜과 지혜를 바탕으로 포용력 있는 아량을 보여
주어야 한다. 불치하문(不恥下問)이라는 말이 있듯이, 스승들은 겸허하게
제자의 말과 의견에 귀를 기울일 수 있어야 한다. 제자들의 아픔과 고뇌
가 무엇인지에 대해 관심을 기울이고, 이를 해결하기 위해 적극적으로
행동해야 한다. 또한 제자의 입장에서도 '강의 잘 들었습니다', '참 잘
하셨습니다'처럼 스승의 말에 찬동하거나 고개를 끄덕이거나 눈을 맞추
면서, "그래, 그래.", "그래요/맞아요"와 같이 동조할 수 있는 마음자세가
필요하다.

4) 어른과의 대화

한국 사회에서 높임말을 제대로 쓰는 것은 중요한 의미를 갖는다. 어떤 말을 쓰느냐에 따라 그의 사회생활과 대인관계를 결정지을 수 있기 때문이다. 우리말에서 사용하는 높임법에는 청자 높임, 주체 높임, 어휘 높임, 객체 높임이 있다. 청자를 높일 때는 어르신, 춘부장, 귀댁, 귀하와 같은 대명사를 사용하거나 사장님, 부장님, 감독님 등 '님'이라는 접미사를 붙여 사용하는 것이 좋다. 가족관계에서는 김서방, 시동생, 도련님, 형수님, 시아주버님과 같은 단어를 사용하는 것이 원만한 가족관계를 유지하는 데 도움이 된다.

5) 손아랫사람과의 대화

윗사람 입장에서 손아랫사람과 대화할 때, 가장 유의할 점은 상대방을 배려하는 일이다. 대개의 경우 상하관계로 착각하여 해서는 안 될 말들을 하면서 상대방에게 깊은 상처를 남기는 사례가 적지 않다. 손아랫사람이 이해하여 줄 것이라고 생각하거나 미리 판단하여 무시해서는 안 된다. 한 번 인간관계로 상처를 받으면 쉽게 치유되지 않기 때문이다.

> ✳ 겸양

✶ **자신을 칭찬하는 말을 최소화하는 경우** :
예 1) 내겐 과분한 말이야.
예 2) 너무 좋게만 보아주니까,

✶ **자신을 비난하는 말을 최대화하는 경우** :
예 1) 내가 여러 모로 부족하지만,

예 2) 아무 것도 한 일은 없지만,

❋ **상대방과 불일치하는 표현을 최소화 할 때** :
예 1) 그것도 좋겠지만, 내 생각에는,
예 2) 혹시 이런 방향은 어떨까.

❋ **상대방과 일치하는 표현을 최대화 할 때** :
예 1) 그렇구나, 나는 미처 생각 못했다.
예 2) 아하, 그런 방법도 있었네.

6) 친구간의 대화

친구들 사이의 대화에서 가장 쉽게 발생할 수 있는 실수는 격식 파괴에 따른 무례한 표현이다. 사람들은 친하다는 것을 전제로 삼아 자신이 하는 모든 행동을 상대방이 이해해줄 것으로 믿고 행동한다. 그러나 이러한 일이 반복하여 일어나면 갈등이 축적되고, 결국에는 어색한 상태를 넘어 둘 사이의 관계가 파멸에 이르게 된다. 따라서 이를 방지하기 위해서는 친구 사이라 할지라도 상대방에 대한 배려와 이해가 반드시 뒤따라야 한다. 예를 들면 친구가 하는 일의 진척이 느릴 때, 상대방의 체면을 손상시킬 말을 최소화하는 것이다. 이때 '꾸물대지 마'라는 표현보다는 '내 생각 좀 해줘'로 말을 바꾸면 상대방의 감정을 상하게 하지 않고, 자신의 의사를 효과적으로 전달할 수 있다.

또한 상대방이 느낄 부담의 크기를 최소화하는 것도 바람직한 방법이다. 예를 들면, 명령형의 '먹어 봐'라는 직접적이고 공격적인 표현보다는 상대방을 배려하는 '먹어 볼래?'라는 표현을 통해 자신이 상대방을 고려하고 있음을 느끼게 하는 것이 좋다. 명령형의 표현을 접할 때는 반발심이 생기는 반면, 상대방에 대한 배려를 내포하는 말은 진실을 담보하기 때문에 호소력 있게 느껴진다.

7) 사적인 대화에서 피해야 할 것들

다음은 상대방의 호감을 사지 못하는 말하기이다. 우리들은 각자 다음과 같은 행위를 하는지 자기 자신의 화법을 끊임없이 점검해 볼 필요가 있다.

첫째, 변화가 없고 신선미가 결여된 화제
둘째, 소문이나 험담
셋째, 끊임없는 지루한 이야기
넷째, 전문 용어, 외래어 남발
다섯째, 너무 높거나 낮은 음성
여섯째, 좋지 못한 말버릇
일곱째, 과장된 몸짓
여덟째, 자기 자랑만 늘어놓기
아홉째, 자기 생각 강요

8) 해서는 안 될 말

첫째, 자존심에 상처를 입히는 말

당신이 그래도 남자예요?

네 주제에?
넌 커서 뭐가 되려고 벌써부터 그러냐?
오빠는 남자잖아.
어디서 말대꾸야.
그깟 일도 못해?

둘째, 자율성을 해치는 말

아무 말 말고 시키는 일이나 해.
그 옷은 너와 안 어울려.
더 먹으라니까, 한번만 더 반찬 투정하면 다신 밥 안 줄 거야.
딱, 오늘만이다.

셋째, 자신감을 꺾는 말

넌 구제불능이야, 이 바보야.
이것밖에 못하니?
넌 누굴 닮아 이 모양이니?
네가 한두 살 먹은 어린애니?

넷째, 불안에 빠지게 하는 말

꼭 아들을 낳아야 해.
실패하면 절대로 안 돼.
너 같은 애는 엄마 자식이 아니야.
놔두고 가버릴 거야.
말 안들을 거면 없어져 버려.
내가 너 때문에 못 살아.

다섯째, 의욕을 상실하게 하는 말

커서 뭐가 되려고 그러니?
니가 웬일이니, 공부를 다하게?
맨날 그렇지, 뭐, 네가 뭘 한다고

여섯째, 부담을 주는 말

엄마한테는 너밖에 없어, 너는 우리 집안의 기둥이다. 알지?
다 널 위해서 그러는 거야, 너는 시키는 대로 해.
무슨 사내가 포부도 없니?

9) 긍정적 표현과 부정적 표현

사적인 대화를 할 때는 흔히 친밀감을 표시하는 뜻으로 농담반 진담반의 부정적인 대응을 하는 경우를 종종 볼 수 있다. 그런데 말을 듣는 사람은 농담이라 하더라도 불쾌하게 느껴질 수 있다. 따라서 될 수 있으면 대화가 건조해지더라도 긍정적인 표현을 하는 것이 바람직하다.

첫째. 안녕하십니까? 상당히 날씨가 춥네요

❋ 부정

예) 겨울이니까 당연하지 않습니까?

❋ 긍정

예) 정말 오늘이 제일 추운 것 같군요

둘째, 달이 밝지요?

예) 보름달이니까요.

예) 정말 그러네요. 글자도 읽을 수 있을 정도예요

셋째, 이번 모임에 연설해달라고 하는데

예) 할 수 있으면 하구. 못하면 말구.

예) 야, 좋겠다. 나 같으면 하겠다.

넷째, 나 시험에 합격했어

예) 그래? 웬일이니.

예) 야, 그래. 정말 축하한다.

10) 설득의 기법

첫째, 호감을 얻도록 한다.
사람은 자신이 호감을 가지고 있는 사람들에게 잘 해주고 싶어한다.
둘째, 선심을 베풀어라.
다른 사람이 내게 잘 해주면 반드시 보답해야 한다는 심리가 인간

사회에는 작용한다.

셋째, 큰 것부터 요구하라.

처음에는 상대가 받아들이기 힘든 커다란 요구를 하고 상대 가 이를 거부할 때, 한 발 양보하는 척하며 작고 현실적인 요구를 한다.

넷째, 작은 것부터 요구하라. 처음에는 대수롭지 않은 작은 요구를 하여 이를 수락케 한 다음 점차 요구의 크기를 늘려간다.

다섯째, 성공사례를 제시하라.

여섯째, 닥칠 위험을 강조하라.

상대방에게 공포나 닥칠 위험을 예고하고 이 위험스런 상황이 발생하지 않기 위해서는 지금 추천하는 방법을 따라야 한다고 주장한다.

일곱째, 체면의식을 이용한다.

우리나라 사람들은 체면과 관련된 문제에는 민감하게 반응한다.

다음은 설득에 필요한 요령이다.

첫째, 논쟁을 피한다.

둘째, 상대의 실수는 지적하지 않는다.

셋째, 자신의 실수를 인정한다.

넷째, 공손하고 겸손하게 말한다.

다섯째, 상대가 "네"라고 대답할 수 있는 얘기부터 시작하라.

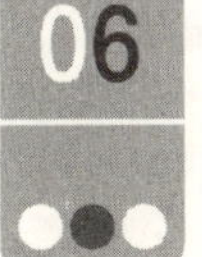

공적인 대화

공적인 대화에서는 청중과 화자 사이에 적절한 거리를 유지하는 것이 필요하다. 이를 위하여 대명사 호칭이나 경칭을 통해 상대방에 대한 예우를 지키는 모습을 보이는 것이 좋다. 이와 같은 노력은 주관적이고 감정적인 성향이 강한 사적인 대화에 비해 객관적이고 논리적인 관계를 형성하는 데 도움을 준다. 예를 들어 직함을 언급한다거나 2인칭의 '자네'와 같은 표현을 제시함으로써 상대방을 존중하고 있음을 주지시키고, 이를 바탕으로 이야기를 풀어가는 것이 바람직하다. 이때 유의할 점은 2인칭이라고 해서 '당신'과 같은 표현을 함부로 사용해서는 안 된다는 사실이다. 이와 함께 상대방에게 적절한 높임법을 사용한다거나 정중어법을 활용하는 것도 긍정적인 인상을 줄 수 있다.

공적인 대화에서는 공손한 표현을 기본으로 사용하는 것이 좋다. 따라서 직접적인 표현보다는 간접적인 표현이 공적인 대화에서 실수를 줄이는 최선의 방법이다. 공손한 표현과 태도는 상대방으로 하여금 나에 대한 적개심과 경계심을 완화시켜주는 효과가 있다. 특히 공직에 있거나 공적인 관계를 유지할 경우에는 다른 사람과 일정한 경계를 지켜주는 것이 바람직하다. 이때 유의해야 할 점은 사적인 관계를 공적인 관계와 혼동하거나 연관시키는 것이다.

이를 생활에서 실천하기 위해서는 관용적이라 할 수 있는 '감사합니다', '죄송합니다'를 반복하여 사용하면서 자신의 몸에 배도록 해야 한다. 의례적인 인사라 할지라도 듣는 상대방 입장에서는 불필요한 오해를 줄이고 상황을 이해할 가능성이 커진다. 그러나 이것조차 하지 않는다면 상대방으로 하여금 무시당했다는 불쾌감을 자극함으로써 예기치 않았던 불필요한 언쟁이 발생할 수 있다.

1) 간접 대화

직접 대화 행위는 자신이 얻고자 하는 궁금한 정보에 대해 직접적인 질문으로 표현한다거나 상대방에게 요구할 것이 있으면 명령하여 결과를 이끌어내는 것을 말한다. 이와 달리 간접 대화 행위는 직접 언급하는 대신 다른 표현으로 돌려 말함으로써 자신이 얻고자 하는 목적을 간접적으로 나타내는 것을 말한다.

예를 들면, "문 닫아."라고 직접적으로 명령을 할 수도 있지만 "문 좀 닫아 주실래요?", "문 좀 닫아 주면 좋겠습니다.", "날씨가 좀 춥네요", "밖이 시끄러운데요." 등으로 표현할 수 있다. 이 문장들은 표현은 다르지만 문을 닫아 달라는 의미를 내포하고 있다. 이처럼 간접 대화 행위는 다양한 표현으로 나타날 수 있다. 간접 대화 행위는 직접 대화 행위에 비해 의사전달이 제대로 안 되는 상황이 발생하기도 한다. 그렇지만 간접 대화 행위가 직접 대화 행위에 비해 대화를 훨씬 더 부드럽게 이끌어 갈 수 있다.

2) 권리 표출

공적인 대화에서는 말에 힘을 실어야 한다. 이때 명령문을 사용하면 사회적 힘의 활용을 유도할 수 있다. 이때 화자가 활용하는 것은 사회에서 부여받은 권리이다. 이를 이야기의 전면에 내세움으로써 상대방의 동의나 행동 유발을 용이하게 이끌어낼 수 있다.

예를 들어, 경찰이 "운전 면허증 좀 보여주시겠습니까?"라고 말할 경우, 운전자들은 이에 응해야 한다. 이에 불응할 경우, 운전자는 제재를 받게 된다. 경찰이 자신의 직무에 부여된 권리를 바탕으로 상대방의 행동을 요구하고 있기 때문이다. 이와 같은 권리는 법으로 보호받고 사회적인 합의를 통해 힘을 확보함으로써 공공의 질서 유지에 도움을 준다. 유의할 점은 이와 같은 명령문의 경우, 상대방의 반발이나 항의를 유발할 수 있기 때문에 최대한 정중하게 요청해야 한다. 강한 명령이 오히려 역효과를 낳을 수 있기 때문이다.

3) 유머 감각

공적인 대화에서 필수불가결한 요소는 상대를 웃게 하는 유머 감각이다. 재미있는 말이 오래 남는다. 특히 오늘날은 유머 있는 사람이 세상에서 사랑 받는 경향을 보인다. 흔히 '사람을 졸게 하는 연설은 끝나고 나면 듣기만 한 사람도 목이 아프다'고 한다.

이야기 도중 에피소드, 유머, 위트를 구사할 경우 사람들의 호감을 일으킬 수 있다. 만약 딱딱한 주제일 경우, 사람들의 흥미를 유발할 수 있는 이야기거리를 동원하면 경직된 분위기를 완화시키고 반응을 유도하는 데 효과적이다. 리더라면 이러한 상황을 대비하여 평상시에 분위기를 바꿀 수 있는 유머를 두 가지 이상 보유하는 것이 필요하다. 짧으면서도 품위 있고, 미소를 짓게 하는 유머를 구사하는 것이야말로 그 사람에 대한 인상을 좋게 하는 지름길이다.

① 상황에 적절한 최신 유머를 알아둔다.
② 전략적 위치에서 우위를 확보한다.
③ 이를 자신의 상황에 맞게 재구성한다.
④ 재구성한 유머를 상황에 따라 효율적으로 구현한다.
⑤ 상상력을 도입하라.

4) 미디어 정보 습득

상황에 맞는 최신 정보와 자료를 활용하여 이야기를 이끌어나갈 경우, 사람들의 호기심을 자극하고 지적 만족감을 충족시킬 수 있다. 평소 인터넷과 동영상, 음향을 비롯한 각종 멀티미디어자료를 활용할 수 있는 기술을 터득하고, 이를 바탕으로 삼아 멀티미디어 환경을 만들어라. 이를 토대로 각종 정보나 데이터를 수집하여 분석함으로써 자신만의 데

이터베이스를 구축하라. 시대 상황에 맞게 선도를 갖춘 양질의 정보들은
협상의 우위를 점하게 할 뿐만 아니라 다른 이들과의 차별화에 유리한
이점이 있다.

최신 정보를 언어만이 아닌 시청각 보조 자료를 통해 전달할 때,
전달 효과를 극대화시킬 수 있다. 이때 사용할 수 있는 보조 기자재로는
빔프로젝터, 영사기, 슬라이드 프로젝터, 괘도/슬립 차트, OHP, TV, VTR/
VCR, 화이트 보드 등이 있다. 그냥 말로 듣거나 책을 읽는 것보다 영화
장면이 오래 남는 것과 같은 원리이다. 이와 같은 보조 기자재들을 대화
에 활용한다면 상대방의 적극적인 호응을 이끌어낼 수 있다.

5) 속담 사용

일반 정보의 습득은 '정보의 청취→ 정보의 해석→ 반응'으로 이
어진다. 따라서 평상시에 사람들의 대화 가운데에서 속담이 어떻게 사용
되고 있으며, 이에 대해 사람들은 어떻게 반응하는가 관찰한다. 이를 토
대로 적절한 상황에 호응할 수 있는 속담을 익혀둔다. 예를 들어, 말과
관련 깊은 속담은 다음과 같다.

- 가는 말이 곱다.
- 말 한 마디로 천 냥 빚을 갚는다.
- 말 속에 뼈가 있다.
- 말은 적을수록 좋다.
- 말 많은 집에 장맛도 쓰다.
- 말로 온 동네를 다 겪는다.
- 말은 해야 맛이고, 고기는 씹어야 맛이다.
- 말은 할수록 늘고 되질은 할수록 준다.

6) 경구 활용

화자는 '-가 말하기를', '-어느 책에서 언급한 대로'와 같이 출전을 밝힘으로써 평소 자신의 관심영역에 대한 암시를 할 수 있으며, 상대방에게 자신의 인지도를 높일 수 있다. 화자는 널리 알려진 사람이나 저서를 인용함으로써 그들이 기존에 가지고 있는 권위에 힘입어 상대방에게 좋은 인상을 심어줄 수 있다.

공자가 가로되……
예수께서 말씀하시기를……
경국대전에 의하면……
탈무드에 말하기를……

7) 고사성어

화자가 그 의미를 정확하게 모르고 사용하는 생소한 단어는 상대방에게 사람이나 정보에 대한 신뢰를 의심하게 만든다. 그러므로 화자는 어려운 고사성어나 외래어, 유행어를 즐겨 사용함으로써 상대방을 당혹스럽게 만들지 않도록 한다. 만약 상대방이 그 분야의 전문가일 경우, 낭패를 볼 수 있으며 부정적인 인상을 주기 쉽다. 그보다는 자신이 아는 명언이나 사자성어를 적절히 활용하여 전달하고자 하는 내용을 효과적으로 설명하는 게 중요하다. 옛 고사성어는 현대인의 감수성에 맞게 변용하면 훨씬 더 효과적이다.

8) 다양한 정보

객관적인 정보라고 할 수 있는 각종 통계 자료, 조사 결과, 보고서, 권위자의 저서나 논문, 전문 학술지 또는 잡지 등의 정보를 축적한다. 이와 함께 풍부한 독서를 통해 정보의 체계화 및 단계화를 이룩함으로써 정보 활용도를 높인다.

9) 토론 기법

토론은 어떤 문제를 두고, 여러 사람이 의견을 말하여 옳고 그름을 따져 논의하는 것을 말한다. 참여자들은 토론에 참여함으로써 토론의 규칙과 절차를 체득하며, 이를 현장에 적용시킴으로써 발언 능력을 향상시킬 수 있다. 또한 토론의 주제를 정하고, 토론 준비를 하는 과정에서 주제에 대한 이해가 깊어지고 다양한 측면에서 내용을 파악하는 등의 장점을 얻을 수 있다.

토론자들은 토론을 통해 자신의 의견을 효율적으로 말하는 방법을 알고, 규칙을 정하여 능동적으로 참여할 수 있다. 그러나 이와 같은 장점에도 불구하고 우리들은 토론 문화에 익숙하지 않다. 그동안 상명하복의 사고방식이 우리 사회에 팽배하며, 이를 거부하거나 문제를 제기하는 사람에게는 불평등이나 불이익이 주어졌기 때문이다. 또한 토론을 실제 현장에 적용할 수 있는 기회가 거의 없었기 때문에 이론과 실제를 병행하는 것이 쉽지 않았다.

토론을 하기에 앞서서 가장 먼저 결정해야 할 것은 주제 결정이다. 좋은 토론을 위해서는 주제의 내용이 분명해야 하며 토론자들이 내용을 충분하게 인지해야 한다. 주제의 용어 중 불명료하거나 모호한 부분이 있으면 토론에 들어가기 전에 참석자들이 해석에 일치를 보아야 한다.

주제가 결정된 이후에는 토론자들이 자신의 의견을 긍정이나 부정 중 어느 한쪽으로 결정하여 토론에 임해야 한다. 토론자가 애매한 입장 표명이나 모호한 발언을 통해 상대방의 의견 제시에 영향을 미치거나 방청객들에게 혼란을 주어서는 곤란하다.

토론은 상대를 설득하고 상대의 의견을 수렴하는 과정을 배울 수 있는 소중한 기회이다. 토론에서는 정해진 발언 시간 동안 토론자들이 번갈아 가며 발언을 한다. 그렇기 때문에 주어진 시간 내에 발언하도록 하며, 상대방을 배려하는 분위기를 만드는 것이 중요하다. 이를 위하여 상대의 발언 중간에 끼어들지 않고, 상대방의 이야기에 귀를 기울여 듣는 토론 예절이 필요하다. 자신의 의견과 다르더라도 화를 내거나 상대방을 면박주는 행동은 하지 않아야 한다.

토론은 어떤 문제에 대하여 서로가 상반되는 의견을 갖고 있는 사람들이 각자 옳고 그름을 이야기하기는 하지만 의견의 일치나 결정을 내리지는 않는다. 반면 토의는 어떤 문제를 해결하기 위하여 여러 의견을 듣는 것으로, 토의가 끝난 후 여러 가지 방법으로 의견을 결정짓는 점에서 토론과 다르다.

제2장

프레젠테이션의 법칙과 비책

프레젠테이션이란

　　국어사전에는 프레젠테이션이란 광고 캠페인을 실시하기 위하여 광고 회사가 광고주에게 제출하는 광고 계획서 또는 광고 대리업자가 예상 광고주를 대상으로 광고 계획서 따위를 제출하는 활동이라고 설명되어 있다. 이것을 풀어서 백과사전에서는 다음과 같이 설명한다. 광고주는 특정 제품 또는 서비스에 대하여 광고 캠페인을 실시할 때, 캠페인의 전 과정 또는 일부 과정에 대하여 여러 광고회사 측에 상세한 계획서의 제출을 요구하게 된다. 그리고 광고회사로부터 계획서를 제출받으면 광고주는 엄밀한 평가를 거친 다음에, 가장 우수한 회사에 광고 캠페인의 실시를 위탁한다. 이 경우 계획서 채택 여부에 관한 평가 기준은 원칙적으로 최소의 예산으로 최대의 광고 효과를 올릴 수 있느냐의 여부에 있다. 이때 프레젠테이션에 담겨지는 내용은 광고 목적, 판매 지역 및 판매 대상, 세일링 포인트(訴求點)의 결정, 광고 캠페인 아이디어의 창조, 광고 매체의 선택, 광고예산의 산정·배분 및 출고 계획 등이다.

　　이러한 백과사전의 설명을 바탕으로 하면 프레젠테이션이란 세미나, 학회, 국제회의에서의 발표, 직장에서의 동료나 상사를 대상으로 하는 브리핑, 윗사람에게 하는 보고, 학교에서 수업시간에 하는 발표와 일상생활에서 흔히 접하게 되는 제품 설명, 인삿말, 정견 발표, TV 토론, 국회 연설 등을 포함한다고 설명할 수 있다. 따라서 프레젠테이션은 다른 사람 앞에서 자신의 의견을 표명하여 상대방을 설득하는 커뮤니케이션의 일종이라고 말할 수 있다.

 프레젠테이션이란 무엇인지 정의하라.

1) 프레젠테이션, 정말 어려운가

　　사람은 강하면서도 약한 존재이다. 그래서 사람마다 무서워하는 것이 한 가지 이상씩 있다. 당신이 이 세상에서 제일 두려워하는 것이 무엇인가 생각해 보라. 죽음, 실직, 맹수, 암, 시험에서의 실패, 결혼 못하는 것, 아니면 두려운 또 다른 무엇이 생각나서 잠을 이룰 수 없는가? 대부분의 사람들은 이런 것들이 공포의 대상일 것이라고 생각한다. 그러나 놀랍게도 미국의 한 연구 결과에 따르면 인간이 세상에서 가장 두려워하는 것은 다른 사람 앞에서 프레젠테이션을 하는 것이라고 한다. 그러면 왜 사람들은 다른 사람 앞에서 프레젠테이션 하는 것을 두려워할까?

 프레젠테이션하게 되었을 때 두려워했던 경험이 있다면, 왜 두려웠는지 적어 보라. 그리고 지금 당장 프레젠테이션을 하게 되었다고 가정하고 어떤 느낌이나 생각이 떠오르는지 적어 보라.

당신도 다른 사람 앞에서 프레젠테이션을 하려면 가슴이 먼저 떨렸던 경험이 있는지 모르겠다. 왜 우리는 프레젠테이션에 공포를 가지고 있는가? 프레젠테이션하기 위하여 다른 사람 앞에 섰을 때의 그 두려움 때문에 많은 사람들은 프레젠테이션을 피하기 위하여 온갖 핑계를 댄다. 자, 당신이 사용하는 핑계는 무엇인가 말하여 보라. 불행하게도 온갖 핑계를 대고 프레젠테이션을 피하려고 노력함에도 불구하고, 살다 보면 다른 사람 앞에서 당신의 의견을 발표하고 상대방을 설득해야 할 일을 너무나 많이 부딪히게 된다. 따라서 프레젠테이션을 피하려 하기보다는 연습을 하고 노력하여서 다른 사람 앞에서 자기의 의견을 말하고 상대방을 설득시키는 것이 자기 자신에게 훨씬 나은 일이 될 것이다.

그러나 내가 알고 있는 것, 생각하고 있는 것을 남에게 정확하게 전달하기란 쉬운 일이 아니다. 프레젠테이션은 이야기를 생각나는 대로 아무렇게나 해서는 안 되고 논리 정연하게 전개하여야 하며, 주어진 시간 내에 끝내야 하는 시간적 제약을 가지고 있으며, 프레젠테이션을 통하여 목적을 달성하여야 하기 때문에 더욱 더 어렵다. 만약에 내용이 정확하게 전달되지 않으면 상대방의 오해를 불러일으키게 되고 더 큰 문제를 일으키기도 한다. 이처럼 프레젠테이션이 쉬운 일은 아니지만 다행히도 프레젠테이션 스킬의 올바른 훈련을 통하여 프레젠테이션 능력은 길러질 수 있다. 1%의 영감보다는 99%의 노력으로 천재가 만들어진다고 하듯이 99%의 노력으로 프레젠테이션에 대한 공포도 극복할 수 있다.

다른 사람들 앞에서 말을 한다는 것은 자신의 역량을 키우는 일이다. 그래서 대부분 발표나 보고를 마치고 나면 자기 자신에 대하여 대견한 느낌이 듦과 동시에 다음에 할 때는 어떻게 하는 것이 더 좋겠다는 한 단계 진전된 생각을 하게 된다.

그런데 발표든 보고든 프레젠테이션에 앞서서는 누구나 약간의 긴장과 두려움을 가진다. 심지어는 프레젠테이션 하는 것에 대해 경외심을 갖거나 아니면 경외심을 넘어 공포를 느끼거나 하는 경우가 있다는 것을 앞에서 말하였다. 그럼에도 불구하고 우리가 사회생활을 하는 한, 남 앞에서의 프레젠테이션이란 피해갈 수 없는 생활의 한 부분이다. 그렇다면 어떻게 준비를 해야 하는가? 우선, 남 앞에서 프레젠테이션을 잘 할 수 있는 기량을 닦아나가는 준비과정이 필요하다. 준비가 잘 되어 있다면 공포나 두려움 대신 오히려 자신감과 기대감이 생긴다. 결과적으로, 프레젠테이션에 앞서 두려움이나 공포가 생긴다는 것은 충분한 준비가 되어 있지 않거나 준비가 부실하기 때문이다. 준비란 100% 자기 자신의 노력으로 이루어진다. 프레젠테이션 스킬을 열심히 훈련하고 계속 연구하며 노력한다면 언젠가는 다른 사람 앞에서 자신 있게 프레젠테이션 할 수 있는 날이 올 것이다. 다른 사람 앞에서 두려워하지 않고 자신 있게 프레젠테이션 하는 자신을 그리며 앞으로 배울 것들에 열심을 다하기를 바란다.

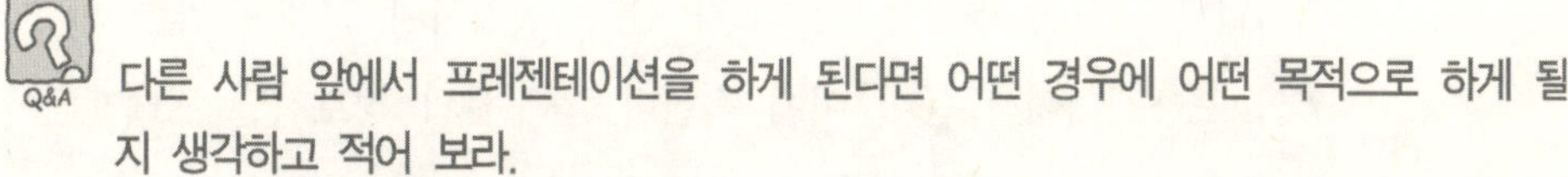
다른 사람 앞에서 프레젠테이션을 하게 된다면 어떤 경우에 어떤 목적으로 하게 될지 생각하고 적어 보라.

2) 프레젠테이션, 왜 하는가

프레젠테이션은 상대방에게 동기를 부여하고 정보를 제공하여 상대방을 설득시키는 것이 목적이며 또한 하는 사람이나 청중 모두 즐거워야 한다. 당신은 억지로 떠밀리어 프레젠테이션을 하게 되어 아무 이유 없이 마음고생을 한 적이 있을 것이다. 그러나 프레젠테이션을 하게 되면 내가 이 프레젠테이션을 하는 목적을 생각해 보아야 할 것이다. 프레젠테이션은 특정한 목적을 달성하기 위하여 하여야 한다. 프레젠테이션의 목적은 일반적으로 청중의 무관심을 관심으로 전환하기 위하여, 모르는 것을 알게 하기 위하여, 청중으로 하여금 결심하게 하기 위하여, 행동으로 옮기게 하기 위하여, 청중에게 즐거움을 주기 위하여의 다섯 가지 정도로 나누어 생각할 수 있다.

정보전달을 목적으로 하는 프레젠테이션은 청중들에게 전문적인 지식이나 새로운 정보를 전하고자 한다. 신입사원 교육을 위한 회사 차원의 프레젠테이션 등이 이에 속한다. 대부분의 정보전달 프레젠테이션은 정보나 지식을 많이 가지고 있는 편에서 적게 가진 청중들에게 일방적으로 정보나 지식을 전달하는 방식으로 이루어진다.

동기부여를 목적으로 하는 프레젠테이션은 청중의 의욕을 고취시키기 위해 행해진다. 영업부서의 월요일 아침 정례회의에서 지난 주 개인별 성과를 발표하고 뛰어난 성과를 낸 직원에게는 상을 준다든가, 혹은 큰소리로 '나는 할 수 있다'라거나 '파이팅'이라고 외치게 하는 것 등이 이에 속한다. 동기부여를 목적으로 하는 프레젠테이션은 청중들의 심리적 상태의 변화를 유발하고자 하는 것이기 때문에, 청중의 이성보다는 감성에 호소하는 편이 효과가 좋다. 또한 청중이 발표자를 존경하거나 발표자에 대해 호감을 가지고 있다면 프레젠테이션의 효과는 즉각적이다.

행동유발을 목적으로 하는 프레젠테이션은 발표자의 의도대로 청중이 행동하도록 한다. 이는 청중의 가치관을 변화시켜 새로운 결심을 하도록 하고, 결심한 내용을 행동으로 옮기게 해야 하기 때문에 훨씬 더 많은 준비를 해야 한다. 청중을 설득하려면 청중의 속성에 알맞은 전략을 취해야 한다. 청중이 이성적이라면 논리에 호소해야 할 것이고, 청중이 실속파라면 새로운 행동을 취함으로써 얻게 될 청중의 편의나 편익을 강조해야 효과적이다.

또한 비즈니스 프레젠테이션을 일반 프레젠테이션과 구별하여, 판매 촉진을 위한 프레젠테이션, 정보를 주기 위한 프레젠테이션, 윗사람이 아랫사람에게 하는 프레젠테이션, 아랫사람이 윗사람에게 하는 프레젠테이션으로 구분하여 목적을 달리 나누기도 한다. 여기에서 판매 촉진을 위한 프레젠테이션은 상품이나 서비스, 아이디어나 해결책 또는 건의 사항을 촉진시키는 것을 목적으로 하며, 정보를 제공하기 위한 프레젠테이션은 기술적인 자료, 새로운 과학적인 데이터, 조사 통계 자료, 정책, 과정, 방법 또는 테크닉을 알려 주는 것이 목적이 된다. 윗사람이 아랫사람에게 하는 프레젠테이션이나 아랫사람이 윗사람에게 하는 프레젠테이션은 주로 사내에서 이루어지는 프레젠테이션으로 조직의 정보 공유 또는 새로운 정책의 제안 등을 목적으로 하게 된다.

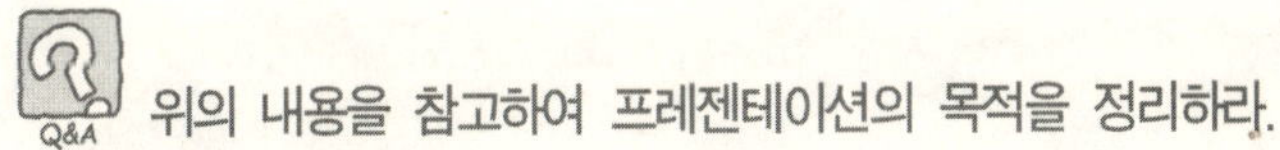

위의 내용을 참고하여 프레젠테이션의 목적을 정리하라.

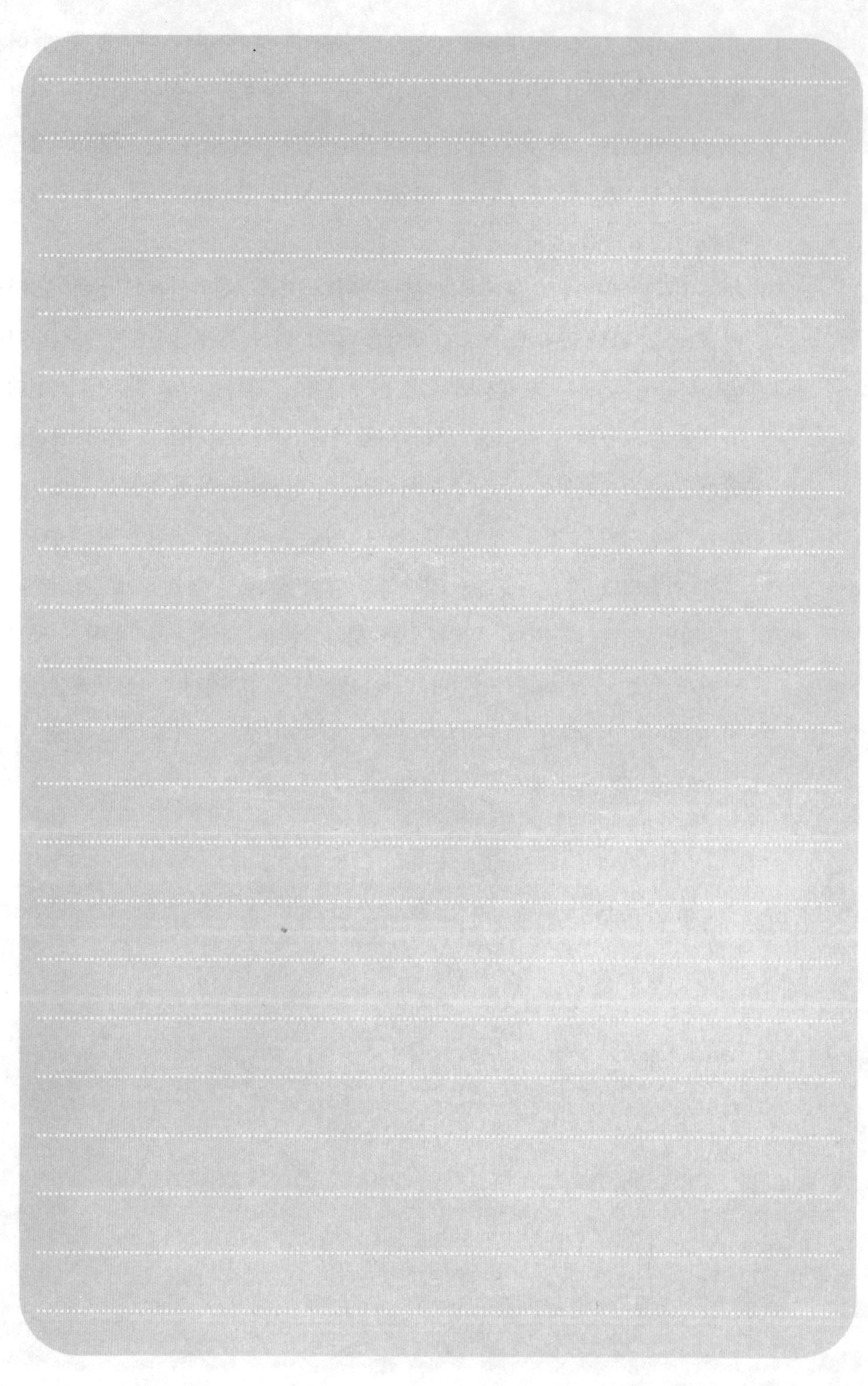

3) 프레젠테이션의 3대 법칙

　　꿈과 낭만을 잃고 살아가는 사람들이 많은 이때에 어떻게 하면 신선한 착상과 관점 그리고 창조적인 생각을 가지고 상상력을 자극하면서 프레젠테이션을 함으로써 성공적인 프레젠테이션을 할 수 있을까하는 것이 매우 중요한 시기이다. 이제 프레젠테이션은 그저 남 앞에서 무엇을 말하고 보여주는 수단이 아니다. 모든 프레젠테이션은 기존의 개념과 가치관을 타파하고 나의 기발한 생각을 남과 커뮤니케이션 함으로써 한계 돌파를 시도하는 기회가 된다.

　　그러나 실제 프레젠테이션은 잡다한 정보, 진부한 지식, 드러난 자료나 테크닉에 지나치게 의존하고 있음을 보게 된다. 또한 차별성을 찾아보기도 힘들다. 상대방도 자기가 확신하지 못하는 것에 대하여 또는 알지 못하는 것에 대하여 많은 프레젠테이션을 받음으로써 답을 찾고자 한다. 그래서 프레젠테이션은 많이 행하여지게 되지만 결과적으로 선택은 더욱 어려워지게 된다.

　　따라서 지금은 앞을 내다보는 뛰어난 지혜와 그것을 구현할 수 있는 실질적인 방법론을 제시하지 않으면 그 프레젠테이션은 실패할 수밖에 없다. 지금 필요한 것은 미래를 뚫어보는 상상력, 목표가 뚜렷한 가치관, 차별화 전략과 미래 조류의 창조이다. 이는 단지 프레젠테이션의 테크닉과 스킬 훈련으로 될 수 있는 일이 아니고, 컨셉과 전략을 개발하여야 가능하다. 타나구치 마사카즈는 『프레젠테이션 성공의 법칙(The Best Law of Presentation)』이라는 책에서 이를 강조하며, 프레젠테이션 3대 법칙으로 의미 압축의 법칙, 시장 관찰의 법칙, 심리 통찰의 법칙을 들고 있다.

　　의미 압축의 법칙은 프레젠테이션의 본질에 해당한다. 현상을 정리하고 압축하여 의미의 본질에 접근하고, 전략상 무엇이 중요하고 무엇이 중요하지 않은지, 무엇을 버리고 무엇을 취할지 전략을 압축하여 컨셉의 의미 자체를 명확하게 해야 한다. 단순한 논리로 무장하여 강력하게 상대방을 설득할 수 있다.

시장은 가치관의 흐름에 의해 형성된다. 새로운 시장은 우연히 생기는 것이 아니라 사람들의 가치관 변화가 필연적으로 새로운 시장을 창출해 낸다. 따라서 중요한 것은 사람들의 가치관 변화를 어떻게 파악할까 하는 것이다. 이를 위하여 피터 드러커가 말한 이미 일어난 미래의 개념이 필요하다. 이미 일어난 미래란 이미 일어나 버린, 그래서 더 이상 원래 상태로 돌아갈 수 없는 변화, 그렇지만 중요한 영향력을 갖게 된 변화이면서 또 일반인들은 인식하지 못하고 있는 변화를 지각하는 일을 의미한다. 프레젠테이션에서도 사람들의 가치관 변화에 따른 새로운 시장의 형성을 관찰하고 반영하여야 한다.

우리의 사회는 점차 고도의 심리학 사회로 접어들고 있다. 이는 사람들이 보이는 것보다는 보이지 않는 것, 드러난 것보다는 드러나지 않는 것을 더 믿는 경향이 강해지고 있다는 것을 의미한다. 이러한 때에 청중의 심리에 어떻게 대응할까, 다채로운 정보를 가지고 직감적으로 판단하려고 하는 상대방을 어떻게 공략할 수 있을까 하는 문제를 이야기하는 것이 심리 통찰의 법칙이다. 프레젠테이션을 하면서 구석구석까지 세세하게 알려주려고 하는 것은 곤란하다. 보이지 않는 부분, 드러나지 않는 부분, 알 수 없는 부분을 남겨두어 청중들이 상상력을 동원하여 그러한 부분을 보충하게 하는 것이 필요하다. 즉, 이미지를 부풀려야 한다는 말이다.

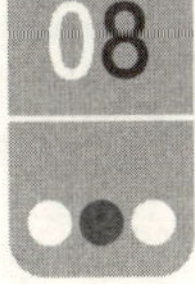

프레젠테이션의 성공 법칙

프레젠테이션에 성공하기 위해서는 자신 있는 태도, 참신한 내용이 있어야 하고 감동을 주는 이야기나 생동감 있는 스피치를 함으로 강조점이 분명하고 논리 정연해야 한다. 또한 프레젠테이션을 할 때는 온화하고 부드러운 표정과 여유, 장소에 맞는 크기의 목소리, 정확한 발음, 목적과 장소에 어울리는 몸말 사용, 프레젠테이션 내용을 청중의 반응에 맞추어 표현해야 하는 것 등에 신경을 써야 한다. 이를 위하여 서두를 힘차게 시작하고 일화, 실례, 증거 등을 많이 사용하여야 한다. 또한 구어체를 쓰면서 시각적으로 묘사하고, 긍정적이고 활기차고 자신 있고 진지하게 말해야 한다. 그리고 프레젠테이션을 할 때에는 청중에게 골고루 시선을 주어야 한다.

일상생활 속의 프레젠테이션에서는 첫째, 인사말을 분명히 하고 둘째, 불평, 불만, 비난의 말을 삼가며 셋째, 예, 아니오를 분명히 하여 주체성을 확립하면서 이야기해야 한다. 또한 상대가 말할 때는 눈과 귀와 가슴을 열고 경청하여야 한다. 윗사람에게 보고할 때에는 겸손과 당당함을 갖추고, 아랫사람에게 말할 때에는 칭찬과 격려를 많이 하면서 편안한 얼굴로 쉽게 말해야 한다. 프레젠테이션은 미래사회의 경쟁력이다. 지금부터 프레젠테이션의 성공 법칙을 하나씩 살펴보면서 프레젠테이션에서 성공하는 나의 모습을 머리 속에 떠올려 보자.

1) 의미 압축의 법칙

우리는 정보가 온라인상이나 오프라인 상에서 넘쳐나는 시대에 살고 있다. 이러한 정보화 사회에서도 정보를 가공하지 않고 단순히 오려서 스크랩을 해둔다거나 파일에 보관하는 정도로는 우리에게 아무 도움도 되지 않는다. 어떤 목적을 위하여 정보를 모으더라도 이렇게 쌓아 두기만 한다면 그것은 정보의 속박에 불과하며 자기만족에 지나지 않게 된다. 그러면 어떻게 하면 정보를 나에게 유익한 것으로 만들 수 있을까 하는 고민에 빠지게 된다. 따라서 중요한 것을 골라내는 작업을 해야 된다. 그것은 바로 압축에 의한 한 단어화 또는 개념을 키워드화 하는 작업을 통해 이뤄질 수 있다.

프레젠테이션을 할 때면 말하고자 하는 내용의 본질을 최대한 선명하게 표현하여야 한다. 우리는 바로 이 작업에 가장 심혈을 기울여야 할 것이다. 여러 개의 정보가 수집되었으면 수집된 정보에서 공통항의 의미를 발견하여 10줄 정보로 줄인 것이다. 다음 단계에서는 그것을 다시 1줄로 요약하고, 마지막으로 1단어로 키워드화 한다. 결국 수집한 세 정보를 가장 중요한 1단어로 말하는 것이 키워드이다.

이것을 다시 한 번 정리하면 다음과 같다. 즉, 압축 작업은 다음 4단계를 거쳐서 이루어진다.

- 미디어를 횡적으로 보고 최근의 새로운 변화, 주목해야 할 정보를 모은다. 가능하면 다양하게 모으는 편이 좋다.
- 그 정보들 속에서 공통항을 찾고, 바닥에 흐르고 있는 공통 의미를 발견한다.
- 그 의미를 가능하면 짧게 요약하여 어휘로 만들어 본다.
- 그것을 더욱 압축하여 한마디로 만들어 본다. 가능하면 새롭고 재미있는 표현을 생각해 본다.

아래 세 가지 예문을 읽고 위의 방법에 따라 단계적으로 압축 작업을 하고 키워드를 찾아보라.

1. "아담아, 나는 너를 세상의 중심으로 세웠노라. ……너 자신을 실현하고 창안하는 자로서, 네 자유의 존엄성으로부터 네가 원하는 모습을 만들어 낼 수 있게 하기 위해서다."

— 피란델로, 『인간의 존엄성에 관하여』

"자유로운 사회에서만 인간은 자신의 모든 것을 발휘할 수 있다."

— 리누치니, 『자유에 대하여』

"사람들은 아름다움과 힘과 영민성 같은 자연의 특별한 은총을 찬미해 마지 않는다."

— 모어, 『유토피아』

르네상스는 바로 그런 사회, 르네상스인은 바로 그런 인간을 추구했다. 우리 시대에도 그런 인간, 사회, 자연이 필요한가. 그렇다면 르네상스의 인간관·사회관·자연관을 살펴보지 않을 수 없다. 물론 그때라 해서 완벽한 개혁이 이루어졌거나, 자유의 존엄성이 완전하게 보장되었거나, 의심할 바 없는 자연의 은총이 확보된 것은 아니었다. 그러나 명백한 한계 앞에서도 르네상스 시대의 인간은 자유의 존엄성을 그 어느 때보다 소리 높여 부르짖었다. 적어도 르네상스에서 인간은 자유인을 추구했다. 그렇다. 르네상스는 인간의 자유, 사회의 자치, 아름다운 자연을 향한 몸부림이었다.

인간의 자유로운 정신 활동과 함께 인간의 육체도 그 존엄성을 획득했다. 이전까지 육체는 신의 이름으로 경멸당해 왔을 뿐이다. 비로소 사람들은 육체의 아름다움을 찬양하기 시작했다. 아울러 자유의 존엄성을 헤치는 궁핍과 무지, 편견과 독단, 권위와 억압은 비난받았다.

– 박홍규, 『교양의 즐거움』

2. 만화는 페이지 공간에서 구현되는 시각 장치의 다양하고 창조적인 운용에 크게 빚지고 있다. 만화 작가마다 혹은 작품마다 다른 개성도 그 시각 장치의 운용 방식과 그 안에 담기는 그래픽적·회화적 표현의 특성과 떼어 놓고 생각할 수 없다.

그림의 개성과 매력은 이 시각 장치에서 결정적으로 중요한 역할을 하는 요소다. 만화는 어떤 조형예술 장르보다 더 폭넓게 그리기의 자유를 실천해 왔고 의미를 담은 그림, 이야기를 담은 그림이라는 회화의 전통을 현대적·대중적으로 재해석해냈다. 적응력이 뛰어나고 효용가치가 높은 시각 상징어라는 점에서든, 회화적으로 밀도있는 멀티미디어 언어라는 점에서든, 만화가 보여주는 시각적 서사의 다양성과 그림의 표현미학적 질, 그리고 실험성은 현기증이 날 만큼 대단하다.

– 성완경, 『교양의 즐거움』

3. 재즈는 연주자나 감상자에게 똑같이 접근의 자유를 완벽하게 보장한다. 왕도는 존재하지 않으며 정답 또한 없다. 하지만 오답의 길을 걷는 일은 종종 관찰되는데, 재즈를 들으면서 자신의 감성을 절대적으로 확신하지 못하는 것이 그 첫 번째다. 아무리 많은 사람들이 명작 운운하는 작품이라도 자신에게 다가오지 않으면 아무 의미가 없다. 이는 재즈의 매력이 그만큼 다양하기 때문이며, 누구나 음악적으로 다른 환경에서 자

라왔기 때문이기도 하다. 물론 오랜 시간 재즈를 듣다 보면 어느 정도 역사적인 시각을 가지게 되며, 많은 이들이 명작이라 일컫는 작품의 가치를 깨닫을 기회도 그만큼 많아질 것이다.

－김현준, 『교양의 즐거움』

Q&A 위 예문을 읽고 단계적으로 압축하고 키워드를 찾아보라.

공통항의 의미

요약

키워드

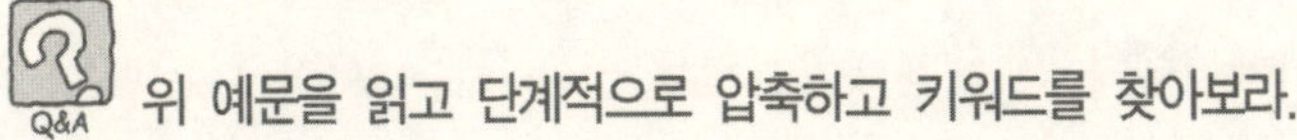

2) 이야기 형식의 프레젠테이션 전개

먼 옛날부터 사람들은 이야기를 듣는 것을 좋아하였고, 이야기를 통하여 세계를 이해해 왔다. 이러한 습성이 지금까지 이어져 와서 지금도 이야기는 사람의 마음을 움직이는 최고의 방법 중의 하나이다. 우리는 앞에서 프레젠테이션은 청중들이 듣고 변화를 가져오게 하는 것이 목적이라고 이야기하였다. 프레젠테이션에서 말을 하는 사람(프레젠터)이 이야기꾼이 된다면 말하고자 하는 바를 잘 전달할 수 있게 될 것이다. 설득이나 전략이 이야기처럼 만들어져 전달된다면 그 효과는 대단할 것이다. 그러려면 프레젠테이션을 이야기의 요약을 쓰듯이 엮어나가야 된다. 따라서 여러분들이 뛰어난 이야기꾼이 되어야겠다는 생각을 하면서 프레젠테이션을 준비하지 않으면 안 된다.

우리는 대부분의 이야기가 '기승전결'의 구조로 이루어져 있다는 것을 잘 안다. 이야기의 처음 부분인 '기'에서는 듣는 사람의 마음을 붙잡는 것이 중요하다. 프레젠테이션을 시작할 때 청중의 관심을 끄는 첫말, 기묘한 책략이나 의외성으로 관심이 나에게 끌리게 하는 것이 중요하다. 관심을 끈 다음에는 왜 그런지 그 이유를 간략하게 설명한다. 이 부분이 '승'이다. 다시 말하면 '승'에서는 말하고 싶은 내용을 정리하여 이야기하여 프레젠테이션의 목적을 이루기 위해 필요한 사항들을 조리 있게 전개해 나간다. 그 다음에는 프레젠테이션의 가장 중요한 부분인 '전'이다. '전'에서 구체적인 아이디어나 내가 가장 전달하고 싶은 말을 알기 쉽게 자기의 말로 표현하여야 한다. 마지막으로 '결'은 결론에 해당한다. 프레젠테이션의 내용을 다시 한 번 요약하고 자신을 가지고 해결책을 추천하고 권고한다. 청중들이 다시 처음으로 돌아가도록 연결하는 일도 중요하다.

프레젠테이션을 진행하는 다른 한 가지 방법으로는 결론을 먼저 이야기한 다음에 '기승전결'을 이야기하는 방법도 있다. '결'이 두 번 중복되므로 목적을 더 잘 이룰 수 있다. 이는 시간이 없을 때 또는 충격을 주고 싶을 때 효과적이다. 결론을 마지막에 제시하는 것을 귀납법이라 하고 결론을 미리 제시하고 시작하는 것을 연역법이라고 하는 것은 다 잘 알고 있을 것이다. 연역법을 Because(왜냐하면)법, 귀납법을 Therefore(그러므로)법이라고도 한다. 시대의 흐름은 Because법을 요구하고 있다. 왜냐하면 정보화 사회는 결론이 전부인 사회이고 어떤 의미에서 과정은 2차적이라고 할 수 있다. 프레젠테이션처럼 시간이 한정되어 있는 경우에는 도입부에 최고의 중점을 주는 것이 굉장히 중요한 포인트가 된다. 프레젠테이션을 이야기하듯이 진행한다고 하더라도 프롤로그→클라이맥스→에필로그 진행의 상투적인 방법을 벗어나 청중의 의표를 찌르는 의외적인 방법을 동원하는 것도 프레젠테이션의 인상을 깊게 남길 수 있다. 이때에도 최후의 결말은 성공의 여운을 남겨야 한다.

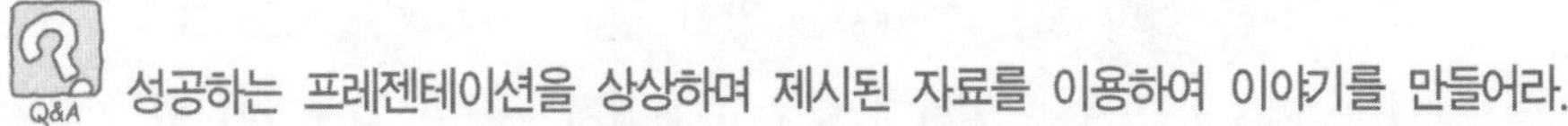

성공하는 프레젠테이션을 상상하며 제시된 자료를 이용하여 이야기를 만들어라.

　　마지막으로 게리 스펜스가 『논쟁으로 이기는 법, 논쟁 없이 이기는 법』에서 말한 이야기론을 요약하고 이야기하고 마치자. 그는 모든 논의에서 가장 강한 뼈대가 이야기라고 말하면서, 이를 위하여서 모든 사고를 이야기 형태로 하는 훈련을 해야 한다고 주장한다. 또한 논의를 이야기 형태로 제시한다면 훨씬 효과적일 것이라고 말하고 있다. 그는 이야기를 말하는 주체는 사람이란 것을 기억하라고 하면서, 세상에 이름을 남긴 위대한 교사들은 모두 이야기를 사용하여 위대한 가르침을 남겼다는 것을 강조한다.

　　성경을 보면 예수 그리스도도 비유적 이야기를 통해 많은 교훈을 전했다는 것을 잘 알 수 있다. 상대에게 효과적으로 이야기하려면 우선 마음속에 이야기 속의 장면들을 그려 나가지 않으면 안 된다. 그리고 이야기 형태로 생각하기 시작하여야 한다. 이야기는 모든 논의에서 취할 수 있는 가장 쉬운 구조이다. 다음 생각, 다음 문장을 기억할 필요도 없다. 당신은 이미 모든 이야기를 알고 있고, 마음의 눈으로 그것을 보고 있다. 이야기는 우리 인간의 말로 표현되기 때문에 매우 강력한 힘을 가지고 있다. 그렇다면 어디에서부터 이야기를 시작해야 하는 지가 매우 중요하게 되며, 이야기를 하기 위해서는 이야기의 시나리오를 준비하여야 한다. 이를 위하여 우선 내가 무엇을 원하는가 하고 스스로에게 물어 보아야 한다. 그리고 무엇이 그것을 뒷받침하여 줄 수 있는가를 생각하며 관련된 자료들을 조사해 모으고 기록해 둔다. 때로는 상관없어 보이는 생각들도 모아 두면 총체적 생각이라는 자산이 쌓이게 되며, 그것으로부터 필요한 것을 고를 수 있을 것이다. 그 다음에는 적어 둔 것을 검토하여 적합하지 않은 것은 지워 버리고 아이디어를 재정리하여 요약해 본다. 이런 준비가 끝나면 그 다음에는 이야기를 써 본다. 쓰기는 내 마음의 컴퓨터에 입력하는 과정이다. 이 과정은 자기 발표의 중요성과 자아를 확인하는 준비 행위이기도 하다. 요점을 쓰기 시작하면 그 것을 몇 번이고 검토하여야 한다. 그것은 자기가 알고 있는 사실들을 찾는 데 도움이 될 것이다. 자기 마음의 틈새에 숨겨진 것들을 찾지 않는 한 절대로 알 수 없다. 이제 다시 한 번 그것을 재정리하여 편집하고, 중요한 말에는 빨간색으로 표시를 한다. 마지막으로, 논의의 최대 포인트를 표현하는 테마, 슬로건 또는 서술적 어구나 은유를 선정하여 써본다. 그것이 바로 주제가 된다. 이야기를 진행하면서 그 주제를 말하고 또 말하면 마침내 듣는 사람들도 그 주제를 이해하게 되고 나의 목적은 이루어질 것이다.

이야기를 어떻게 준비하고 완성할 것인지 자기 자신의 말로 요약하라.

3) KISS의 법칙

　　프레젠테이션을 준비하면서 항상 염두에 두어야 할 것은 KISS의 법칙이다. KISS의 법칙은 Keep It Short & Simple에서 따온 말로 프레젠테이션의 내용 구성을 짧고 간단하게 하라는 말이다. 따라서 청중의 이해를 돕는 데만 집중하고 개인적으로 좋은 인상을 주는 데 연연하지 말아야 한다. 화려한 문체와 세련된 문장들이 좋은 아이디어를 간단하고 진지하게 전달하여 주지는 않는다. 아리스토텔레스의 "생각은 지혜로운 사람처럼 하되, 말은 평범한 사람처럼 하라."라는 말을 기억하라.

　　글을 쓸 때의 글말과 말을 할 때의 입말에서 사용하는 단어가 다르기 때문에 발표를 하는 원고는 입말로 쓰여져야 한다. 신문 기자, 잡지사 기자, 시인, 작가 등 주로 인쇄 매체를 이용하여 글을 쓰는 사람들은 글말을 사용하고, 라디오나 텔레비전 리포터, 방송 작가, 구성 작가, 연설 원고 작성자들은 입말을 사용한다. 글말과 입말은 정보의 처리 속도도 다르고 인간 두뇌에 정보를 저장하는 과정도 다르다. 글을 읽을 때에는 이미 읽은 문장으로 되돌아가서 다시 읽을 수도 있고 문장을 건너뛰어 읽으면서 독자 나름대로 정보를 정리 분석할 수 있으나, 입말을 들을 때에는 말하는 사람이 제시하는 대로 들을 수 있을 뿐, 듣는 사람이 취사선택하여 이미 들은 것을 다시 듣거나 앞으로 할 이야기를 미리 들을 수도 없다. 이러한 이유로 입말을 쓸 때에는 비교적 문장의 길이가 짧고, 타동사 대신 자동사를 사용하며, 복문보다는 단문을 주로 사용해야 한다. 뿐만 아니라 주요 골자는 반복하여 말하고 잘 기억할 수 있도록 은유나 비유를 인용한다. 또한 발음하기 어려운 단어나 여러 가지 의미로 해석될 수 있는 단어의 사용을 피하며, 물 흐르듯이 자연스럽게 말하는 것이 좋다.

　　인상적인 스타일의 프레젠테이션은 심사숙고하여 선정된 단어를 구사하며, 이렇게 선정된 언어는 뜻을 전달하는 데 분명하고 정확하며 간결하다. 인상적인 스타일은 두고두고 생각을 해도 참 잘했다는 느낌을 갖게 한다. 이렇게 선정된 언어를 구사한다는 것은 의미를 분명하고도 정확하게 전달하므로 다른 해석이나 오해가 최소화됨을 뜻한다. 그러기에 선정된 언어를 구사할 때는 군더더기가 없이 간결한 프레젠테이션이 될 수 있다. 이러한 간결한 프레젠테이션은 설득기술 가운데 가장 중요한 한 가지인 초점을 좁힌다는 것을 반영하는 것이라고 할 수 있다. 문제를 복잡하게 만들고 몇 번씩 문제점을 나열하는 것이 지성이라고 생각하는 사람이 많은데, 이는 결코 옳은 생각이 아니다. 특히 프레젠테이션의 경우에는 어떻게 설명을 좁힐까가 매우 중요하다. 좁혀진 설득의 초점을 어떤 방법으로 단순한 논리로 전환하여 상대의 심리에 투입시킬 것인가가 매우 중요하다. 따라서 앞에서 말한 압축 작업의 결과를 단순화하고 마음에서 우러나오는 말로 상대의 마음에 의미의 본질을 전달하는 것이 최대의 설득 기술이다. 자, KISS의 법칙을 기억하라. 압축하자. 단순화하자. 언어의 컨셉으로 전환하자. 다시 한 번 강조한다. 짧게 말하자. 간결하게 말하자. 초점을 분명히 하자.

다음 문장의 네모 부분을 채워 문장을 완성하라.

> KISS의 법칙은 [   ] 이다.

4) 창조적 프레젠테이션

창조성은 프레젠테이션의 생명이다. 아더 캐스틀러는 사람의 창조성이란 지금까지 전혀 다른 존재처럼 느껴지던 두 가지 생각을 충돌시키고 통합시키는 작업이라고 말했다. 창조성은 선천적으로 주어지는 것이 아니다. 누구나 한 가지에 몰두하여 그것에 정열을 다 쏟고 열심히 노력하면 발휘될 수 있다. 먼저 이토가와 히데오가 『창조성 조직공학』에서 말한 프레젠테이션에서 창조성을 발휘하기 위한 6가지 흐름을 정리하여 보자.

※ 잠재적 수요를 찾는다 : 새로운 것을 개발하려고 할 때에는 우선 세상이 무엇을 필요로 하는지 그 수요를 알아내야만 한다. 겉으로 드러난 수요가 아니라 아직까지 가면을 쓰고 있는 수요, 즉, 잠재적 수요를 알아내야 한다.

※ 기술정보 은행을 갖는다 : 여러 가지 상황에 부딪혔을 때를 대비해 사용할 수 있는 모든 정보를 모아 둔 것이 기술정보 은행이다. 기술정보 은행을 만드는 방법으로는 신문에서 오려낸 파일을 모아 두는 것, 컴퓨터의 정보를 모아 둔 데이터 베이스, 카드 정리, 정보기관 목록 작성 등을 들 수 있다. 그 중에서 가장 효율적인 방법은 자기 눈으로 골라서 수집한 오려낸 파일로 아직까지 아날로그 정보만큼 편리하고 귀중한 것은 없다.

※ 시장 환경을 연구한다 : 세상이 어떤 추세와 분위기로 변화하고 있는지 그 커다란 결정적 변화를 예측한다. 생활 트랜드의 변화, 시장의 변화 혹은 전쟁, 주가 폭락, 핵심 인물의 사망 등 사회의 변화에 영향을 줄 수 있는 것들을 예의 주시한다.

※ 프레젠테이션의 목표를 설정한다 : 프레젠테이션의 성공 여부는 그 목표 설정에 달려 있다. 목표 설정에 대한 검토가 충분하지 않으면 전체가 흐트러져 버린다. 전체적 시야에서 목표를 설정하여야 한다.

※ 사명 분석과 현상 분석을 한다 : 프레젠테이션의 최대 목적은 무엇인가. 어떤 사명을 가지고 있는가. 오늘날에는 어떤 활동도 사명을 가지고 있지 않으면 안 된다. 따라서 사명을 제안하는 일은 매우 중요한 일이다. 사명을 분석하고 난 다음에 할 일은 현상 분석, 대체 방법 모색, 대체 방법의 조합과 분석, 실패 연구 등이다.

※ 결정하고 실행한다 : 의사 결정을 했다면 실행에 옮긴다. 결정하고 나서

5) 컨셉과 전략의 차별화

위대한 아이디어를 낳는 근원적인 힘은 긍정적인 사고방식이다. 따라서 적극적이고 전향적으로 조건을 설정하고 포착해야 한다. 아이디어를 창출하기 위한 발상법은 무에서 유를 창조하는 일이다. 없다를 있다로 바꾸라. 그리고 적극적으로 사고하라. 없다를 있다로 바꾸어 짜내는 것이 지혜이고, 그것을 그려내는 것이 꿈이다. 이를 위해 다시 타나구치 마사카즈가 말하는 7가지 발상법에 대하여 알아보자. 그가 『프레젠테이션의 성공 법칙』에서 말하는 7가지 발상법은 다음과 같다.

- 단조건을 긍정한다.
- 고객이 되어 본다.
- 사람들에게 질문한다.
- 성공 사례를 연구한다.
- 다각적으로 관찰한다.
- 머리 속으로 계속 생각한다.
- 다른 장르와 충돌시킨다.

일반적으로 정보들은 따로따로 들어온다. 이렇게 계속적으로 늘어가는 정보의 정리 요령은 정보를 계열화하고 색인화하여 기억하는 것이다. 이러한 것을 전문 용어로는 패턴인식이라고 한다. 패턴인식이란 오감을 통하여 따로따로 들어오는 정보를 정리하여 무엇을 보고 듣는지 그 의미하는 바를 인식하는 일을 말한다. 우리가 아이디어를 찾기 위하여 노력하고 있으면, 다시 말하여 머리 한쪽에 해결할 문제를 계속 가지고 다니며 결코 머리에서 지워 버리지 않는다면 정보 수집의 안테나를 무의식에까지 펼쳐 놓게 될 것이며 24시간 계속하여 지속적으로 생각하게 될 것이다. 그러다가 그 정황 속에 있는 하나의 단편이 낚아 올려지면 전체를 한꺼번에 생각해 내는 일도 가능하게 된다. 왜냐하면, 사람은 자연스럽게 연상 기억을 하기 때문이다. 그러면 아이디어의 전체 모습이 떠오르게 된다.

한편, 밥 파이크는 『창의적 교수법』에서 창의력을 키우려면 다음과 같이 하라고 말하고 있다.

- 호기심을 가져라.
- 기초 지식을 다져라.
- 항상 무엇이 필요한가를 탐구하라.
- 똑같은 일도 다른 방법으로 해보라.
- 상식을 재검토해 보라.
- 사물을 볼 때 옳고 그름으로 보지 말고, 색다르거나 흥미로운 기준으로 보라.
- "만약에……"라는 질문을 하라.

창의력의 첫 번째 요소인 호기심은 모든 학생들에게 있다. 어린아이는 "왜?"라는 질문을 시도 때도 없이 퍼붓는다. 하지만 학교에 다니기 시작하면서 "왜?"라는 질문을 점점 하지 않게 된다. 그러므로 교육과정으로 인해 학생들의 호기심이 시들어버리지 않도록 배려를 하여야 한다. 학생들로부터 질문을 유도해 내고 아무리 엉뚱한 질문이 나와도 질문하는 그 과정 자체를 존중해 주는 환경을 만들어 주어야 한다.

창의력의 두 번째 요소는 기초 지식이다. 새 시대가 요구하는 창의력은 공상이 아니다. 만화가, 소설가, 엔터테이너 등이 아니라면 창의력도 객관적 사실에 근거해야 하기 때문이다. 따라서 열린 교육을 한다 해도 기초 지식은 주입식 교육을 통해서라도 확실하게 가르쳐야 할 것이다. 열린 교육의 특징은 정답을 거부하는 것이지 기초 지식을 저버리는 것이 아니기 때문이다.

나머지 다섯 요소는 생각하는 습관이다. 습관은 타고나는 재능이 아니고 노력으로 이루어지는 것이다. 따라서 창의력은 교육으로 계발이 가능한 실력으로 인식해야 한다. 노력이라 함은 교육에서 일반적으로 따지는 인지적 영역이 아니고 정의적 영역과 연관되어 있다. 인지적 영역의 계발은 일을 할 수 있게끔 해주는 정신적 능력을 쌓는 것이라고 말할 수 있다.

패러다임의 전환 또한 짚고 넘어가야 할 부분이다. 시대 전체를 움직이고 있는 패러다임의 변화는 그 누구도 피해 갈 수는 없다. 프레젠테이션에서도 서비스화 시대로 전환이라는 거대한 패러다임의 변화를 받아들여야 한다. 서비스화 사회에서는 서비스 가치가 최대의 부가가치가 되는데, 서비스 가치는 보이지 않는 심리적 가치이고, 꿈, 이상, 공감, 공명, 비전, 낭만 등의 개인적 삶의 방식과 관계가 있는 가치이다. 이는 물건을 초월한 정신적 가치관이고, 지금은 이러한 정신적 가치관으로 경쟁하는 시대이다. 따라서 프레젠테이션은 시대 전체를 지배하는 패러다임의 변화를 잘 반영하고 있어야 한다. 프레젠테이션 계획에는 청중의 요청, 개인의 니즈(needs), 개인의 라이프스타일, 관계 형성, 청중의 심리 통찰, 사회에 대한 사명감, 협력 등을 포함한 내용이 포함되지 않으면 안 된다.

프레젠테이션이 성공하기 위해서는 새로운 사고가 필요하다. 그것이 무엇일까 쓰고, 그것을 위하여 어떻게 할 것인가 생각하라.

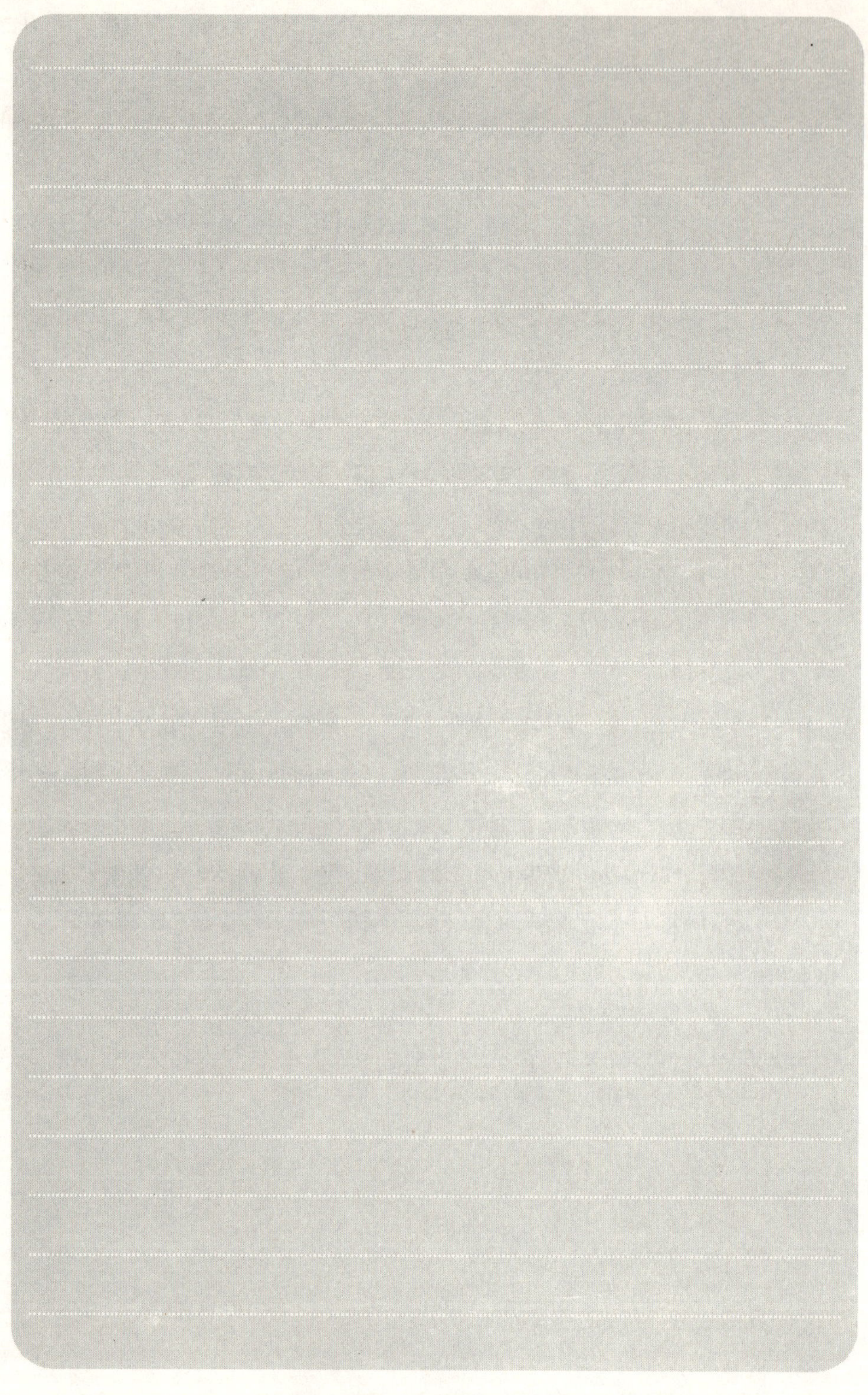

6) 암묵지식의 역동성

　　흔히 어떤 말이나 글을 잘 이해한다는 것은 글을 쓴 저자나 말을
한 화자의 의도를 정확하게 파악했다는 뜻이 된다. 그러나 정보를 잘 이
해했다고 하더라도 그것을 다른 사람에게 전달하기 위하여서는 내가 이
해한 것을 다시 글이나 말로 표현하여야 한다. 가공된 정보를 지식이라
고 한다고 하였을 때 이해하여 머릿속에 가지고 있는 지식과 글이나 말
로 표현된 지식은 서로 다를 수 있다. 이러한 것을 구별하여 표현하기
위하여 암묵지식과 형식지식이라는 개념을 사용한다. 암묵지식이란 이해
하여 머릿속에 가지고 있는 지식 즉, 볼 수 없는 이해, 표에도 언어에도
나와 있지 않는 커뮤니케이션 능력, 노하우 등을 말한다. 형식지식이란
암묵지식이 글이나 말로 표현되어 다른 사람이 정보로 이용 가능한 지식
을 말한다. 따라서 다른 사람과의 커뮤니케이션을 위해서는 암묵지식이
형식지식으로 표현되어야 한다. 그러나 암묵지식이 정확하게 형식지식으
로 변환되어 표현되지 않을 때 청중들은 내가 말하고자 하는 것과 전혀
다른 것을 생각하게 될 것이다.

　　사람은 심리적 존재이다. 그리고 우리 사회는 점차 심리적 사회로
접어들고 있다. 따라서 프레젠테이션 할 때 역시 청중이 잠재적 심리 존
재라는 것을 인정하고, 그 내부에 잠자고 있는 암묵지식을 포착하지 않
으면 안 된다. 프레젠테이션 할 때 지나치게 형식지식을 신뢰하여 모든
것을 전달하고, 이해시키려고 하면 오히려 역효과가 일어난다. 그 것보다
는 청중의 암묵지식에 의지하는 전략을 세워 청중의 심리를 움직여야 프
레젠테이션을 성공한다. 청중의 상상력이 살아나게 하고 이미지를 크게
부풀려 주어야 한다. 앞에서 말한 것처럼 고도의 서비스 사회에서는 암
묵지식의 커뮤니케이션이 최대의 부가가치를 갖는다. 즉, 암묵지식형의
가치에 의해 고부가가치가 얻어진다. 암묵지식은 주관적, 개인적, 경험적,
신체적, 통합적, 동시적이며 아날로그적이고 개인의 직감력이 밀도 높게

축적되어 있다. 프레젠테이션에서도 이것이 청중의 심리를 많이 움직이
게 된다. 암묵지식이 암묵지식을 꿰뚫어 보는 것이다.

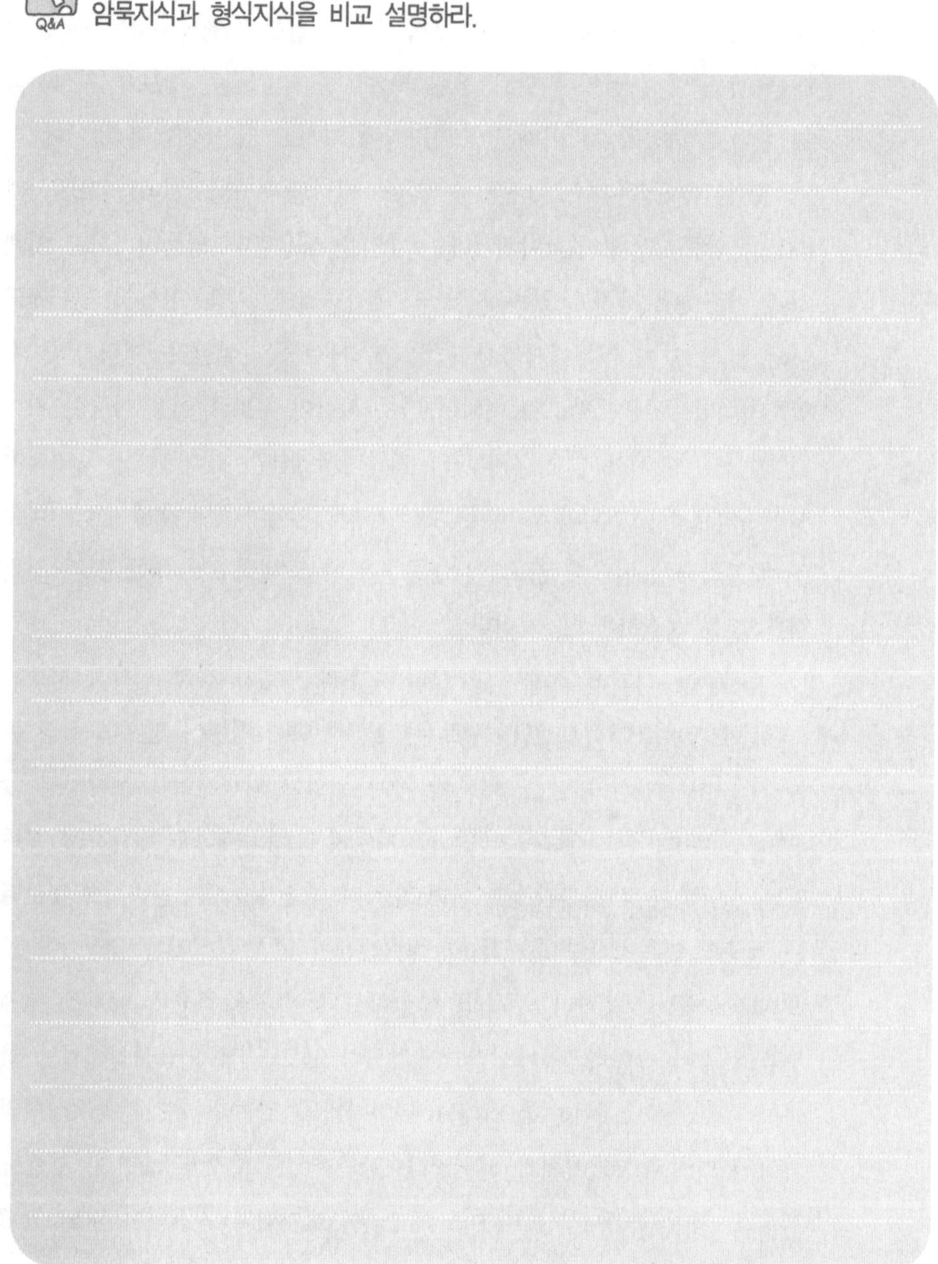

암묵지식과 형식지식을 비교 설명하라.

7) 자신감

　　성공적인 프레젠테이션을 하기 위해서 프레젠터는 목적과 대상을 잘 파악하고 있어야 하며, 무엇보다도 사전 준비를 충분히 해야 한다. 사전 준비가 충분하면 할수록 프레젠터는 더욱 자신감을 갖게 되어 훌륭한 프레젠테이션을 할 가능성이 높아진다. 그리고 기본적으로 프레젠터는 프레젠테이션 하고자 하는 내용에 대하여 이론과 경험을 통하여 누구보다도 잘 알고 있어야 한다. 반대로 다음과 같은 경우 그 프레젠테이션은 실패한 프레젠테이션으로 여겨질 것이다. 첫째, 프레젠터가 횡설수설하여 무슨 소리를 하는지 도무지 이해할 수 없다. 둘째, 청중들로 하여금 왜 이 프레젠테이션을 들어야 하는지에 대한 근본적인 의문이 들게 했다. 셋째, 프레젠터가 전문가가 아니었으며, 프레젠테이션 내용이 부정확했다. 넷째, 프레젠터가 사소한 문제에 시간을 낭비하여 핵심적인 문제를 다루지 못했다. 다섯째, 프레젠테이션의 시각 자료가 일목요연하지 않았고, 오류나 오타가 발견되었다. 여섯째, 프레젠터가 자신감이 없었다. 이처럼 실패한 프레젠테이션을 살펴보면 준비 부족과 그에 따른 자신감의 결핍이 주요한 원인임을 알 수 있다.

　　한편, 호흡과 발성도 자신감을 키우는 데 도움을 줄 수 있는데, 뱃속 깊은 곳으로부터 울려나오는 소리는 단전을 울려주고, 각 단전에서는 오장육부와 신체의 모든 경락으로 자극을 전달하여 360기혈과 84,000기공을 풀어주고 활성화시킨다. 그래서 바른 호흡법과 발성만으로도 프레젠테이션에서의 자신감을 키울 수 있다. 마지막으로 다시 한번 강조한다. 프레젠테이션 스킬을 잘 익히고 철저한 준비와 반복적인 연습으로 프레젠테이션에 대한 자신감을 갖자. 그것이 프레젠테이션에서 성공하기 위한 가장 중요한 법칙이다.

 다음 문장의 네모 부분을 채워 문장을 완성하라.

프레젠테이션을 성공하기 위하여 제일 필요한 것은 [   ] 이다.

8) 프레젠테이션의 10대 원칙

프레젠테이션은 상대방의 설득과 승낙을 얻어내기 위한 심리전이다. 한정된 시간 내에 이해와 양해를 얻어내기 위해서는 표적을 좁히는 것이 대단히 중요하다. 타나구치 마사카즈가 『프레젠테이션의 성공 법칙』에서 제시한 프레젠테이션의 10대 원칙 가운데 하나 혹은 몇 가지를 조합하여 활용한다면 충분히 심리적 우위를 점할 수 있을 것이다. 좀 장황한 느낌이 들지만 아래의 10대 원칙을 결코 테크닉으로만 이해하지 말고, 마음으로부터 그렇게 생각하고 프레젠테이션에 임한다면 분명히 프레젠테이션은 성공할 것이다.

- 결정하고 실행한다 : 의사 결정을 했다면 실행에 옮긴다. 결정하고 나서 방황하면 안 된다. 보험들 듯 이것도 저것도 하는 발상은 버려야한다. 방황은 반드시 간파 당한다. 프레젠테이션 내용에 자신과 확신을 보여주라. 자신을 찾을 수 없는 프레젠테이션은 누구도 따라오지 않는다.
- 먼저 전체를 이야기하라 : 그리고 부분으로 옮겨간다. 마지막으로 다시 한 번 전체로 돌아간다. 순서로 말하면 조감(鳥瞰)→주시(注視)→재조감(再鳥瞰)이다.
- 큰 소리로 말하라 : 밝은 음성으로 얘기한다. 적극적으로 발표한다. 요점은 손을 바꿔가며 몇 번이고 반복한다. 결코 변명하지 않는다. 자기도 모르게 무의식적으로 변명하는 경우가 종종 있다.
- 미소를 머금고 얘기하라 : 제스처도 사용한다. 웃음은 긍정적 커뮤니케

이션에 있어 최대의 무기이다.

✠ 서서 얘기하라 : 서 있는 사람이 선생님이고 앉아서 메모하는 사람은 학생이다.

✠ 그림이나 그래프도 활용하라 : 시각적으로 정리하여 제시하면 정보를 쉽게 공유할 수 있어 청중의 수준을 끌어올리며, 요점을 잘 알 수 있게 해 준다.

✠ 개조식으로 이야기하라 : 개조식이란 내용을 각각의 항목으로 나누어 정리하는 것이다. 개조식은 문제를 집약시켜 놓은 듯한 기분이 들게 한다.

✠ 내용을 셋으로 나누어 정리하라 : 우주상에서 3은 마법의 숫자이다. 프레젠테이션에서도 3이란 숫자를 자주 사용한다. 즉, "문제는 세 가지가 있습니다"와 같이 내용을 3으로 정리하여 말한다.

✠ 프레젠테이션 상황에 따라서 핵심적인 메시지를 서두에서 제시할 것인가, 아니면 끝부분에서 제시할 것인가를 적절히 판단하라 : 미국식 프레젠테이션에서는 메시지를 서두에 제시하도록 권고하는 게 일반적이다.

✠ 같은 내용을 3번 반복하라 : "오늘 제안하는 포인트는 세 가지가 있습니다. 그것은……", "그러면 하나씩 살펴보겠습니다. 먼저……", "이상 말씀드린 내용을 다시 한 번 정리하면……" 이런 식으로 3번 반복하여 말한다.

✠ 자신을 가지고 정면을 똑바로 보면서 얘기하라 : 청중 가운데 중요한 인물을 파악한다. 그리고 그 사람에게 말한다. 요소요소에서 그가 수긍하도록 만들라. 핵심 인물이 수긍하면 전체 청중이 동조하기 시작한다. 전체 청중이 동시에 이해하기는 힘든 일이다. 리더와 추종자가 있는 법이다. 표적은 어디까지나 리더이다.

 프레젠테이션의 10대 원칙을 정리하라.

프레젠테이션의 10대 원칙을 정리하라.

프레젠테이션 원고 작성 비책

1) 정보의 질서화

하나의 주제로 진행되는 강의나 글에서 전달하려고 하는 내용은 많아야 서너 가지에 지나지 않는다. 이렇게 전달되는 내용을 정확히 파악하고 이해하는 능력이 있어야 그것을 몇 마디의 말이나 글로 나타낼 수 있으며 그것을 다른 사람에게도 잘 전달할 수 있게 된다. 정보를 전달하는 말과 글의 특징 중 하나는 모든 단어와 문장이 동일한 밀도의 정보를 담고 있지 않다는 것이다. 중요한 것과 중요하지 않은 것이 상관관계를 가지며 서로 묶여 있다는 사실을 알아야 한다. 따라서 정보를 대할 때에는 각 문장 간의 상관관계를 살펴봄으로써 그 정보 속에서 중요한 것과 덜 중요한 것을 가려낼 수 있어야 한다. 중요한 것을 골라내어 뼈대를 추려낼 수 있어야 하며 이것이 정보의 핵심이 되는 것이다. 이러한 능력이 갖추어지면 프레젠테이션 할 때에 짧은 시간 안에 원하는 내용을 전달하게 될 것이다.

칸트에 의하면 인간은 시간, 공간, 인과관계의 세 가지 요소를 가지고 정보를 처리한다고 한다. 이 말을 다시 말하면 사람은 정보를 질서화 할 때 언제 일어났는가(시간), 어디서 일어났는가(공간), 어떻게 일어났는가(인과관계)를 생각한다는 것이다. 일단 이런 질서화를 통하여 인간의 두뇌에 저장된 정보는 질서화 되지 않은 정보보다 오래 쉽게 기억될 수 있다. 프레젠테이션을 할 때에도 이 세 가지 요소를 고려하여 구조를 만드는 것이 청중들이 내용을 쉽게 이해하고 기억하는 데 도움을 준다. 머릿속에 있는 많은 아이디어와 참고 자료들을 어떻게 정리하고 어떻게 글자를 찾아내어서 프레젠테이션의 내용을 전개해 나갈 지 막연하다면 정보의 질서화에 자주 쓰이는 방법인 마인드 매핑, 고공표, 상관관계도, 윈도우 패닝 등을 그려 보자. 이러한 방법들을 이용하여 정보를 질서화하면 내용을 파악하고 이해하는 데 도움이 될 뿐 아니라, 시간이 많이 지난 후에도 그 내용을 쉽게 떠올릴 수 있다.

(1) 마인드 맵핑

마인드 맵핑이란 창의적인 사고와 기억력 향상을 위해 토니 부잔(Tony Buzan)이 개발한 두뇌개발기법이다. 머릿속에 흩어져 있는 생각의 조각들을 끌어 모으고 체계화하는 일은 누구에게나 필수적인 절차이다. 조각조각 쌓아 놓은 단어나 어휘만으로는 말이나 글이 이루어지지 않는다. 마인드 맵핑은 마치 지도를 보면 길을 쉽게 찾아 갈 수 있는 것처럼 머릿속에 흐트러져 있는 생각들의 갈피를 정리하고 핵심어를 이미지화하여 지도를 그리듯 그리며 생각을 정리하는 방법이다. 따라서 마인드 맵핑은 무질서하고 다차원적인 인간의 사고를 입체적으로 표현하는 데 효과적이다. 마인드 맵핑을 통해 작성된 그림을 생각 그물이라 한다. 가장 핵심이 되는 단어를 가운데에 두고 여러 핵심단어들을 활용하여 생각 그물을 그려나가는데, 여기에 내용을 한 눈에 알아 볼 수 있도록 그림이나 색깔, 부호 등을 그려 넣을 수 있다. 마인드 맵핑은 하루의 생활 스케줄을 정하는 데서부터 일주일의 계획, 한 달 계획, 심지어는 일 년 계획을 세우는 데도 사용할 수 있으며, 새로운 프로젝트의 구상, 여행, 학생들의 학습 내용 정리, 연구자들의 참고문헌 정리 등 다양하게 적용할 수 있다. 또한 마인드 맵핑으로 브레인스토밍 과정에서 쏟아져 나온 아이디어를 질서화시켜 가다보면, 일목요연하게 아이디어를 정리할 수 있으며 정리하는 과정까지도 볼 수 있다. 마인드 매핑을 작성하다 보면 생각이 가지를 쳐 나가게 되어 새로운 생각을 쉽게 보태 나갈 수 있다는 장점이 있다.

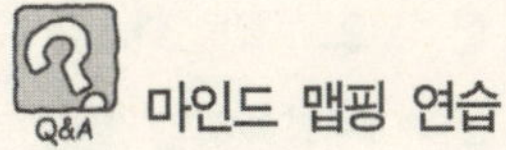

(2) 고공표

고공학습법이란 정보를 전체적으로 파악하기 위해 비행기에서 아래를 내려다보듯이 땅의 윤곽을 파악하듯이 정보를 정리하는 학습방법이다. 정보를 위에서 내려다보는 것과 같이 넓은 시야를 가지고 정리한다면 전체를 꿰뚫는 지혜를 찾아낼 수 있을 것이다. 사람들 중에는 조각으로 존재하는 지식을 유형별로 묶어 잘 정리하는 사람들이 있는데 이런 사람은 전체를 보는 능력, 즉 조망하는 능력이 있는 사람이다. 이것은 공부나 모든 생활에서 그대로 적용될 수 있다. 이러한 방법을 이용하여 정보를 질서화한 표를 고공표라고 하고, 주로 다음과 같은 방법으로 고공표를 만든다.

✠ 책 한 권 또는 글 한 편을 한 장으로 : 책 한 권 또는 글 한 편의 전체

적인 내용을 한 눈에 보기 위하여 전체를 한 장으로 만든다. 책 한 권을 한 장으로 만들기는 시간이 많이 걸리고 매우 힘들지만 일단 작성한 고공표를 이용하면 더 빨리 정보의 내용을 정리할 수 있기 때문에 전체적으로 볼 때 훨씬 효과적이다.

- ❇ 큰 것부터 작은 것, 성근 것부터 촘촘한 것으로 : 처음에는 책이나 글 전체를 조망하는 고공표를 작성하고, 그 다음에는 각 장별로 요약하는 고공표를 그린다.
- ❇ 표, 지도, 그림 등 여러 가지 모양을 활용해서 : 고공표의 모양은 여러 가지로 자유롭게 활용할 수 있다. 일반적으로 표 방식, 아이콘 방식, 지도 방식, 그림 방식이 있다.

Q&A 다음 글을 읽고 고공표를 작성하라.

2004년에 발표된 '급격한 환경변화로 21세기 말엽에는 극지 고유의 동식물과 미생물이 사라질 전망'이라는 제목의 북극 기후영향평가서는 수십 년 후에는 지구환경변화에 적응하면서 지구 양 끝의 혹독한 환경 속에서도 씩씩하게 살아왔던 수백만, 수천만, 아니 그 이상의 생물들을 더 이상 지구에서 찾아볼 수 없을 것이라는 참 슬픈 미래를 이야기한다.

그동안 인간의 활동으로부터 고립된 채 춥지만 깨끗하고 안정되게 살아온 극지의 생명체들이기에 지구온난화나 환경오염에 지구상의 어느 생명체보다 민감하게 반응해서 그런 것인가. 전 지구적 환경 변화가 가지고 올 지구 생태계 변화와 생태계 구성원인 다양한 생물들의 반응을 극지 생물만큼 잘 대변해줄 생명체도 지구상에는 없을 것이다.

지구의 양 극단에 위치한 극지는 북극해와 남극대륙이 차지하고 있는 거대한 환경 공간이다. 남극은 남극조약에 의거하여 남위 60도 이남의 바다와 대륙을 포함하는 공간으로 지구상에서 가장 춥고 건조하며, 또한 바람이 강한 지역이다. 면적이 약 1,360만㎢로 호주대륙의 1.5배, 한반도의 60배에 달하는 거대한 대륙으로 평균 2,000m의 빙하로 덮여 있고, 지구상 담수의 70%를 보존하고 있다. 연평균 기온이 영하 23도이며 대부분 얼음에 덮여 있고, 땅이 노출된 곳은 겨우 2% 정도에 불과하다.

만약에 남극 빙하가 녹는다면 전 지구 해수면이 90m 상승할 것으로 예측되는 남극은 지구환경변화에 가장 민감하게 반응하는 비오염지역으로, 환경연구에 척도 역할을 하는 천연의 과학실험장이다. 남극점에서 1,260㎞ 떨어진 러시아의 보스톡 기지 근처의 3,700m 얼음 아래에 전라남도보다 넓은 평균 수심 130m의 호수가 있다. 아직 3,500m까지만 굴착된 상태로 호수를 오염시키지 않으면서 호수물을 채취할 수 있는 굴착기술을 기다리고 있는데 적어도 5백만 년 전의 생존 생물들에 대한 정보와 오랜 시간 어떻게 이러한 환경에서 진화해 왔는지를 밝혀 줄 인류 공동의 타임캡슐이다. 남극대륙에서 얼지 않은 부분은 단지 2%인데 미국 맥머도 기지 주변의 드라이밸리는 남극대륙에서 얼지 않은 면적 중에서 가장 넓은 지역이다. 우주와 유사하게 춥고 빈 영양상태이며, 바위로 구성되어 있는 사막 환경인 드라이밸리에서 오랜 세월을 적응하며 진화해 온 생명체들은 우주생물학 연구의 시발점이 될 수 있다.

총 면적 2천 6백만㎢이고 지구 면적의 5%를 차지하는 북극은 일반적으로 7월 평균 기온이 10℃ 이하인 지역으로 정의되며, 대개 나무의 성장 한계선과 일치한다. 이곳은 전체 면적에서 30%만이 육지이고 나머지는 바다이다. 즉, 북극은 유라시아와 아메리카 대륙의 북쪽 끝과 그린란드, 그리고 이들로 둘러 싸여 있는 북극해로 구성되어 있다. 북극권은 북위 66.5° 이북 또는 산림성장 한계선 이상의 7월 평균 기온이 10℃ 이하인 북반구 대륙 연안으로 둘러싸인 바다를 포함한다. 북극해는 면적이 1,400만㎢로 지중해의 4배이며 전 세계 바다의 3.3%를 차지한다. 이곳은 평균 수심이 1,200m이고 여중 두꺼운 얼음으로 덮여 있는데, 이 얼음은 크기가 다양하며 바람과 해류의 영향으로 끊임없이 이동하고 있다. 전 세계를 순환하며 거대한 열을 전달해 주는 심층해수는 전 세계 기후에 지배적인 영향을 미치는데 고위도의 북극해가 심층수 순환의 발원지이다. 작년에 개봉된 영화 '투모로우'를 연상한다면 심층해수의 영향을 상상할 수 있을 것이다. 북극해는 기상, 기후, 해류의 순환 등 지구환경 변화에 커다란 역할을 하고 있기 때문에 북극은 흔히 지구 기후변화의 산실이라고 한다.

남극에는 꽃이 피는 식물이 단 두 종류가 있을 뿐이며, 남극에 있는 대부분의 식물은 이끼류나 지의류이다. 50종의 우산이끼, 104종의 선태류, 그리고 대략 427종의 지의류 등이 보고 된 상태이다. 또한 미세조류를 포함하여 대형 갈조류 등 700여 종에 달할 정도의 다양한 해조류들이 남극바다에 서식하고 있다.

남극대륙에 서식하는 동물은 해안가의 물개류와 펭귄을 포함한 새가 주종을 이룬다. 펭귄은 황제펭귄, 아델리펭귄, 젠투펭귄, 턱끈펭귄 등 7~18종이 있는 것으로 알려져 있다. 갈매기, 제비갈매기류, 스쿠아, 페트렐류, 가마우지류, 알바트로스 등의 텃새들이 남극에 서식하고 있다. 여름에는 간혹 고래가 해안가까지 찾아오기도 한다. 남극대륙을 둘러싸고 있는 거대한 바다인 남빙양에는 흔히 남극새우로 알려진 크릴(난바다곤쟁이류)이 있는데, 이 크릴은 남극해에 서식하는 식물 플랑크톤에서 고래까지 이어지는 먹이망의 중심으로 아주 중요한 구실을 한다.

다산기지가 위치한 노르웨이령의 스발발드 군도에는 북극 생물인 160여 종의 새를 비롯하여 170종 이상의 다양한 지의류와 육상생물, 1천 8백 종의 무척추동물과 북극곰, 북극여우, 산록, 바다표범, 고래, 해마와 같은 포유류가 서식하고 있다. 세균, 곰팡이를 포함한 미생물의 경우 극지의 열악한 빛과 온도, 수분에 적응하여 온 새로운 다양한 미생물이 발견되고 있다.

우리나라는 극지에서의 지속적인 활동과 기득권 확보를 위하여 국제협약인 '환경보호에 관한 남극조약의정서', 국내법인 '남극활동 및 환경보호에 관한 법률', 남극조약협의당사국회의(ATCM), 남극연구과학위원회(SCAR), 남극국가운영자대표회의(COMNAP), 국제북극과학위원회(IASC) 등의 국제기구를 통하여 극지 생물다양성과 극지 생태계 구조 및 기능, 환경 모니터링 등을 연구하고 있다.

극지의 생물은 극히 제한적으로 분포되어 있으며, 분포지역은 특정 국가의 주권이 미치지 않는 곳이 대부분이라는 점이 특징이다. 따라서 지구상의 생물유전자 자원을 선점하기 위해 치열히 경쟁하는 선진국들은 한정된 극지 저온 환경의 생물자원을 확보하고, 새로운 바이오 소재를 개발하기 위해 많은 연구비를 투자하고 있다. 미국은 2003년 '게놈시대의 극지생물학 프론티어'라는 보고서를 내고 극지생물의 유전체 연구를 적극 지원하고 있으며, 유럽 연합은 산업체와 마이크로맷(MICROMAT)이라는 컨소시엄을 구성하여 새로운 미생물 자원을 탐색하고 있고, 이미 극지 미생물 2종의 유전체 분석이 완료되었다. 이 유전체 분석 결과를 토대로 마이크로칩을 제작하여 저온 환경에서만 발현이 증가하거나 감소하는 저온 적응 관련 유전자의 선별이 시도되고 있다.

앞으로 한국도 국가 위상과 경제적 이익을 위해서 극지생물의 생태학적 기능, 종 다양성 분석, 극지환경 적응과 진화 과정, 아울러 첨단 생명공학 소재로서의 극지 생물 자원의 확보와 활용에 대하여 국·내외 네트워크를 통하여 접근해 나가야 할 것이다.

– 이홍금, Our Planet, 한국어판, 제22호, pp.39~41.

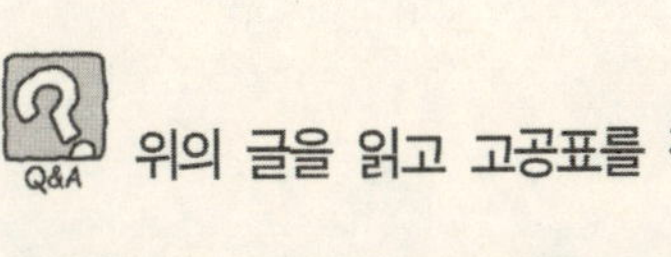 위의 글을 읽고 고공표를 작성하라.

(3) 상관관계도

　　전체를 이루고 있는 각각의 부분은 유기적인 관계로 연결되어 있다. 조각으로 존재하는 지식들을 하나로 묶기 위해서는 각 조각들 상호 간에 존재하는 상관관계를 살펴보아야 한다. 이러한 관계를 정밀하게 밝히는 능력은 전체를 조망하는 능력과 함께 사용될 때 그 진가를 십분 발휘한다. 따라서 고공표 작성을 통해 전체를 본 후에 해야 할 일은 각 부분이 어떤 유기적 관련성을 맺고 있는지 상관관계도를 작성하는 일인데, 주로 다음과 같은 방법으로 만든다

- 반복되는 말 찾기 : 고공표에 나타난 각 부분에 반복되어 나타나는 말을 찾음으로써 각 부분이 어떤 연결고리에 따라 관련을 맺고 있는지 알 수 있다.
- 근본적인 차이점 알아내기 : 각각의 부분적인 정보를 확연히 구분지어 주는 근본적인 차이점이 무엇인가 하는 것을 찾아내는 것이다.
- 접속어를 넣어 문장으로 연결시켜 보기 : 각각의 부분적인 정보를 접속사를 이용해 하나의 문장으로 연결시켜 보는 것이다. '그리고, 또한, 그런데, 그러나, 하지만, 그래서, 왜냐하면' 등의 접속사를 이용해 각각의 부분적인 정보들을 맞춰보면 이 각각의 부분적인 정보들이 어떤 관련성 아래 묶여 있는지를 금방 알 수 있다.

 고공표를 작성한 위의 예문을 가지고 상관관계도를 작성하라.

(4) 윈도우 패닝

사람들은 읽은 것보다 들은 것을, 들은 것보다는 본 것을, 본 것보다는 듣고 본 것을 더 잘 기억한다고 하였다. 그 중 기억에 가장 도움이 되는 것은 말하고 행동하는 것이다. 사람들이 단기적으로 일곱 단위의 정보를 잘 기억한다는 것은 1930년대에 미국 AT&T사에서 전화번호를 정하기 위한 조사를 실시하면서 발견하였다. 즉, 사람들은 처음 세 자리의 숫자와 그 다음의 네 자리 숫자를 쉽게 기억하는데, 그것을 기억력의 덩어리(chunk)라고 부른다. 심리학자들은 인간의 기억을 감각적 기억, 단기적 기억, 장기적 기억의 세 단계로 나눈다. 감각적 기억(sensory store)이란 인간의 오감을 통해 들어와서 1~2초 정도 머무르다 곧 잊혀지는 정보를 말한다. 단기적 기억(short-term memory)은 앞에서 말한 7개의 묶음을 단위로 하여 기억하는데 15초 정도 후에 정보가 상실된다. 단기적 기억은 반복이나 연습을 통해 오랜 기간동안 기억할 수 있게 되는데, 이것이 장기적 기억(long-term memory)이다. 따라서 오랫동안 기억하게 하기 위해서는 장기적 기억을 증진시키는 방법을 훈련하는 것이 필요하다. 이런 목적 하에서 개념을 말로 설명하는 것보다는 그림을 이용하는 것이 훨씬 기억하기가 쉽다는 것을 이용한 기억 방법이 개발되었는데, 이 기억력을 돕기 위한 그림을 윈도우 패닝이라 부른다. 정보가 여러 개의 요점을 가지고 있을 때 윈도우 패닝으로 정보를 질서화하면 장기적 기억에 도움이 된다. 윈도우 패닝 기법에서는 6~9장의 창유리에 중요한 정보를 그림으로 표시하여 제시한다. 단순히 그림뿐만 아니고 그림이 어디에 위치하는지도 알고 있어야 한다. 잊지 말아야 할 단계를 기억할 때 윈도우 패닝 기법을 이용하면 어떤 단계가 어디에 있었는지 어떤 단계가 빠졌는지를 좀 더 잘 알 수 있다. 윈도우 패닝 기법에서 명심할 사항은 박스를 9개 이상 만들지 말라는 것과 그림은 간단한 그림, 손으로 그린 그림을 이용하라는 것이다. 프레젠테이션을 할 때 청중들로 하여금 각자 자기의 것을 채우게 하면 기억력을 높일 수 있으며, 청중들이 자신만의 윈도우 패닝을 만들게 함으로써 참여를 유도할 수 있다.

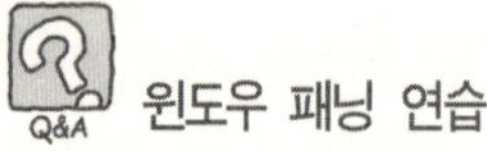 윈도우 패닝 연습

2) 문자형 정보의 항목형 자료로의 변환

만약 다른 사람 앞에서 어떤 사항을 말하려고 하면 우선 내가 관련 내용을 잘 이해하고 있어야 한다. 평소에 그 내용에 대하여 잘 알고 있으면 알고 있는 내용을 잘 정리하여 말하면 된다. 그러나 그 내용에 대하여 자신이 없으면 관련된 사항을 조사하여 정리를 해보고, 이해하고 난 후에야 정확한 내용을 다른 사람에게 알려 줄 수 있을 것이다. 정보화 시대라고 일컬어지는 요즈음은 정보를 얻기가 예전보다 많이 쉬워졌다. 그러나 관련 내용을 잘 이해하기 위해서는 수집된 많은 양의 정보를 가공하는 작업을 하여야 한다. 가공된 정보를 지식이라 부르며, 아무리 많은 정보도 가공되지 않으면 우리에게 아무런 도움을 주지 못한다. 따라서 얻은 정보의 정확한 이해를 통해 정보의 질을 높이는 것이 매우 중요하다. 애써 얻은 정보가 잘못 정리되고 잘못 이해된다면, 그것이 다른 사람에게 전하여질 경우 심각한 문제를 초래하게 된다. 그러므로 정확한 이해를 통해 정보의 질을 높이는 것이 프레젠테이션의 질을 높이는 데 중요한 역할을 할 것은 불을 보듯 뻔한 일이다. 정보의 질이 높아지면 이것은 훌륭한 프레젠테이션의 기본이 될 뿐만 아니라 상대방이 그 프레젠테이션을 통히여 얻게 되는 것도 많아지게 되고 성공한 프레젠테이션이 될 것이다.

다음 글을 읽고 글을 쓴 저자가 말하고자 하는 내용을 간단하게 말하여 보라.

천재 중에는 불행하게 한 평생을 살아간 이들이 적지 않다. 천재로 태어났다 하더라도 제대로 뒷받침이 되지 못한다면 기대에 대한 지나친 중압감을 이겨내지 못하고 자멸해 버린다. 또한, 재능을 너무 믿은 나머지 지나치게 게으름을 피워 불행해지기도 하고, 아예 대인관계 자체를 무시해, 한평생 손가락질을 받다가 세상을 떠나는 경우도 있다. 아무리 향기와 자태가 아름다운 꽃이라도 환경이 받쳐줘야 피어날 수 있다. 토양도 무시할 수 없고, 물도 줘야 하고, 햇빛도 쬐어야 하고, 맑은 공기도 마셔야 한다. 그러나 우리의 현실은 어떠한가? 물도 주지 않고, 햇빛도 없는 모래밭에서 아름다운 꽃이 피기를 바란다. 천재까지는 아니더라도 주변을 둘러보면 재능이 있는 사람은 너무도 많다. 그러나 노력이 수반되지 않은 재능은 축복이 아니라 재앙이다. 타고난 재능으로 인해 오히려 불행해지기도 한다. 성공한 사람 중에 자신이 천재라고 주장하는 사람은 많지 않다. 그저 남들보다 조금 더 노력했을 뿐이라며 겸손해한다. 그들을 만나기 전에는 천재라고 확신했던 사람도 만나서 이야기를 들어보면 생각이 바뀐다. 천재라고 소문난 피아니스트나 첼리스트의 연습량을 한번 보라. 입을 쩍 벌리게 된다. LPGA에서 활약하고 있는 박세리도 일반인의 상상을 뛰어넘는 강도 높은 훈련을 소화해낸다. 그렇다면 그들은 천재인가? 노력형인가? 한 가지 분명한 것은 노력이 수반되지 않는 천재는 빛을 발휘할 수 없다는 것이다. 우리는 아인슈타인의 말을 귀담아 들을 필요가 있다. "나는 특별한 재능이 있었던 것은 아니다. 단지, 호기심이 왕성했을 뿐이다." 한 방면에 재능이 있다면 확실히 유리하다. 백 미터 달리기를 하는데 다른 사람보다 이삼십 미터 앞에서 달린다고 생각해 보라. 우승하는 것은 그리 어렵지 않아 보인다. 그러나 문제는 인생은 순식간에 끝나는 백 미터 달리기가 아니라는 데 있다. 인생은 마라톤이다. 비록 몇 분 늦게 출발하였더라도 꾸준히 달리다 보면 결승점에 먼저 도착할 수 있다. 그래서 성공한 사람이 자신의 성공 비결로 재능이 아닌 노력을 꼽는 건지도 모른다. 노력은 재능을 뛰어 넘는다. 정년퇴직할 때까지 소규모 업체에 다니다가 육십이 넘어서 사업을 시작해 멋지게 성공한 노사업가는 성공 비결을 묻자 이렇게 말했다. "일에 미친 듯이 빠져들어라. 자신의 존재감마저 잊어버리고 일과 하나가 되었을 때 비로소 성공은 오랜 가뭄 끝에 내리는 빗줄기처럼 찾아온다."

－한창욱, 『나를 변화시키는 좋은 습관』

✖ 글의 내용을 항목형으로 정리하라.

✖ 1줄로 요약하라.

✖ 키워드는?

프레젠테이션은 자신의 머리 속에 가지고 있는 이미지를 상대방에게 가능한 한 정확하게 전달하는 것이 가장 중요하다. 일반적으로 인간의 눈은 복잡하고 산만한 것을 인식하는 데 어느 정도 시간이 걸리기 때문에, 프레젠테이션 할 때 문장으로 가득 찬 화면을 보여주게 되면 청중들은 그것을 따라가지 않으려는 사고의 거부 반응을 일으키게 된다. 더 나아가 문장형은 문제의 제기, 문제 해결 방안 또는 키워드가 강조되지 않으며, 결론이 잘 나타나지 않는 등의 문제점을 가지게 되는데, 이러한 단점을 극복하는 방법의 하나가 문장형을 항목형으로 변환하는 것이다. 문장형을 항목형으로 나타내면서 프레젠터는 청중의 관심에 대응할 수 있도록 요점을 열거하는 방법을 취하므로 문장형의 단점을 극복할 수 있게 된다. 또한 결론을 명확하게 하고 키워드의 열거 방식을 통하여 청중의 주의를 집중시켜 말하고 싶은 내용을 강조할 수 있다는 것이 항목형의 장점이다.

Q&A 다음 글을 읽고 글의 내용을 항목형으로 변환하라.

패러디는 대개는 문학작품의 한 형식으로서 분류된다. 국어사전에는 어떤 저명작가의 시구나 문체를 모방하여 풍자적으로 또는 조롱삼아 꾸민 익살스러운 시문(詩文)이라고 되어 있다. 패러디는 형식적으로는 다른 작품을 어떤 식으로든 모방하며, 그 내용과 의도를 풍자나 조롱으로 삼는다. 어떤 인기 작품의 자구(字句)를 변경시키거나 과장하여 익살 또는 풍자의 효과를 노린 경우가 많다. 창조성이 없으며 때로는 악의가 개입되지만 여기서의 웃음의 정신은 문학의 본질적인 것이다. 패러디는 고대 그리스의 풍자시인 히포낙스가 그 시조(始祖)라고 한다. 이러한 작품이 성행한 것은 주로 18세기 이후에 영국·프랑스·독일에서이다. 세르반테스의 『돈키호테』는 중세 기사도 전설의 패러디이며, 영국 저명 산문가들의 문체에서 힌트를 얻어 창작한 제임스 조이스의 『율리시스』 등이 이 장르의 독특한 특징을 보여준 대표적 문학 작품으로 거론되고 있다. H.

필딩의 『조지프 앤드루스의 모험』은 S. 리처드슨의 『패밀러』의 패러디라고 할 수 있다. A. 포프, J. 스위프트, G. 바이런 등도 빈번히 이 형식을 활용하였다. 근대의 시인 중 패러디의 명수(名手)는 W. 새커리, L. 캐럴, A. 스윈번, M. 비어봄 등이다.

음악 부문에서도 패러디라는 용어가 사용되는데 일반적으로 한 음률에 다른 가사를 붙이는 경우를 패러디라고 하며 그 반대의 경우도 있다. 특히 16세기 폴리포니(多聲音樂) 시대에는 어떤 악곡의 선율이나 구성법을 빌어 작곡한 유사한 악곡을 패러디라고 하였다. 이 경우 풍자나 익살이 목적이 아니라 오히려 경의를 표명하기 위한 것이라는 점에서 문학의 경우와는 다르다. G. P. 팔레스트리나와 O. 라소의 미사곡의 대부분은 이 형식에 의한 것이며 이를 '패러디 미사곡'이라고 한다.

그러나 요즘에 사용되는 패러디라는 말의 의미는, 음악 부문에서 고전적으로 사용되던 패러디의 의미와는 전혀 다르고, 또한 문학작품으로서의 패러디의 의미보다도 훨씬 넓다. 애초 문학 용어로 출발을 했던 패러디는 '원작을 기분 나쁘지 않게 꼬집기 위해 풍자를 곁들여 꼬집거나 문제를 흉내내 새로운 작품을 만들어 내는 것'으로 정의되고 있다. 즉, 이제는 모방과 풍자·조롱만으로 패러디의 의미를 구성할 수 있게 된다. 모방의 대상은 같은 장르의 작품이나 예술에 한정되지 않으며 모든 것을 대상으로 삼을 수 있고 또한 모든 것에 대해 풍자하고 조롱할 수 있다. 최근에 유행하고 있는 정치 패러디에서 잘 드러난다. 모든 정치인의 모든 행위는 패러디의 대상이 된다. 정치인들의 사진을 영화포스터에 합성하거나 만화처럼 내용을 꾸며 익살스럽게 재구성한 시각적 패러디는 물론, 역시 소설의 형식을 빌려 현재의 정치상황을 재미있게 표현한 신문 연재 문학 작품들이 그 예다.

그런데 우리는 다른 생각을 해볼 수 있다. 패러디가 모방을 근거로 이루어지는 작업이라고 볼 때, 원작과 패러디물의 관계는 오묘하다. 자본주의 사회에서는 더 그렇다. 무슨 말이냐면, 모든 창작물은 그 작품이 만들어짐과 동시에 작가에게 저작권을 부여한다. 또한 작가는 그 창작물로 인해 경제적 이득을 얻는다. 그런데 패러디 작가는 때로는 원작의 경제적 가치에 무임승차하기도 한다. 예를 들어 서태지의 곡 "컴백홈"을 음치가수 이재수가 음악·가사 하나도 바꾸지 않고 그냥 자신이 다시 불러 패러디라고 내놓았을 때, 이재수는 본인이 의도하건 의도하지 않았건 간에 서태지의 경제적 가치 위에 올라타서 경제적 이득을 얻게 되었다. 결국 이 사건은 법정 공방까지 옮아갔고, 서태지가 승소함으로 끝이 났다. 물론, 패러디물은 원작의 명성이나 가치에 의해 그 의미가 좌우되는 것은 사실이지만 '돈'이 문제가 되면 상황이 달라지는 것이다.

　패러디 영화란 기존에 이미 빅히트를 했던 영화나 특정 장면을 코믹한 설정을 내세워 각색해서 풍자적인 재미를 곁들여 공개된 영화를 말한다. 특히 패러디 영화는 특정 장면을 그대로 답습을 하는 표절이 아니라 연출자가 시대적 분위기, 재치 그리고 감각 등을 골고루 결합시켜 원작에서는 접하지 못했던 재해석의 수완을 요구하고 있다. 데이비드 주커 감독의 <총알 탄 사나이 2>에서는 <사랑과 영혼> 중 패트릭 스웨이지와 데미 무어가 도자기를 만들어 가면서 짙은 연정을 나누는 장면을 코믹하게 흉내를 내주는 장면을 삽입시켜 관객들의 웃음꽃을 피우게 했다. 반면 일부에서는 명장면에 대한 신선한 감동을 격하시키거나 영화적인 환상을 깨뜨리고 돈벌이를 위한 베끼기에 불과하다는 등 여러 가지 불만의 소리를 듣고 있는 것도 무시 못할 현실이다.

　하지만 패러디 영화는 80년 이후 유명 작품의 스타일이나 주요 아이디어를 조롱조로 변형시켜 구성한 영화들이 쏟아지면서 독립적인 영역을 구축해 나가기 시작했다. 알프레드 히치콕 감독이 생전에 발표한 영화들이 후대 연출자들에게 다양한 방법으로 재창조되고 있어 패러디 영화 아이디어의 원천지라는 극찬을 듣고 있다. 특히 브라이언 드 팔마 감독은 스스로 제2의 히치콕이라고 자처하면서 히치콕 영화의 주요 장면을 시대 감각을 곁들여 자신의 영화에서 다시 부활시키는 방법을 썼다. 이외에 90년대 들어 연속적으로 공개된 찰리 쉰 주연의 <못 말리는 비행사>는 <탑건>, <늑대와 춤을>, <록키> 등의 하이라이트 장면을 희극적으로 각색해 삽입을 시켰다. 최근에는 마릴린 몬로의 옷자락이 지하철 바람에 의해 날리는 것으로 유명세를 얻고 있는 <7년 만의 외출>의 장면을 자만에 빠져있는 여배우를 꼬집는 수단으로 활용한 우디 알렌의 <브로드웨이를 쏴라>가 공개됐다. 이처럼 지난 70년대 중반부터 최근까지 할리우드의 한편에서는 익히 알려진 유명 영화의 장면을 실험적이고 기발한 재치로 재해석한 일련의 패러디 영화가 극장가에 또 다른 화제를 불러일으키면서 공개되고 있는 중이다.

　최근 광고업계에 불고 있는 패러디 광고는 원작의 인기에 무임승차했다는 편견을 뒤집고 하나의 독창적인 장르로서 그 영역을 계속 확대해 나가고 있다. 국내의 경우 영화 <원초적 본능>의 여주인공 샤론 스톤을 흉내내는 여자모델이 나오는 '머거본'(스낵)광고가 패러디 광고의 효시로 꼽힌다. 예를 들어보자. 리듬감 있는 Family affair 광고 음악은 더 인기를 모았던 SK텔레콤 '스카이 뮤직폰'의 재탕 광고인 것 같다. 그러나 어딘가 모르게 부족한 듯 보이는 남자 주인공이 등장하고, 그는 핸드폰이 아닌 사발면을 손에 들고 있다. 뭔가 다른 느낌을 주는데 그리고 이어지는 압권은 'It's different'를 패러디한 'It's delicious'. 또 시즌마다 아이디어 넘치는 패러디 마케팅을 펼치고 있는 속옷 브랜드 <임프레션>에서는 영화 살인의 추억을 패러디한 '팬티의 추억'을 선보인데 이어 안재환, 김재원의 꽃을 든 남자 CF를 패러디한 '엉덩이가 장난이 아닌데?' 시리즈를 선보여 주목받았다.

　　패러디 광고는 비교적 비용이 적게 들고, 소비자에게 쉽게 다가갈 수 있다는 점 등이 장점으로 꼽힌다. 문제는 패러디 형식이 지나치게 남발되면서 표절인지 패러디인지, 구분이 모호한 광고들도 적지 않다는 것. 이에 대해 전문가들은 "패러디 광고는 독창적인 시각에서 원작을 차용할 때 하나의 장르로 당당하게 인정받을 수 있다. 원작에 나타난 일반적인 표현방법을 단순 모방하는 것으론, 패러디 광고의 수준이나 전체 광고문화의 질을 낮추는 역할 밖에 할 수 없다."고 지적하고 있다.

- 〈백과사전 및 인터넷 자료〉

 위 글의 내용을 항목형으로 변환하라.

3) 항목형을 도해 삽입형으로

항목형으로 만든 프레젠테이션에서 강조하고 싶은 부분을 도해로 나타낸다면 청중의 관심을 더욱 더 끌 수 있다. 이것을 뒷받침하여 줄 수 있는 기억력에 대한 다음과 같은 통계가 있다.

- 읽은 것은 10%를 기억하고,
- 들은 것은 20%를 기억하고,
- 본 것은 30%를 기억하고,
- 듣고 본 것은 50%를 기억하고,
- 말한 것은 70%를 기억하고,
- 말하고 행동한 것은 90%를 기억한다.

이 통계결과는 항목형 프레젠테이션에서 나열한 키워드를 기억하는 것보다는 도해 또는 시각 자료가 삽입된 것이 더 기억에 남는다는 것을 보여 준다. 물론 청중이 말하고 행동한 것이 가장 기억에 남을 것임을 알 수 있다. 또한 시각 자료를 적절히 사용하면 주어진 시간 내에 보다 많은 학습을 할 수 있다는 연구결과도 있다. 시각 자료를 병행한 프레젠테이션은 개념 설명에 소요되는 시간을 40%나 단축시켜 주고 좋은 의사결정의 가능성을 높여 준다고 한다. 사람들은 75%를 보는 것을 통하여 사물을 인식하는데, 그림은 말보다 세 배의 효과가 있고, 말과 그림을 같이 소개하면 말로만 하는 것보다 여섯 배의 효과가 있다고 한다.

따라서 성공하는 프레젠테이션을 하기 위하여서는 시각적인 자극을 최대한으로 활용하여야 한다. 이 점에 대하여 밥 파이크가 말하는 10가지의 이유를 알아보자.

✳ 주의를 환기시키고 유지하기 위하여 : 성인들은 평균 1분에 약 110~160개의 단어를 이야기하지만 머릿속으로는 약 400~500개의 단어를 떠

올린다고 한다. 시각적인 자극은 그들로 하여금 머릿속에서 다른 생각을 하지 못하게 하고 프레젠테이션에 집중하도록 한다.

- 아이디어를 강조하기 위하여 : 우리는 들은 것보다 본 것을 더 강조하는 경향이 있다.
- 구체적으로 설명하기 위하여 : 백문이 불여일견이라는 말이 있다. 하지만 우리는 그 말을 조금 다듬어서 "잘 선택된 그림이나 시각 자료는 천 마디 말과 같다"라고 할 수 있다.
- 오해의 소지를 줄이기 위하여 : 시각 자료는 잘 이해되지 않는 단어의 의미를 설명해 준다. 백화점에서 '현재 위치(You are Here)'라고 표시된 빨간 점에서 시작해서 가고 싶은 장소나 방향을 쉽게 파악한 경험이 있을 것이다.
- 기억력 향상을 위하여 : "들은 것은 잊어버리고, 본 것은 기억되나, 직접 한 것은 이해된다"라는 공자의 말처럼 무언가를 활용하기 위해서는 먼저 기억을 해야 한다.
- 현실감을 더하기 위하여 : 필요로 하는 모든 자료를 다 준비해 보여 줄 수는 없지만 시각 자료를 통해 현실 세상의 한 부분을 보여 줄 수는 있다.
- 시간과 경비를 절약하기 위하여 : 시각 자료는 명쾌하고 빠르게 의사소통할 수 있게 해 줌으로써 전달하려는 내용을 청중들이 더욱 잘 이해힐 수 있도록 도와준다.
- 생각을 정리하는 것을 돕기 위하여 : 시각 자료는 우리의 생각을 명확히 해 주고 의사소통에서 논리성을 더해 준다.
- 중요 포인트를 확인하기 위하여 : 시각 자료는 진행을 쉽게 해 주며 중요한 포인트를 놓치지 않게 해주고 적절한 순서로 이야기할 수 있도록 도와준다.
- 자신감을 갖게 하기 위하여 : 프레젠테이션을 할 때마다 당신의 기억력에 의존할 필요는 없다. 시각 자료는 당신이 프레젠테이션을 보다 자신감 있게 할 수 있도록 도와주는 지도이다.

기본적으로 어떤 아이디어든지 시각화가 가능하다. 즉, 도해로 만들 수 있다. 왜냐 하면 논리를 그림으로 표현하는 것이 도해이기 때문이다. 도해를 그릴 때에는 유연한 사고방식으로 머릿속에 축적되어 있는 이미지 중에서 적당한 것을 선택하면 된다. 따라서 개인의 생각이나 감각에 따라 작성하면 되는 것이지 반드시 이것이 아니면 안 된다는 것은 없다. 이와 관련된 책들이 시중에 많이 나와 있으니 관심이 있는 사람들은 구입하여 읽어 보면서 연습하여 자기의 것으로 만들면 될 것이다. 그러나 한 가지 명심할 것은 시각 자료의 효과를 극대화하기 위하여 프레젠테이션을 준비할 때에는 다음과 같은 질문을 계속적으로 자기 자신에게 물어 보라는 것이다.

※ 시각 자료는 한눈에 보기에 명확한가 : 당신이 전달하려는 의미를 잘 나타내고 있는가?

※ 쉽게 알아볼 수 있는가 : 청중들이 정보를 쉽게 읽을 수 있는가? 아니면 너무 복잡하거나 글씨가 너무 작아서 알아보기가 힘들지 않는가?

※ 한 가지 아이디어만을 전달하고 있는가 : 이야기하고자 하는 중요 포인트를 알아낼 수 있는가? 아니면 한 가지 이상의 아이디어를 나타내어 청중들이 혼란스러워 하는가?

※ 연관성이 있는가 : 당신이 왜 이 시각 자료를 쓰고 있는지 청중들이 알 수 있는가? 프레젠테이션의 내용과 부합하는가?

※ 재미있는가 : 청중들의 주의를 집중시키고 지속시키는 데 도움이 되는가?

※ 간단한가 : 청중들이 보기에 간단한가? 아니면 너무 자세하거나, 너무 그래픽이 많거나, 너무 화려하거나, 너무 다양한 종류의 정보가 많아서 집중하기가 어렵지 않은가?

※ 정확한가 : 이야기하고 싶은 것을 정확히 이야기하고 있는가?

 시각 자료의 효과와 시각 자료 작성시 주의할 점을 적어 보라.

 다음 글을 읽고 글의 내용을 항목형으로 정리하라. 그것을 다시 도해삽입형으로 변환하라.

몸살을 앓고 있는 지구

지구는 지금 환경오염으로 중병을 앓고 있다. 이러한 문제로 전 세계가 골머리를 앓고 있는 환경오염들을 하나하나 살펴보기로 하자.

● 산성비 : 비가 땅으로 떨어질 때는 대기 중에 떠다니는 가스와 작은 입자, 먼지 등과 같이 떨어진다. 그래서 비가 내린 뒤에는 하늘이 맑고 쾌청하게 보인다. 산성비는, 대기 오염이 심한 지역의 공기 중에 섞여 있는 황산화물, 질소산화물 등이 빗물과 함께 섞여 내리기 때문에 나타나는 현상이다.

산성의 농도 정도를 수소이온 농도 값인 pH(페하 또는 피에이치라고 읽음)로 측정하는데, 빗물 속에 pH가 5.6 이하이면 산성비라고 한다. 대체적으로 우리가 마시는 수돗물의 pH는 6~7.4 정도이고, 산성비가 아닌 보통 빗물은 약 5.6이다. 그런데 공해가 심한 지역 빗물의 pH는 2~4 정도가 된다. 이것이 어느 정도의 산성인지는 레몬즙의 pH가 2, 식초의 pH가 3, 포도즙의 pH는 4인 것을 생각하면 어느 정도인지 대충 짐작할 수 있을 것이다.

산성비는 지구상에 어떤 영향을 주는가? 산성비가 많이 내리게 되면 눈을 자극하고, 식물을 말라 죽게 하거나 색깔을 탈색시킨다. 그리고 금속류의 부식을 촉진시키기도 한다. 이러한 산성비의 영향으로 나타나는 피해는 세계 곳곳에서 나타나고 있다. 스웨덴과 노르웨이가 있는 스칸디나비아 반도는 경치가 아름답고 숲과 호수가 많기로 유명하다. 그러나 1960년 이후부터 이 반도의 호수가 서식하던 물고기들이 점점 줄어가더니, 급기야는 어떤 호수에서는 물고기가 완전히 모습을 감추었다. 울창하던 숲도 잎들이 누렇게 변하여 낙엽이 지더니, 이윽고 일부의 숲은 앙상한 가지만 남게 되었다. 그런가 하면 2,000여 년이 넘도록 비바람에 견디면서 중요한 관광 자원이 되고 있는 그리스의 대리석 신전, 로마의 콜로세움 등이 산성비의 영향으로 부스러져 무너질 위기에 처해 있기도 하다. 네덜란드에서는 55%의 삼림이 산성비의 피해를 입고 있고, 서부 독일은 54%나 되는 숲이 피해를 입고 있다. 산성비로 인한 피해가 특히 많은 곳 중의 하나는 캐나다의 동부 지역이다. 이 지역에는 공장이 별로 없지만 캐나다 남쪽에 있는 미국의 거대한 공장 지대에서 뿜어내는 연기가 구름에 섞여 북쪽으로 옮겨가 산성비가 내리는 것이다. 몇 년 전부터 우리나라에도 산성비로 인한 피해가 심각하게 나타나기 시작했다.

산성비를 일으키는 원인으로는 공장 연기 외에도 자동차가 내뿜는 매연도 큰 몫을 차지한다. 그러므로 산성비의 피해를 막기 위해서는 근본적으로 석유나 석탄을 사용하지 않아야 하지만, 이들을 대신할 만한 값싼 다른 연료가 없는 것이 문제이다. 석유와 석탄을 대신할 연료를 굳이 찾는다면 그것은 전기이다. 그러나 전기를 만들어내는 발전소에서도 석유와 석탄을 쓰는 곳이 많다. 산성비의 피해를 없애려면, 원자력을 이용하여 공해가 없는 전기를 값싸게 생산하는 계획을 강력히 추진해 가지 않으면 안 된다. 이러한 노력은 어느 한 국가만이 아니라, 전 세계가 같이 서둘러야 할 일이다.

● 온실 효과 : 1850년부터 1980년까지 지구의 평균 기온은 0.3~0.7℃(평균 0.5℃) 상승하고 있는 것으로 나타났다. 그 원인은 대기 중의 탄산가스 농도가 증가한 것이라는 발표가 나왔다.

지구에 와 닿는 태양열은 지표를 때린 다음에 반사되어 외계로 빠져나간다. 이른바 복사열 현상이다. 그런데 지구에서 배출된 탄산가스가 대기권에 두텁게 형성되어 있다. 이 탄산가스의 막이 대기권 밖으로 나가려는 태양열의 일부를 반사시켜 태양열이 대기권 밖으로 나가는 것을 막아 버린다. 이런 결과를 초래하는 탄산가스의 막을 만드는 화석 연료의 가스는 계속 늘어나 기온은 날로 상승하고 있는 것이다. 이런 현상을 우리 주위에서도 찾아볼 수 있다. 도심지 한 가운데 있다가 변두리 쪽으로 조금만 나가 보면 볼에 와 닿는 상큼한 공기와 함께 도심지와는 다른 기온을 느낄 것이다. 이 기온 차가 2~3℃나 된다고 한다. 지구와 함께 태양계의 행성인 금성은 대기권의 두꺼운 층이 모두 탄산가스여서 금성의 표면 온도는 400℃ 가까이나 된다고 한다.

온실 효과로 인하여 생기는 문제는 또 있다. 지구의 온도가 상승하면 극지방의 빙하가 녹게 되며, 그 결과 바다의 수면이 높아져서 수백만 제곱킬로미터의 저지대가 바다 밑으로 잠기게 되는 일이 발생하게 된다. 또 온대지방은 사막이 될 위험이 있다. 사막의 대표로 꼽는 사하라사막도 애초에는 숲이 우거진 녹지대였으나 기후의 온난화 현상으로 사막이 되었다. 인구의 증가로 자꾸 좁아지는 지구가 이러한 일로 더 좁아진다면, 우리가 살 곳이 영영 없어질 지도 모른다.

● 사막화 : 지구의 사막화는 지나친 삼림의 벌목과 과도한 경작, 부족한 관개 시설 등으로 토지가 사막화의 특성을 나타내는 것을 말한다. 물론 이런 곳에서는 생산성이 줄어들고, 여러 면으로 고통이 따르게 된다.

현재 지구의 약 35%가 사막화의 위험 가능성을 안고 있다. 세계의 건조지역, 준건조지역, 준습지열대지역의 3/4에 해당하는 곳에서 사막화가 진행 중인데, 이는 남부 아메리카 대륙보다 넓은 면적이며, 그 가운데 반 이상이 이미 심각한 정도에 이르고 있다. 이에 따라 세계 인구의 10% 정도인 5억이 사막화의 직접적인 영향을 받고 있고, 8억 5,000이란 인구가 사막화의 위험가능성 지역에서 살고 있다. 사막화 현상은 주민들의 대량 이주를 부르고, 먼지와 유전자원의 손실 등을 가져오며, 생태계의 파괴에도 커다란 영향을 미친다.

● 오존층 파괴 : 지구의 대기층 위쪽 약 25km 상공에 오존이라는 가스층이 있다. 이 오존층은 지구상의 생물들에게 아주 중요한 역할을 한다. 왜냐하면 사정없이 내리쬐는 자외선을 차단해서, 인간이나 동식물들이 성장하는 데 알맞은 양의 자외선만 통과시키기 때문이다. 이렇게 중요한 역할을 하는 오존에 비상이 걸렸다.

1985년에 과학자들이 인공위성이 보내온 자료를 분석하다가 오존층에 거대한 구멍이 뚫려 있음을 발견했다. 남극 대륙 상공에 생긴 이 구멍은 지금은 미국 대륙만큼이나 크다고 한다. 구멍이 생긴 원인을 알아보니, 프레온 가스라고 불리우는 염화불화탄소(CFC)로 밝혀졌다. 불에 타지도 않고 독성도 없는 이 가스는 주로 냉방 장치나 냉동 장치, 스프레이의 분사제 등에 사용된다. 오존층이 파괴되어 자외선의 양이 증가하게 되면 백내장과 피부암 환자가 늘게 되고, 식물의 생장 발육에도 막대한 피해를 주게 된다. 오존이 1% 줄어들면 지구에 쏟아지는 자외선의 양은 2% 늘어난다고 한다. 그리고 백내장 발병률은 0.3~0.5%, 피부암은 3% 정도 더 늘어난다고 하니 오존층의 파괴로 인한 문제는 아주 심각하다. 그래서 현재 이 화합물의 사용을 줄일 수 있는 대체물질을 개발하기 위한 연구가 활발히 진행되고 있다.

● 삼림의 황폐화 : 아마존의 정글은 세계 삼림의 약 1/4를 차지하고 있다. 이곳의 식물들이 내뿜는 산소의 양 또한 전 세계 산소의 1/4이 됨은 물론이다. 이 양은 전 세계 인구가 6시간 동안 마실 수 있는 양에 해당된다고 한다. 그래서 이 아마존 일대의 정글을 세계의 허파라고 한다.

　　그런데 이 무한정한 산소 공급원이 대규모 삼림 벌채와 화전 농업 등으로 점점 파괴되어 가고 있다. 이곳에서 해마다 파괴되는 삼림은 20억 핵타(ha)인 전 세계의 열대림의 1~2%나 된다고 한다. 삼림이 파괴되면 산소만 부족해지는 것이 아니다. 토양의 침식으로 경작지가 손실을 입게 된다. 자연적으로 있을 때라고 토양이 영원히 침식되지 않는 것은 아니며, 그 침식을 식물들이 보호막 역할을 해주어서 아주 서서히 조금씩 침식된다. 또 침식되는 만큼 서서히 재생이 된다. 그러나 인간의 삼림 파괴에 의한 토양 침식은 복구되지 않는다. 일단 한번 그 균형이 깨지면 토양침식은 가속화되어 자연은 순식간에 황폐화되어 버린다. 왜냐하면 생물의 보호를 받는 자연 상태에서도 1센티미터의 토양을 재생시키는 데 100~400년이 걸리기 때문이다. 한 조사에 따르면 지금과 같은 비율로 토양이 침식된다면 앞으로 20년 안에 세계 경작지의 1/3이 황폐화될 것이라고 한다.

　　● 부영양화 : 지구상의 생물은 여러 가지 생물 간의 균형에 의해서 생존하게 된다. 즉, 어떤 종류의 생물은 다른 생물의 먹이가 되고, 또 어떤 종류의 생물의 배설물은 다른 생물의 비료가 된다. 이 생태계의 균형을 인간의 활동이 깨뜨리고 있다. 그 가운데 가장 먼저 꼽는 것이 화학비료와 세제다. 인간이 만들어낸 화학비료와 세제에는 천연 광물에서 뽑아낸 질산염과 인산염이 들어 있다. 자연적인 풍화 작용에 의해서 빠져 나온 질산염과 인산염들은 조금씩 나오고, 아주 천천히 호수나 바다로 흘러 들어가기 때문에 별다른 문제가 나타나지 않는다. 그러나 사람들이 사용해서 흘려보내는 질산염과 인산염은 짧은 시간에 엄청나게 많다. 그 많은 양의 질산염과 인산염은 그대로 하수도를 통해 강으로 흘러든다. 바다는 넓어서 어느 정도의 양은 수용할 수 있다. 그러나 사방이 막힌 호수 등은 경우가 다르다. 호수에 대량의 질산염과 인산염이 갑작스럽게 흘러들게 되면 여러 종류의 박테리아가 급격하게 증식된다. 증식되는 과정에서 박테리아는 물에 녹아 있는 산소를 아주 빠르게 소비하고, 결국 물속의 산소 함유량은 낮아져서 그 곳에 살던 동물들은 질식할 수밖에 없다. 그러므로 호수에서 어패류가 죽었다고 하면, 호수에 박테리아가 증가하여 산소 부족 현상이 생겼다고 보면 된다. 나중에는 박테리아까지도 질식해서 죽는다.

　　호수의 조류(또는 수초)는 식물이다. 그래서 산소가 없어도 잘 번식한다. 그런데 박테리아가 질식사 한 다음에는 죽은 조류가 분해 되지 못하고 녹색 부유물이 되어 물

위로 떠오르게 된다. 녹색 조류가 떠올라 있으면 그 곳은 죽은 호수라는 것을 알 수 있다. 이처럼 영양염류가 증가하는 과정에서 어떤 생물이 대량으로 발생했다가 나중에는 대부분이 죽는 현상을 부영양화라고 한다.

● 적조 현상 : 일종의 부영양화인 이 적조 현상은 원래 강물이 흘러드는 해안 근처에서 여름철에 일어나는 자연 재해였다. 여름철, 폭우가 내린 뒤 날이 개어 따뜻한 바람이 불면 갑자기 이 현상이 나타나서 바다 속의 어패류를 죽이는 것이다.

그러나 요즘은 오염에 의해서 철을 가리지 않게 되었다. 대도시나 공단에 인접한 해안에서 여름이나 겨울, 가릴 것 없이 일어난다. 적조 현상은 흐름이 원활하지 못한 해역에서 바닷물이 오랫동안 머문다든가, 광합성 작용의 증대 등 여러 가지 요인으로 발생된다. 그래서 적조 생물인 플랑크톤이 내는 독소와 물 속의 산소 부족으로 어패류가 전멸하게 되는 것이다. 적조 현상을 일으키고 있는 해안을 하늘에서 보면 검붉은 색의 띠가 펼쳐져 있는 것처럼 보인다.

다음 글을 읽고 글의 내용을 도해삽입형으로 변환하라.

4) 차트 테크닉

프레젠테이션에서는 과거의 실적이나 미래의 전망을 보여 주는 차트 역시 도해와 마찬가지로 매우 중요한 요소이다. 프레젠테이션에 차트를 삽입하면 도해로는 보여줄 수 없는 요소인 수량, 추이, 비율 등의 세 가지 포인트를 나타낼 수 있게 된다. 즉, 삽입된 차트를 보면 그 프레젠테이션에서 말하는 바가 수량적 강점인지, 추이적 향상인지, 비율적 우위인지 또는 세 가지를 조합한 것인지를 알 수 있다. 차트의 형태는 그 데이터의 어떤 부분을 어떻게 보여주는가에 의해 결정된다. 어떤 부분은 가로축과 세로축이 무엇을 가르치는지, 어떻게 보여주는가는 그 프레젠테이션에서 의도하는 바와 관련하여 색상, 형태, 배치 그리고 전체 디자인의 통일성 등의 시각적 측면과 관계가 깊다. 챠트의 테크닉에는 다음과 같은 5가지가 있다.

* 양을 보여주는 막대형 차트 : 막대형 차트는 가장 일반적인 것으로 수량적 차이의 비교 등을 시각적으로 나타내는 것으로 추이를 보여 준다. 막대형 차트는 두 가지 데이터의 비교에도 자주 쓰인다. 그 종류로는 단순히 막대의 길이를 비교하는 것, 누적형 막대로 길이를 비교하는 것, 100% 안에서의 비율을 비교하는 것 등이 있다.

* 흐름과 각도를 강조하는 꺽은선형 차트 : 꺽은선형 차트도 막대형 차트와 마찬가지로 자주 쓰이는 일반적인 형태이다. 꺽은선형 차트는 수량이 아닌 포인트별 추이의 고정을 눈으로 확인할 수 있다는 점과 그 각도가 강조 된다는 점이 막대형 차트와는 차이가 난다. 자릿수가 다른 데이터를 동일한 차트에 나타내고 싶은 경우에는 막대형 차트와 꺽은선형 차트를 병용한다. 추이에 양감을 추가한 영역형 차트는 막대형 차트의 누적형을 꺽은선형 차트로 표현한 것으로 수량과 추이를 보여 주는 일종의 꺽은선형 차트라고 할 수 있다. 또한 100% 안에서의 비율을 비교하는 것도 가능하다.

- 한 눈에 비율을 알 수 있는 원형 차트 : 3개 이상의 사항을 비교하고 싶을 때에는 원형 차트를 이용한다. 원형 차트는 수량과 비율을 보여 주는 차트이다. 원 자체가 100%를 나타내므로 숫자 기입만으로도 100% 안에서의 비율을 명확히 알 수 있다. 원형 차트에는 쪼개진 원형, 3차원 효과의 원형, 원형 대 원형 등의 종류가 있다. 원형 차트의 중심을 동그랗게 오려낸 모양의 도넛형 차트는 막대형 차트가 고리 모양으로 연결된 것으로 볼 수도 있다. 그 모양 때문에 파인애플형 차트라고 불리기도 한다. 원형 차트는 추이는 나타낼 수 없지만 도넛형 차트의 경우 2개 이상의 데이터를 입력하면 안쪽 원의 바깥쪽에 또 하나의 원이 추가되어 비율의 추이를 비교할 수 있게 된다. 2개 이상의 계열을 표시할 수 있다는 것이 원형 차트의 가장 큰 장점이다.
- 경향 분석에 적합한 방사형 차트 : 방사형 차트는 여러 데이터를 중심점에서의 거리에 의해 시각적으로 표현하는 것으로, 경향 분석에 적합하다. 방사형 차트는 요철 모양으로 어떤 주제의 경향을 보여주는 형태로 말하려고 하는 사항의 전반적인 내용을 시각적으로 금세 이해 할 수 있다. 방사형 차트의 항목은 대개 4, 5개 이상이며 짝수의 데이터를 취급하는 경우가 많다. 좌우 대칭이 되는 육각형은 무리없이 눈에 가장 잘 들어오는 형태라고 할 수 있다. 포인트를 강조하는 데이터 표식이 있는 방사형 차트, 색을 입힌 방사형 차트 등의 종류가 있다.
- 차트적 도해 표현 : 위의 네 가지와는 다른 모양의 수나 양을 표현하는 도형으로 이루어진 차트도 가능하다. 그 중 첫 번째의 도해 패턴은 대비형으로 수나 양을 평면 도형 또는 입체 도형으로 표현한다. 각각 면적차트, 체적 차트라고 불린다. 두 번째에는 도형으로 나타낸 지도상에 막대형 차트를 그려 넣는 방법으로 지도차트라고 부른다. 또한 점 차트도 차트적 도해 표현에 포함될 수 있다.

프레젠테이션의 기획

1) 지피지기면 백전백승

프레젠테이션을 잘 하느냐 잘 못 하느냐의 80%는 준비에 달려 있다. 물론 일부의 전문 강사 중에는 그들의 전문성과 경험에 의존하여 전달만 해도 충분하다는 말을 하는 사람도 있다. 그러나 대부분의 사람들은 준비야말로 훌륭한 프레젠테이션의 열쇠라는 것을 잘 알고 있다. 효과적인 프레젠테이션을 위하여 6P의 법칙을 꼭 기억하라. 여기에서 6P는 Proper Preparation and Practice Prevent Poor Performance라는 문장에 나오는 단어가 전부 P로 시작되는 것에서 따온 것이다. 프레젠테이션의 성공을 위하여는 적절한 준비와 연습이 빈약한 발표를 막아준다 라는 말을 다시 한 번 명심하자. 발표자가 준비를 잘 되어 있으면, 청중이 원하는 것을 제공할 수 있다는 확신을 갖게 되며, 프레젠테이션이 끝났을 때 발표자와 청중 모두 원하는 결과를 얻게 될 가능성이 높아진다. 적절한 준비를 위한 효과적인 여러 단계에 대하여 살펴보자.

- 일반적이면서도 구체적인 청중들의 니즈(needs)를 파악한다 : 사람들은 흔히 프레젠테이션은 발표자가 어떤 메시지를 청중에게 일방적으로 전달하는 행위라고 오해한다. 그러다 보니 어떤 발표자들은 청중을 향해 자신이 하고 싶은 말을 잔뜩 던져 놓는다. 그러나 그런 식의 프레젠테이션은 대부분 실패한다.

- 청중을 진단한다 : 프레젠테이션의 주인공은 청중이다. 발표자는 주인공인 청중이 무엇을 원하는가를 파악해서 그 부분에 초점을 맞추어야 한다.

- 목표를 정한다 : 목표를 정하기 위하여 자기 자신에게 "프레젠테이션의 결과로 사람들이 무엇을 알고 느끼고 배우게 되기를 바라는가?"라고 물어 보라. 또한 "프레젠테이션 주제에 대하여 나는 얼마나 알고 있는가?" 또한 "청중들은 이 주제에 대하여 얼마나 알기를 원하는가?"를 생각하고 목표를 결정한다.

- 접근 방법을 계획한다 : 어떻게 하면 청중들이 우호적으로 집중하게 할 수 있는지를 생각하며 청중들에게 동기부여가 될 수 있는 방법을 찾는다.

- 프레젠테이션 자료를 만든다 : 정보를 수집하고 프레젠테이션의 진행 방향을 생각하며 프레젠테이션 자료를 만든다

- 자료를 검토하고 발표 원고를 작성한다 : 만든 프레젠테이션 자료가 처음의 계획에 얼마나 적합한지 검토하면서 수정하고 프레젠테이션에서 발표할 말을 적어 보면서 발표 원고를 완성한다.

(1) 청중을 알고

　　프레젠테이션의 주인공은 청중이다. 그러므로 청중의 참여와 관심을 끌어내어야 그 프레젠테이션은 성공할 수 있다. 그러나 사람들은 흔히 프레젠테이션을 발표자가 자기가 하고 싶은 이야기를 청중에게 일방적으로 전달하는 행위라고 오해한다. 그러다 보니 어떤 발표자들은 청중에 대하여는 아무 고려를 하지 않고 많은 메시지를 잔뜩 던져 놓는다. 그런 식의 프레젠테이션은 대부분 실패한다. 프레젠테이션을 실패하지 않으려면 청중이 무엇을 원하는가를 파악해서 그 부분에 초점을 맞추어야 한다. 이 문제는 '나' 중심의 생각이 아니라 '남' 중심으로 생각을 하면 쉽게 해결된다.

　　'남' 중심의 생각을 하기 위해서는 자신에게 아래와 같은 질문을 계속하여야 한다.

- 저 사람들이 원하는 것은 무엇일까?
- 어떻게 해야 저 사람들이 쉽게 이해할까?
- 이것은 저 사람들에게 어떤 식으로 도움이 될까?

　　즉, '남' 중심적으로 생각한다는 것은 내가 나 자신을 막연히 주관적으로 평가해서 잘못된 열등감이나 자만심을 갖게 되는 잘못을 피하고 나 자신을 객관화시키는 방법이다. "사람들이 원하는 것은 무엇일까?"를 예견해 보는 것은 그 자체로 프레젠테이션의 목표를 설정하는 것이며, "어떻게 해야 사람들이 쉽게 이해할까"를 고민하는 것은 프레젠테이션의 구체적인 진행 방법을 모색하는 것이고, "이 프레젠테이션은 사람들에게 무슨 도움이 되며 어떤 가치가 있을까?"를 예측해 보는 것은 프레젠테이션을 통한 기대 효과를 가정하는 것이다.

학생들이 가장 흔하게 접하는 프레젠테이션의 형태인 수업 시간 중의 발표를 예로 들어보자. 이런 경우의 발표는 같이 수업을 듣는, 적게는 대여섯 명에서 많게는 백여 명에 이르는 수의 학생들과 한 명의 교수 앞에서 이루어진다. 발표 내용은 교과과정 중의 일부로 대개는 전문 지식을 심도 있게 전달하거나, 어떤 문제에 대한 자신만의 견해를 주장하는 것으로 이루어진다. 그런데 수업 시간 중의 발표는 대개 학점과 관련되기 때문에 다수의 학생들보다는 한 명의 교수에게 시선을 고정시키거나, 교수의 반응을 살피는 데 전전긍긍하는 경우가 대부분이다. 이는 발표자의 목표가 좋은 학점에 있기 때문이다. 그러다 보니 평가자인 교수의 반응을 가장 중시하고, 보다 많은 청중인 학생들을 본의 아니게 무시하게 되는 경우가 많다.

이때 발표 목표를 다른 각도에서 접근해보면 문제는 쉽게 풀린다. 교수의 입장에서 왜 이런 내용의 발표를 학생에게 하게 했을까? 수업진행의 전체 과정에서 이번 발표는 어떤 의미를 갖는가? 학생들에게 이 내용을 어떻게 전달하는 것이 효과적일까? 이렇게 생각을 바꿔보면 발표 학생은 피교육자가 아니라, 수업의 또 하나의 진행자가 된다.

수업시간에 이루어지는 발표는 수업효과를 배가시키기 위한 것임을 명심하자. 발표 중 교수의 눈치를 보게 되면, 발표자의 태도가 자신 없어 보여서 발표 내용에 대해 신뢰를 얻지 못할 가능성이 크다. 이때는 수업 진행자로서의 태도를 취해 보자.

수업 진행자의 입장에 서면 발표자의 시선이 당연히 다수의 학생들에게 향할 것이다. 주로 학생들에게 시선을 고르게 배분하고, 중요한 부분이나 교수의 보충설명을 요하는 부분을 미리 체크하여 그 순간에만 교수와 시선을 마주친다. 그러면 발표도 효과적으로 이루어지고, 발표자의 태도도 당당하게 보일 것이다.

당당한 태도는 발표자에 대한 평가에 긍정적인 영향을 미친다. 점수에 연연해하는 모습은 자신이 준비한 발표 내용에 자신이 없어 보이게 하고, 결과적으로는 점수에도 좋은 영향을 미치지 못하게 된다. 동시에 발표 내용이 학생들에게 전달되지 않아서 수업진행에도 별 도움을 주지 못할 경우도 있다. 학생의 발표를 계획한 교수의 의도만 제대로 파악한다면 프레젠테이션 준비 과정에서 들인 학생의 정성이 빛을 발하게 될 것이다.

프레젠테이션은 발표자가 아니라 청중들을 위한 행위이다. 따라서 청중들이 나로부터 얻고자 하는 게 무엇인가 하는 점에 프레젠테이션의 초점이 맞추어져야 한다. 정보를 얻고자 하는 사람에게는 정보를 주어야 하고, 재미를 원하는 사람은 재미있게 해주어야 한다. 청중의 요구에 맞추지 못하는 프레젠테이션은 무의미하다.

가장 중요한 것은, 청중들이 왜 이 프레젠테이션을 들으려고 하는가 하는 점이다. 그 점이 먼저 파악되어야 내가 청중에게 무슨 이야기를 할 것인가를 결정할 수 있다. 청중은 프레젠테이션으로부터 얻을 것이 없다면, 결코 그 이야기를 들으려고 하지 않을 것이다. 따라서 청중의 요구와 기대에 부합하는 내용을 준비하는 것이 프레젠테이션 성공의 필수요건이다.

세상에 혼자 할 수 있는 일은 많지 않다. 프레젠테이션이야말로 청중과의 교감이 중요한 일이다. 청중을 반응하게 하고 결과적으로 동의를 얻어내기 위해서는, 청중에 대해 미리 이해하고 있어야 한다.

프레젠테이션의 성공 여부는 청중의 반응으로 판별할 수 있다. 프레젠테이션의 마지막 순간에 청중들이 발표자에게 공감을 표한다면 곧 성공이다. 따라서 '누가' 이 발표를 듣는가에 따라 프레젠테이션의 내용, 형식, 분량 등을 다르게 준비해야 한다.

한 가지 예를 들어 보자. 국내 모 자동차 회사는 공중파 방송의 성인들이 주로 시청하는 시간대와 교육방송의 유아 및 어린이들이 주로 시청하는 시간대에 광고를 하고 있다. 그 자동차 회사는 성인들을 대상으로 할 때에는 구체적인 상품을 제시하면서 그 제품의 성능이 얼마나 뛰어난지 또한 얼마나 많은 사람들이 그 제품을 선호하는지에 역점을 둔 광고를 방송한다. 그에 비해 유아 및 어린이들을 대상으로 하는 광고에서는 애니메이션을 이용하여 자동차를 캐릭터화 하고, 그 자동차가 마치 어린아이들의 친밀한 친구이기나 한 것처럼 이미지화하고 있다. 이처럼 똑같은 제품을 광고할 때에도 대상에 따라 그 전략이 달라진다. 따라서 청중의 특성을 파악하는 일은 프레젠테이션 준비의 첫 번째 과정이다. 청중 분석의 기본 사항은 다음과 같다.

- 나이 : 유아, 어린이, 청소년, 청년, 장년, 노년, 혼합
- 성별 : 남성, 여성, 남녀 혼합
- 규모 : 10명 미만, 10여 명, 20여 명, 100여 명
- 교육 정도 : 국졸, 중졸, 고졸, 대졸, 전문가 집단, 혼합
- 직업 : 공무원, 군인, 교육, 상업, 기술직, 영업, 자영업, 전문직, 제조업, 생산직, 기능직, 행정, 경영, 서비스업, 전업주부
- 거주 지역 : 서울지역, 경기지역, 강원도지역, 충청도지역, 경상도지역, 전라도지역(같은 지역 내에서는 도시, 농촌, 어촌 등으로 세부 항목화)
- 생활 정도 : 상, 상중, 상하, 중상, 중, 중하, 하
- 참가 동기 : 자발적, 강제적

위의 항목은 청중 분석에서 가장 기본적으로 파악되어야 할 사항들이다. 청중 분석의 결과에 따라 프레젠테이션의 목표나 구체적인 전달 방법 등이 달라져야 한다. 전문가로 이루어진 청중에게 시시껄렁한 농담을 한다면, 청중은 시간 낭비라고 생각하여 중간에 자리를 뜰 지도 모른다. 전문가 집단에게는 기존의 지식보다 한 발 더 나아간 수준의 새로운 지식과 정보를 매우 진지한 자세로 전달해야 그 효과가 높다.

청중의 성별도 세부 항목에 대한 전략에 많은 영향을 미친다. 여성들에게는 친밀감을 주는 어투가 효과적일 수 있지만, 그렇다고 해서 반말을 한다거나 지나친 신체 접촉을 시도하면 무시당했다는 느낌을 주게

된다. 남성 청중들은 여성 청중에 비해 보다 격식을 갖추는 편이 효과적이기는 하지만, 그 역시 지나치게 되면 프레젠테이션 중반쯤에 이르러 고개를 숙이고 조는 사람을 발견하게 될 가능성도 있다.

이야기 도중에 예화를 들 경우에도 청중의 상황을 잘 살펴야 효과를 높일 수 있다. 가령, 이해를 돕기 위해 예를 든다는 것이 특정 종교인들의 신앙심이나 특정지역 거주민들의 지역감정을 건드리게 되기라도 한다면 그 이후의 이야기는 청중에게 전혀 전달되지 않을 가능성이 높다.

이처럼 청중에 관한 기본 정보는 주제의 수위를 조절하거나 구체적인 발표 전략을 세우는 데 매우 결정적인 정보들이다. 따라서 본격적인 준비의 첫 단계에서 반드시 파악하고 있어야 한다.

또한 프레젠테이션 주제와 관련한 청중 분석도 필요하다.

- 주제와 관련한 정보의 양
- 주제에 대한 청중의 관심 정도
- 주제에 대한 청중의 호감도

때로는 프레젠테이션 주제에 대해서 거의 전문가 수준의 정보나 지식을 이미 확보하고 있는 청중들을 만날 수도 있다. 그런 청중들에게는 새롭고 흥미로운 정보나, 기존 정보에 대한 새로운 해석 등을 제공해야 한다. 이미 많은 지식을 가진 청중을 향해 일반적인 정보만 이야기하고 있다면 청중들은 금방 싫증을 느끼거나 더 이상 프레젠테이션을 듣고 있을 필요를 느끼지 못해 자리를 뜰 수도 있다.

반면, 그 분야에 대한 정보가 거의 없는 청중들에게 기억하기조차 힘든 전문용어를 남발해 가면서 이야기를 한다면, 발표자가 자기 과시를 하고 있거나 청중을 무시한다는 인상을 주어서 프레젠테이션이 실패할 수도 있다.

프레젠테이션을 하다 보면 호감도가 높은 청중만을 만나게 되지는 않는다. 비호의적이거나 적대적인 청중이 예상된다면 보다 세심한 준비가 요구된다. 주제에 관심도 없고 더군다나 적대적인 것으로 파악된다면 지나치게 격식을 갖추기보다는 복장이나 헤어스타일을 활용하여 부드러운 쪽으로 이미지를 만드는 편이 좋다. 또한 대부분의 사람들은 실제 경험담에는 귀를 기울이게 마련이다. 자신의 실패담과 유머를 곁들여 이야기하면 분위기가 훨씬 완화될 것이다.

그리고 아무리 비호의적인 청중이라도 발표자의 성의와 열의만큼은 인정하게 된다. 그러니 지나치게 긴장하지 말고, 준비에서 실제 프레젠테이션까지의 모든 과정에서 최선을 다하자.

마지막으로 청중의 문화적 배경도 알아둘 필요가 있다.

- 종교 : 무교, 기독교, 천주교, 불교, 이슬람교
- 정치적 성향 : 보수적, 진보적, 중립적
- 국적 : 내국인, 외국인
- 출생 년도 : 30년대, 40년대, 50년대, 60년대, 70년대, 80년대, 90년대

청중들의 종교나 정치적 성향은 프레젠테이션 주제와 직접적인 관련이 없더라도 반드시 파악해두는 편이 좋다. 종교나 정치적 성향은 매우 민감한 사안이다. 종교나 정치 이야기를 예로 들었다가 청중들의 반감을 사서 발표자가 난처한 상황에 빠지거나, 끝내 프레젠테이션을 제대로 끝마치지 못하는 상황이 발생하기도 한다. 따라서 프레젠테이션 내용과 직접적인 관계가 없거나 특정 주제가 아닌 경우라면 종교와 정치적 성향에 대한 이야기는 가급적 피하는 편이 좋다.

요즘은 여성 청중을 대할 때 성차별적 발언을 하지 않도록 유의하는 게 좋다. 어떤 발표자의 경우는 분위기를 부드럽게 하기 위해서 농담을 던졌는데, 여성들이 그러한 농담에서 여성을 비하한다는 느낌을 받는

다는 것을 미처 깨닫지 못하여 낭패를 보기도 한다. 예화를 준비할 때는 발표자와 다른 입장을 가진 사람들이 그 이야기를 어떻게 해석할지를 반드시 염두에 두어야 한다.

청중에 대한 정보를 파악하는 목적은 보다 효과적인 메시지 전달을 위해서이다. 자칫 사소한 이야기라도 잘못 꺼냈다가 청중의 감정을 상하게 하면 열심히 준비한 프레젠테이션이라 할지라도 아무런 소용이 없게 되어버릴 수도 있다. 청중에 대한 정보는 많을수록 또한 구체적일수록 좋다. 성공적인 프레젠테이션을 원한다면 청중에 대한 정확하고 상세한 정보를 확보하도록 하자.

사전에 주최측으로부터 청중에 관한 정보를 넘겨받을 수 있다면 편리하다. 그러나 행사를 주최하는 측이 청중에 관한 정보가 전혀 없는 상황에 대한 대비가 항상 필요하다. 예상되는 청중의 일부를 만나서 직접 면담을 하여 정보를 수집할 수만 있다면 그보다 더 좋은 방법은 없다. 하지만 직접면담 방법은 대리점 점장들을 대상으로 한 신제품 설명회 등의 특정한 목적으로 이루어지는 소규모의 청중인 경우이거나, 예상 청중에 발표자가 접근하기 용이한 경우에나 어느 정도 가능하다.

불특정 다수의 대중을 대상으로 하는 프레젠테이션이라면 일반적인 통계자료나 우리 사회의 일반적인 통념에 의존할 수밖에 없게 된다. 남성들은 논리적인 구성을 좋아한다든가, 여성들은 감성적으로 접근해야 효과가 높다든가 또는 386세대는 진보적 성향이 강하다든가, 20대는 진취적이고 변화를 선호한다든가 하는 식의 통념은 대부분 유용하게 활용될 수 있다.

그러나 일반적 통계나 통념은 대개 그러하다는 경향을 말하는 것이지 100%의 확률을 보증하는 것은 아니다. 때로는 일반적 통계나 통념과 정반대의 성향을 가진 청중과 맞닥뜨릴 가능성도 있다. 발표자에게는 그럴 때가 무척 당혹스러운 상황이다. 따라서 모든 경우에 대한 마음의 준비와 대책마련이 필요하다.

청중에 대한 정보를 확보할 길이 전혀 없는 상황에서라면 모든 경우의 수를 고려하면서 프레젠테이션을 구성하는 수밖에 없다. 그런 상황이라면 실전에서 벌어질 온갖 돌발 상황을 예비하면서 준비해야 한다. 철저한 준비만이 프레젠테이션을 성공으로 이끌 수 있다.

 청중 분석 체크리스트

(2) 나를 알면

　　프레젠테이션을 효과적으로 준비하려면 우선 현재의 자기 자신을 객관적으로 정확하게 파악하는 시간이 필요하다. 자기 파악이란 '바로 지금' 상태에서 자신의 강점과 약점, 자신의 능력과 역량을 제대로 아는 것이다. 자기 파악은 과잉 준비나 준비 부족을 예방하는 데 도움이 된다. 자기파악의 첫 번째 단계는 주제에 대한 자신감 혹은 주제를 다룰 능력의 정도이다. 자기 자신에게 다음과 같은 질문을 하여 보자.

　　위와 같은 항목들을 체크하여 내가 정말로 잘할 수 있고, 자신 있게 할 수 있는 주제를 선정하여 상황에 맞게 준비해야 한다. 프레젠테이션의 대주제가 미리 정해져 있는 경우에는 그 중에서도 가장 관심이 있고 자신이 있는 소주제로 특화시킨다.

　　정해진 시간 내에 해결이 불가능해 보인다면, 주제의 폭을 좁히는 방법이 있다. '인류의 미래와 환경'이라는 주제는 일주일로는 부족하지만, '쓰레기 분리수거와 자원절약'이나 '종이절약을 위한 생활수칙 10'이라는 주제는 충분히 해결할 수 있다. 소주제로 문제를 구체화시킨 다음, 대주제로 연결시키는 방법을 취하면 된다. 주어진 주제의 범위가 크다고 해서 투덜거릴 것이 아니라, 정해진 시간 내에 해결이 가능한 정도로 축소시킬 수 있는 방법을 빨리 찾는 것이 좋다.

(3) 프레젠테이션 환경 분석

전쟁을 할 때 적군과 아군을 분석하는 것 외에 꼭 해 할 일 중의 하나는 싸움이 벌어지는 곳이 어디고 지형이 어떻게 생겼냐 하는 것을 분석하는 일이다. 프레젠테이션에서도 이러한 정보를 꼭 챙겨야 한다. 필요한 정보는 프레젠테이션을 실시하기 위한 정보와 프레젠테이션 내용 구성을 위한 정보로 나뉜다. 먼저 실제 프레젠테이션에 필요한 정보부터 알아보자. 프레젠테이션을 하게 되면 꼭 챙겨야 할 기본 정보는 다음의 사항들이다.

- 프레젠테이션 주제/제목
- 프레젠테이션 일시
- 원고 마감일/발표자료 제작 마감일
- 발표자가 여러 명일 경우 다른 발표의 발표자와 주제/제목
- 사용하는 소프트웨어와 시청각 장비
- 주최 단체
- 담당자의 이름, 전화번호, 이메일 주소 등

프레젠테이션에 사용될 원고나 시청각 발표자료는 미리 준비해 두어야 한다. 원고는 발표일로부터 일주일 전 정도에는 완성되어야 거기에 맞추어서 시청각 자료 제작에 들어가고, 완성된 원고와 시청각 발표자료로 리허설을 할 수 있다. 하지만 모든 프레젠테이션에 충분한 준비 기간이 주어지는 것은 아니다. 때로는 밤을 새워가면서 원고와 발표자료를 동시에 만들어야 하는 경우도 있다. 유능한 발표자가 되고 싶다면 그런 상황에 대비해서 평소에 보고 듣고 읽는 모든 것을 자료화하여 스크랩해 두어야 한다.

같은 날, 같은 장소에서 여러 개의 프레젠테이션이 예정되어 있다면 전체 일정을 파악하고 있어야 한다. 특히, 시리즈로 기획된 대중강연

이라면 주최측으로부터 전체 강연 주제와 제목을 넘겨받는 게 좋다. 다른 강연과 중복되지 않는 내용을 준비해야 하기 때문이다. 아무리 좋은 내용이라고 해도 다른 강연자에게서 지난 주에 들은 이야기를 일주일 만에 다시 듣고 싶어 하는 사람은 없을 테니 말이다.

주최 단체가 따로 있는 프레젠테이션을 준비할 때는 담당자의 이름과 연락처를 반드시 확보해야 한다. 그래야 그때그때 변동사항을 체크하고, 프레젠테이션에서 사용할 소프트웨어나 기자재 등에 대해서 상의할 수 있다.

프레젠테이션을 할 공간이 항상 완벽한 설비를 갖춘 환경일 수는 없다. 어려운 환경에서도 완벽한 프레젠테이션을 위해 세밀하게 준비하는 자세야말로 전문가가 취해야할 태도이다. 따라서 프레젠테이션이 행해질 장소와 시간을 파악하는 일은, 청중에게 최상의 환경을 제공하기 위해 반드시 필요한 과정이다. 동시에 프레젠테이션을 가장 효과적으로 전달하기 위한 환경을 조성하는 과정이기도 하다. 영상 30도를 오르내리는 더운 여름날에 선풍기 두 대만 돌아가는 대강당에 100명을 앉혀 놓았다고 상상해 보자. 땀을 뻘뻘 흘리면서 사전 배포한 발표 자료로 부채질을 하는 청중에게 프레젠테이션을 끝까지 들어 달라고 할 수 있겠는가. 아래 사항을 미리 파악하여 최상의 프레젠테이션 환경이 되도록 준비하자.

- 위치 : 시내 중심가/시 외곽, 농촌, 어촌 등 건물 내에서의 층수, 실내/야외, 공항 근처, 기차역 근처 등
- 장소의 성격 : 강당, 강의실, 세미나실, 회의실 등
- 장소의 크기 및 좌석수 : 크기, 좌석 수, 좌석 배치도
- 기자재 : 마이크의 종류, 칠판의 종류, 필기도구의 종류, 음향 기기, 빔 프로젝터, 스크린, 모니터 등
- 조명 상황 : 중심 조명장치/보조 조명장치, 조명의 밝기, 조절 가능성 여부
- 실내 온도 : 냉방 장치의 종류, 난방 장치의 종류, 조절 가능성 여부

주변 환경이 조용하고 건물에 방음도 잘 되면서 음향 장비도 잘 갖추어져 있다면, 발표자에게는 다행스러운 일이다. 그러나 근처에 공항이 있어서 5분 간격으로 비행기 날아가는 소리가 귀청을 울리거나, 시내 중심가에 있는 건물의 1층인데다가 벽이 온통 통유리로 되어 있는 장소라면, 청중의 눈과 귀를 잡아매기 위한 특별한 준비를 한다. 공항 근처라면 미리 질문을 던져놓고 비행기 날아가는 시간 동안 답을 기다리는 방법을 취할 수도 있다. 청중을 산만하게 할 상황이라면 시청각 자료를 공들여 준비할 필요가 있다.

예상되는 청중의 수에 비해 준비된 좌석 수가 지나치게 많을 경우도 있다. 청중이 여기저기 흩어져 있으면 아무래도 분위기가 산만해진다.

대부분의 청중들은 한 번 자리를 잡으면, 아무리 발표자가 앞으로 와줄 것을 당부해도 잘 움직이려 하지 않는다. 그럴 경우에는 움직일 수 있는 의자는 미리 숫자에 맞춰서 밖으로 빼놓고, 움직일 수 없는 좌석에는 '예약석'이라든가 '지정석' 등의 표지판을 마련해서 붙여 두는 것도 한 방법이다. 그래야 청중을 자연스럽게 앞자리에 앉도록 유도할 수가 있다.

또한 프레젠테이션 장소에 따른 기자재 정보도 파악하는 것이 중요하다.

어떤 장소에서 프레젠테이션이 이루어지느냐에 따라 거기에 필요한 기자재가 달라진다. 세미나실이나 회의실 정도의 공간이라면 칠판 또는 화이트보드에 필기를 하면서 발표하는 것도 가능하다. 그러나 강당같이 넓은 장소에서는 칠판이나 화이트보드로는 모든 청중에게 내용을 전달할 수 없다. 그럴 경우에는 미리 시청각자료를 제작하여 대형 스크린으로 보여주면서 동시에 마이크를 사용해서 발표를 진행해야 한다.

때로는 파워포인트를 정성들여 제작하였는데, 준비해간 자료와 설치되어 있는 기자재가 충돌을 일으켜서 작동이 안 될 수도 있다. 그럴 경우를 대비해서 시청각기자재는 사전에 반드시 직접 작동 여부를 확인해야 한다.

2) 프레젠터

(1) 나는 프레젠터

프레젠터는 프레젠테이션의 주연이다. 따라서 청중의 관심을 집중시키기에 충분한 훌륭한 프레젠테이션 스킬이 있어야 히며, 프레젠데이션의 내용을 잘 알고 있어서 자신 있게 프레젠테이션을 하여야 한다. 또한 청중의 반응을 예민하게 관찰하여 프레젠테이션의 내용이 청중들의 관심을 끌 수 있도록 조절하며 진행할 수 있어야 한다. 프레젠터의 성격, 교육, 경험, 태도, 문화, 생각에 따라 프레젠테이션은 달라진다. 따라서 나는 어떤 유형의 프레젠터인지를 미리 알아내고 그 장점과 단점을 파악하여 장점은 더욱 발전시키고, 단점은 보완한다면 아주 뛰어난 프레젠터로 다시 태어날 수 있을 것이다. 자기가 어떤 유형의 프레젠터인지를 모를 때에는 프레젠테이션하는 자기의 모습을 비디오로 촬영하여 분석하여 보는 것도 좋은 방법이다.

(2) 여행 가이드 같은 프레젠터

프레젠터는 여행 가이드와 같아야 한다. 가이드가 안내하던 여행을 한 경험이 있다면 그 여행의 상황들을 한번 떠올려 보자. 여행 가이드는 손님을 만나게 되면 자기소개를 하고 여행 온 손님들을 환영하는 말을 한 후, 전체 여행의 일정을 미리 이야기 해준다. 그리고 그날 하루의 일정을 자세히 설명해 준다. 그리고 각각의 장소에 가면 그 장소에 대한 설명을 다시 자세하게 하여 준다. 그리고 때로는 손님들에게 질문을 함으로써 기억을 되살려 오래 가게 만들어 주기도 한다. 프레젠터도 프레젠테이션 할 때에 이러한 점을 명심하여야 한다. 즉, 청중의 안내자로서의 역할을 충실히 하며, 궁금증을 풀어 주어야 하며, 청중과 하나가 되어야 하며, 청중의 동참을 유도하고, 청중이 적용할 수 있게 해 주어야 한다.

(3) 요리사 같은 프레젠터

프레젠테이션을 또한 요리하는 것에 비유하여 설명할 수도 있다. 손님을 청하여 요리를 대접할 경우 대부분 먼저 메뉴를 정하고 필요한 재료를 사다가 요리를 만든다. 그러나 갑자기 손님이 온 경우에는 집에 있는 재료를 가지고 만들 수 있는 요리를 대접하기도 한다. 프레젠테이션에서도 마찬가지로 어떤 경우에는 주최측에서 주제를 선정한 후 프레젠테이션을 부탁하는 경우가 있고, 주제 없이 잘 알고 있는 내용을 프레젠테이션 해 달라는 경우도 있다. 주제가 있는 경우에는 그 주제에 맞는 자료들을 준비하여서 프레젠테이션을 하게 되고, 주제가 없다면 평소에 잘 아는 또는 미리 준비된 내용을 가지고 프레젠테이션하게 된다. 특히 주제가 있는 경우에는 어떤 제목으로 이야기하나를 고심하게 되는데, 그 때 내가 하고 싶은 이야기보다는 청중들이 듣고 싶어 하는 이야기를 들려주어야 하는 것은 손님에게 내가 좋아 하는 요리를 대접하지 않고 손님이 좋아할 만한 요리를 대접하는 것과 같다. 그렇다고 하더라도 상황을 생각하여 상황에 맞는 메뉴를 정하고 내가 잘 하는 음식을 선정하는 것처럼, 프레젠테이션의 제목도 상황에 맞게 정하고 내가 내용을 잘 알아 자신 있게 이야기할 수 있는 주제를 선택하여야 한다. 또한 요리를 잘 하는 사람은 자기만의 솜씨를 뽐낼 수 있는 메뉴가 있을 뿐 아니라 모든 사람이 흔하게 만드는 음식도 자기만의 방법으로 색다르게 만들어 사람을 놀라게 한다. 프레젠테이션을 할 때에도 자기만의 독특한 주제를 선정하거나 흔히 잘 알려진 주제라도 창의적이고 신선함을 줄 수 있게 시각을 바꾸어 청중들이 흥미를 느끼게 하여야 한다. 마지막으로 훌륭한 요리사는 손님이 원하는 시간에 맞추어 요리를 내 온다. 손님이 돌아간 뒤에 나오는 요리는 그것이 아무리 맛있는 음식이어도 아무 소용이 없는 것처럼 훌륭한 프레젠터는 주어진 시간에 끝낼 수 있는 주제를 선정할 줄 알아야 한다.

(4) 목표 설정과 발표 제목 결정

프레젠테이션을 준비하려면 분명한 목표를 설정해야 한다. 목적지가 명확해야 항해를 안전하게 끝마칠 수 있다. 그렇지 않으면 중언부언, 횡설수설하다가 시간을 허비해 버리게 된다. 청중의 신제품 구매 결정을 목표로 한다면, 기존 제품과 신제품을 비교하여 신제품의 우수함을 알리면서 그 우수함에 대한 인지도가 구매로 연결되도록 유도해야 한다. 그러려면 제품에 관한 정보를 전달하면서 신제품 구매가 구매자들에게 주게 될 이득을 분석해서 제시할 수 있어야 한다.

그러나 반드시 기억해야 할 것은, 청중들은 발표자의 목적에는 별 관심이 없다는 사실이다. 청중들은 무언가를 얻기 위해 발표를 듣는다. 오늘날처럼 바쁘게 움직이는 세상에서 잘 알지도 못하는 남의 이야기를 듣는 일에 자기 시간을 허비할 만큼 여유로운 사람은 없다는 점을 명심하자. 프레젠테이션의 최종목표는 청중으로부터 긍정적인 반응을 유도해내는 것이다. 청중의 '예'를 받아내기 위해 분명한 목표를 설정하고 준비하자.

앞에서도 이야기 하였듯이 "사람들이 원하는 것은 무엇일까?"를 생각해 보는 것이 프레젠테이션의 목표를 설정하는 데 가장 중요한 것이고, "이 프레젠테이션은 사람들에게 무슨 도움이 되며 어떤 가치가 있을까?" 또한 주제를 설정하면서 계속 질문하여야 한다. 그 다음에는 그 주제에 대한 자신감 혹은 주제를 다룰 능력의 정도를 진단하여야 할 것이다. 즉, 관심 있는 주제인가? 자신 있는 주제인가? 상황에 적절한 주제인가? 주어진 시간 안에 해결이 가능한 주제인가?를 생각하여 주제를 선정해야 한다. 프레젠테이션의 대주제가 미리 정해져 있는 경우에는 그 중에서도 가장 관심이 있고 자신이 있는 분야를 소주제로 선정하여 특화시킨다.

그런 다음에는 청중들의 주제와 관련한 지적 수준, 관심 정도, 예상 호감도 등 청중들의 선정된 주제에 대한 분석이 필요하다.

주제의 선정이 끝나면 제목을 정한다. 청중들은 제목만 보고 들을지 안 들을지를 결정하는 경향이 있다. 따라서 제목을 정할 때는 프레젠테이션의 내용이 한눈에 확 들어 올 수 있게 결정한다. 키워드를 모두 포함하고 있으면 좋지만 어떤 경우에는 키워드끼리 연결이 되지 않아 제목이 이상하게 되기도 한다. 이러한 점을 주의하며 제목만으로도 청중의 관심을 끌 수 있게 제목을 결정한다. 제목에 하고 싶은 말이 다 담아지지 않으면 부제목을 달아준다.

(5) 목차 작성

제목이 정해지면 "어떻게 하여야 효과적으로 내용을 말할 수 있을까"와 "어떻게 해야 사람들이 쉽게 이해할 수 있을까"를 고민하며 프레젠테이션의 구체적인 접근 방법 또는 진행 방법을 생각한다. 우선 아우 트라인을 정하고 스토리의 전개를 생각하며 목차를 작성하여 본다. 가장 강조하고 싶은 부분은 어디에 배치하고, 그것을 말하기 위하여 앞에서 이야기해 나가야 할 내용들은 어떻게 전개해 나가나 그리고 마지막 부분 은 어떻게 끝마칠까 하는 것 등을 머릿속에 그리며 목차를 만든다. 이 목차는 프레젠테이션을 준비하는 내내 수시로 심지어는 발표하기 바로 전에도 바뀔 수 있다는 것을 명심하자.

지역 축제에 대한 프레젠테이션을 하여야 한다고 가정하고, 주제를 선정하여 제목을 정하고 목차를 작성하여 보라. 또 작성한 목차를 가지고 프레젠테이션하려면 어떤 정보나 자료를 수집하여야 할 지 생각하여 적어 보라.

11

프레젠테이션의 구조

1) 아우트라인 구성

청중은 시간을 허비하기 위해 앉아 있는 게 아니다. 그리고 모든 프레젠테이션은 시간이 정해져 있다. 주어진 시간 동안 청중들에게 효과적으로 메시지를 전달하려면 내용을 밀도 있게 진행하여야 한다. 프레젠테이션하면서 머리 속에 떠오르는 대로 주절거리다가는 핵심을 놓쳐버리고 시간을 허비하게 된다. 청중들에게서 '예'라는 대답을 얻어내기 위해서 꼼꼼하게 준비하자.

먼저, 전체적인 아우트라인을 작성하라. 프레젠테이션의 주제에 따라 아우트라인을 미리 그려 놓으면 프레젠테이션의 진행 순서가 명확해지고, 핵심을 놓치지 않게 된다. 또한 프레젠테이션을 순서에 따라 진행해 가면서 시간 조절을 할 수 있다. 청중의 입장에서 보면 발표 내용의 구조가 분명하기 때문에 핵심 파악이 쉽고, 앞으로 진행될 내용을 예측하면서 발표를 들을 수 있다.

아우트라인은 '도입부 → 본론부 → 결론부'의 3부로 구성한다. 3부 구성은 대부분의 사람들이 안정감을 느끼는 구조이며, 내용 진행이 논리 정연하다는 인상을 심어 줄 수 있다. 프레젠테이션의 내용구성은 일반적인 글쓰기나 말하기의 내용구성과 조금 다르게 진행해야 한다. 프레젠테이션은 결론부터 제시하고, 그에 대한 이유를 제시하면서 증거를 보충해 주고 결론으로 마무리하는 것이 일반적이면서도 효율성이 높은 과정이다. 따라서, 전체적인 내용은 '결론 → 이유 → 결론'으로 진행한다. 청중들은 자신이 듣고자 하는 이야기를 먼저 듣고 싶어 한다. 때로는 청중들이 듣고자 하는 내용과 발표자가 말하고자 하는 내용이 일치하지 않을 수도 있다. 청중분석이 잘못 되어서 그럴 수도 있고, 발표자의 의도가 앞서서 그럴 수도 있다. 그럴 때는 청중들이 원하는 내용을 먼저 말한다. 자신이 원하는 내용이 아니라는 판단이 드는 순간, 청중들이 자리를 뜰 지도 모르니까 말이다. 결론부터 말해서 청중의 관심을 붙잡아 두어야 프레젠테이션을 성공적으로 끝마칠 수 있다.

(1) 도입부

일반적으로 사람을 새로 만나면 그 사람의 첫인상이 그 사람에 대한 평가를 좌우하는 경향이 있다. 프레젠테이션의 경우도 마찬가지다. 도입부를 어떻게 처리했느냐는, 프레젠테이션의 마지막 순간까지 영향을 미치며 발표자에 대한 청중의 태도 결정에 그야말로 결정적인 영향을 줄 수 있다.

프레젠테이션은 한 사람을 지속적으로 접촉하는 것이 아니라, 짧은 시간에 다수를 상대로 목표를 관철시켜야 하는 치열한 싸움이다. 초반을 장악하면 성공의 반이 보장된다. 따라서 도입부 역시 매우 치밀하게 전략적으로 준비해야 한다.

도입부는 대체적으로 사회자에 대한 예의 표시, 인사, 자기소개, 청중에 대한 환영 혹은 감사의 말, 발표 목적(또는 결론), 진행 안내 등으로 구성된다.

사회자나 청중에 대한 인사말이나 자기소개의 말과 같은 부분은, 흔히 잊어버리거나 소홀히 하기 쉽다. 그러나 인사말을 제대로 챙기는 사람이 훨씬 더 전문가다워 보인다. 1분 정도의 시간만 할애하면 충분한 일이다. 청중과의 첫 대면에서 세련된 매너를 보이면, 청중을 압도하면서 프레젠테이션을 진행할 수 있다.

프레젠테이션에서의 첫 인상은 프레젠테이션 전 과정에 영향을 미치기 때문에 도입부는 목표에 맞게 설정해야 한다. 청중의 관심을 집중시키는 데에는 충격 요법이나 질문 요법, 인용 요법이 매우 효과적이다. 역사적인 인물의 명언을 인용한다거나, 상식을 뒤집는 제안이나 질문 등이 활용될 수 있다. 청중과의 정서적 교감을 빨리 형성해야 할 필요가 있을 때는 유머 요법이나 체험담 요법이 효과적이다. 유머는 지나치게 천박하거나 성적인 내용은 피하는 게 좋다. 체험담은 발표자의 실패담이 활용도가 높다. 성공담은 자칫 자기과시나 자기자랑으로 비칠 수 있음에 유의하자. 성공담보다는 실패담이 청중과 친밀감을 형성하면서 긍정적인 정서 반응을 유도할 수 있다.

(2) 본론부

　　본론부는 도입부에서 제시한 결론을 증명해 가는 과정이다. 여기에서는 구체적인 자료를 제시하면서 발표자의 결론이 왜 타당한가 하는 이유를 밝혀야 한다. 결론의 타당성을 밝히지 못한다면 청중의 동의를 얻어낼 수 없고, 그 프레젠테이션은 실패하게 된다. 미리 수집해 둔 자료를 이 부분에서 십분 활용하자. 하지만 본론부는 최대한 단순하게 구성하자. 많은 내용을 제시한다고 해서 청중들이 설득되는 것은 아니다. 최소한의 자료를 가장 효과적으로 배치하는 것이 관건이다. 본론부는 3·3·3으로 구성하자.

　　본론부는 1, 2, 3으로 항목화하여 제시한다. 이때 1항목에는 1개념만 들어가도록 유의한다. 또한 상위 개념과 하위 개념의 종속 관계를 분명히 해야 내용이 체계적이면서 쉽게 전달된다. 그 분야의 전문가를 상대하는 프레젠테이션이 아니라면, 되도록 어려운 전문용어는 피하는 게 좋다. 어려운 용어를 사용하면, 청중들은 그 용어에 사로잡혀서 이후의 내용에 집중하지 못하게 된다.

　　본론부에서 사용할 자료들은 한 눈에 파악이 가능하도록 목록화한다. 목록화한 자료들은 따로 파일을 만들어 준비해 둔다. 자료 목록에는 내용에 대한 간단한 메모와 자료들의 출처 및 작성자 등도 꼼꼼하게 기록해 둔다. 또한 자료에는 본론의 어떤 내용과 관련하여 제시할 것인지도 메모해 둔다.

이러한 원칙에 유의하면서 본론부를 구성하고 자료 목록을 작성해 보자. 본론부 구성 표에는 각 부분을 설명할 때 필요한 자료들을 함께 기록해 둔다. 물론, 모든 항목에 자료가 반드시 필요한 것은 아니다. 너무 많은 자료는 오히려 프레젠테이션의 핵심을 흐리게 할 우려가 있으므로 적당량만 활용하자.

(3) 결론부

결론부에서는 본론부의 내용을 요약하여 청중들에게 지금까지 이야기한 내용을 상기시켜 준다. 그 다음에는 결론을 다시 한 번 반복하면서 강조한다. 이때 결론은 도입부에서 제기했던 것과 동일한 문장과 동일한 핵심어를 이용하도록 한다. 그래야 결론을 강화하여 제시할 수 있다. 명심해야 할 사항은, 결론부에서는 절대로 새로운 화제를 꺼내서는 안 된다는 점이다. 따라서 결론부의 구성은 본론부 요약, 결론 반복 및 강조, 질의와 응답, 의견 수렴, 감사의 말로 이뤄진다.

요약과 반복·강조로 결론부를 마무리한 다음에는 청중의 질문과 의견을 받는다. 질문에는 성실하게 답한다. 잘 모르는 내용에 대해서는 솔직하게 잘 모른다고 고백하는 편이 좋다. 그리고 자신의 전화번호나 이메일을 적어주거나 질문자의 연락처를 물어서 개별적으로 답변하겠다고 한다. 그보다 성의 있고 당당해 보이는 방법은, 구체적인 날짜를 제시하면서 그때까지 주최 측의 홈페이지 게시판에 답변을 남기겠다고 약속하고, 그 약속을 이행하는 것이다.

청중의 의견은 겸손하게 수용하는 자세로 임한다. 혹시 발표자를 비난한다 하더라도 겸허하게 수용하는 태도를 보이는 편이 더욱 전문가

답다. 마지막에 감사의 말도 잊지 말자. 첫 인상도 중요하지만, 뒷모습도
아름다워야 좋은 인상을 남길 수 있다.

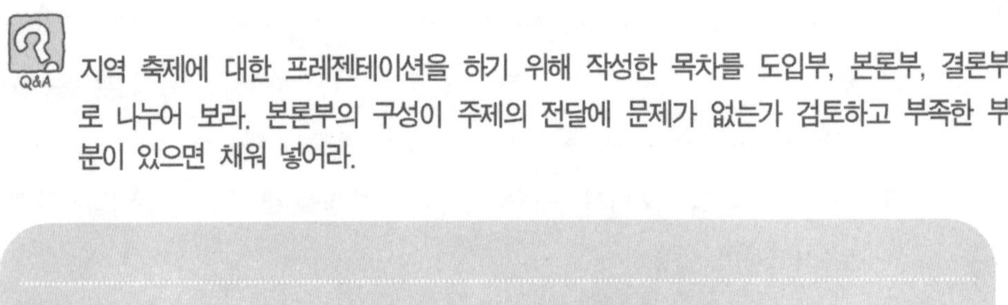

지역 축제에 대한 프레젠테이션을 하기 위해 작성한 목차를 도입부, 본론부, 결론부
로 나누어 보라. 본론부의 구성이 주제의 전달에 문제가 없는가 검토하고 부족한 부
분이 있으면 채워 넣어라.

2) 파워포인트 제작의 실제

(1) 자료 수집

　　아무리 사소해 보이는 것이라도 중요한 정보가 될 수 있다. 때로는 거리를 걷다가 얼핏 들린 남의 대화에서 주식투자 정보를 건질 수도 있는 일이다. 지금 당장에는 필요해 보이지 않아도 다른 순간에 결정적인 역할을 할 수 있다. 최대한 많이, 최대한 다양하게 자료를 모아보자. 프레젠테이션 내용 구성을 위한 정보로 어떤 자료가 필요하게 될지는 구체적인 주제가 정해지기 전까지는 알 수가 없다. 프레젠테이션의 목표가 설정되고 청중 분석이 완료되면 발표 주제가 구체화된다. 그러면 이제 프레젠테이션의 내용 구성에 앞서 필요한 자료들을 모아야 할 차례이다.

　　사실, 프레젠테이션에 임박해서 필요한 자료들을 모으기는 쉽지 않다. 평소에 다음과 같이 접하는 모든 자료들을 수집해 두었다가 필요한 순간에 정보로 활용하자. 즉,

- 신문자료를 스크랩해 둔다.
- 방송자료는 방송국, 프로그램 제목, 방송 일시, 방송 내용을 기록해 둔다.
- 책에서 읽은 자료는 서지사항과 수록 페이지를 명기하여 내용을 요약해 둔다.

와 같은 방법을 이용하고, 자료들은 정치, 경제, 문화, 환경 등의 주제에 따라 분류하여 모아두도록 습관화한다. 그리고 자료파일마다 그 자료의 주제, 내용, 자료형태, 자료출처 등을 기록한 표를 첨부해 둔다.

　　자료는 컴퓨터파일과 파일박스의 두 가지 형태로 저장한다. 하드디스크에 자료 폴더를 만든 다음, 주제별로 하위 폴더를 만들어 자료를 분류해 둔다. 컴퓨터에 저장된 자료는 반드시 출력하여 파일박스에 보관해

야 한다. 기계는 언제든지 고장이 날 수도 있고, 지금 당장 필요한데 전원이 나가버려서 컴퓨터를 열어 볼 수 없는 상황도 얼마든지 있을 수 있는 일이다. 그러니 컴퓨터만 믿지 말고 반드시 종이로 출력하여 보관해 두자. 시각자료들로 찾아 두면 요긴하게 쓸 수 있다. 필요하면 직접 사진을 찍든지 그림 또는 만화를 그려서 시각자료를 만들어라.

발표 내용에 대한 청중의 동의를 이끌어내지 못하는 발표자는 전문가라고 할 수 없다. 청중의 공감을 얻어내려면 주제를 선명하게 전달해야 한다. 주제를 선명하게 하려면 주제를 뒷받침할 만한 근거 자료들이 풍부하고 적절하게 제시되어야 한다.

자료의 종류에는 통계자료, 전문가의 견해 및 연구결과, 예화, 인용문구 등이 있다.

- 통계자료 : 통계청 등의 국가 기관 통계자료, 전문 리서치 기관의 통계자료, 신문이나 방송에서 인용되거나 발표된 통계자료, 발표자 자신의 통계자료 등
- 전문가의 견해 및 연구 결과 : 전문서적, 학술지, 전문 잡지, 주간지, 일간지, 인터넷 자료 등
- 예화 : 유명인의 에피소드, 소설이나 영화 등의 줄거리 일부, 우화, 유머, 발표자의 경험담 등
- 인용문구 : 속담, 경구, 성경이나 불경 등 종교 경전의 널리 알려진 구절 등

통계자료나 전문가의 견해 및 연구 결과는 두 개 이상의 대상을 비교할 때 주로 활용된다. 구체적인 통계수치나 견해를 제시하면 발표자의 주장을 보다 명료하게 전달하고, 발표 내용을 강조할 수 있다. 통계자료는 시각적인 수치를 통해 청중을 보다 용이하게 설득시킬 수 있다. 통계자료를 제시할 때는 통계자료를 만든 기관, 출처, 오차 범위 등을 함께 전달해야 신뢰도를 높일 수 있다. 전문가의 견해 및 연구 결과는 발표자가 제시한 내용을 정당화하고, 그 내용이 합당함을 재확인시키는 효과가 있다.

예화나 인용문은 그 활용도가 매우 높다. 부드러운 분위기를 연출할 때는, 유명인이나 발표자의 과거 실수담, 짤막한 유머 등을 사용하면 좋다. 청중의 감성을 자극하여 동의를 유도하고자 하거나 발표자의 주장을 다시 한 번 강조하여 말할 때는, 속담이나 널리 알려진 경구 등이 효과적이다.

자료들은 학술서적, 신문, 잡지, 학술지 등의 텍스트 중심 자료와 신문이나 잡지의 사진과 도표, TV프로그램, 인터넷, 다른 사람이 제작한 파워포인트 등의 시청각 중심 자료로 구분하여 저장해둔다.

이번에 해야 할 프레젠테이션을 위해 선별된 자료는 따로 파일을 만들어 보관한다. 발표 당일에는 필요한 자료들을 컴퓨터 파일로 만들어서 디스켓이나 CD, USB 메모리 등의 이동디스크에 저장하여 발표회장에 가지고 가고, 다른 한편으로는 웹하드나 이메일을 이용하여 인터넷상에 보관해 두는 게 좋다. 만약 준비된 프레젠테이션 자료파일에 문제가 생기거나, 소프트웨어가 맞지 않아서 자료파일을 열어 볼 수가 없는 상황이 발생하면, 날 것대로의 자료라도 제시하면서 임기응변으로 대처해야 할 경우도 있기 때문이다.

(2) 시각 자료

인간의 감각은 시각과 청각이 단연 압도적 우위를 차지한다. 실제로 많은 정보들이 눈과 귀를 통해서 입수된다. 그래서 인간의 기억력도 눈을 자극하는 시각적 자료와 귀를 자극하는 청각적 자료가 병행되었을 때 더욱 강화된다고 한다.

일반적으로 인간의 오감, 즉 시각, 청각, 후각, 촉각, 미각 중에서 시각의 비중은 80% 이상을 차지한다고 알려져 있다. 이 밖의 감각별 정보 수용 정도는 청각-10% 정도, 후각-약 4%, 촉각-약 2%, 미각-약 1%이다. 따라서 발표자의 목소리만을 사용하는 말 중심의 프레젠테

이션보다 시각적 소품을 활용하거나 비주얼 프레젠테이션을 하는 것이
훨씬 효과적이며 그 결과 또한 성공도가 높다.

시각 자료 제작시 주의할 점은 다음과 같다.

❶ 제목은 주로 명사형을 사용한다.

와 같이 시각 자료에 사용하는 글자는 명사형이 좋다. 차트나 도표, 슬
라이드, 파워포인트를 만들 때, 제목은 4~8단어로 구성하는 것이 좋다.
단어별로 제목은 아무리 길어도 8단어 이상이 넘지 않게 한다. 제목은
프레젠테이션의 얼굴이다. 제목에는 프레젠테이션의 취지와 목적 등이
압축적으로 담겨 있어야 하기 때문에 전체의 내용을 포괄할 수 있는 어
휘가 선택되어야 한다. 대개 제목에 명사형 어휘를 쓰는 것이 전달하고
자 하는 메시지를 명백하고 간결하게 만든다.

제목의 문형은 평서문을 비롯하여 의문문, 감탄문, 청유문, 명령문
등 다양하게 사용할 수 있는데, 궁금증을 유발시키고 흥미를 유도할 수
있는 것이 좋다. 제목에 문장 부호를 많이 사용하는 것은 좋지 않으나
'?, !'와 같이 두 가지 정도의 부호가 혼합될 수도 있다.

제목의 크기나 글꼴은 다른 내용과 구별될 수 있도록 상대적으로 크
고 도드라져야 하며 색깔과 디자인도 상대적으로 강화시킬 필요가 있다.

❷ 내용은 간결할수록 좋다.

내용은 한 행 또는 한 면에 한 가지 컨셉트만 실리도록 하는 것이 바람직하다. 한 행의 길이는 청중의 수나 프레젠테이션의 장소에 따라 달라질 수 있지만 보통 28~38자 정도가 적당하다. 또 한 화면이나 종이의 한 면에는 7줄±2줄을 벗어나지 않게 쓰는 것이 좋다.

인쇄 시각자료인 경우는 한 문장이 끝났을 때 마침표를 찍어 숨을 쉴 수 있는 시간적 여유를 배려하는 것이 좋다. 하지만 영상 시각자료인 경우에는 가급적 한 줄에 한 문장이 담기도록 하되 마침표를 찍지 않는 것이 한결 깔끔해 보인다.

❸ 내용의 글씨 크기는 최소한 18포인트 이상이 되어야 한다.

18포인트 이하인 경우에는 거의 읽을 수가 없다. 큰 서체를 선택할 경우에는 상하좌우의 여백을 고려하여 너무 빽빽한 느낌을 주지 않도록 살펴야 한다. 내용 정렬은 일반적인 출판 도서처럼 왼쪽 정렬이 무난하다. 제작자, 후원자, 주관부서 등을 넣을 때는 가운데 정렬이나 오른쪽 정렬이 좋다.

❹ 약자나 약어, 약칭 등을 사용한다.

　　약어가 처음 나올 때는 괄호 안에 원래의 완전한 용어(full name)를 써 주는 것이 바람직하다. 같은 용어가 반복되는 경우, 즉 두 번째부터는 용어를 풀어쓰지 않고 약어만을 사용하는 것이 좋다.

❺ 색깔은 제2의 글씨이다.

　　영상 자료 제작의 1단계는 주제에 맞는 색을 선택하는 것이다.

　　인쇄 시각자료를 제작할 때는 흰색 종이에 검정색 글씨가 기본이며, 강조하고자 하는 경우는 빨강색, 파랑색 등을 사용하는 것이 무난하다. 한 면에 네 가지 이상의 색이 있는 경우는 혼란스러운 느낌을 주기 때문에 피하는 것이 좋다.

　　영상 자료를 제작할 때는 프레젠테이션의 목적 혹은 주제와 어울리는 색을 선택하는 것이 바람직하다. 예를 들면, 생태환경과 관련된 내용일 때는 녹색을 주로 사용하고, 축제와 관련된 내용일 때는 두 가지 이상의 색을 배합하여 보다 화려한 느낌을 주는 식이다. 보통은 파란 색을 많이 쓰는데, 이는 파란 색이 장시간 바라보고 있어도 싫증이 덜 나며 눈의 피로도 비교적 덜 느끼게 되는 색이기 때문이다.

　　바탕색과 글씨색은 색상, 채도, 명도가 뚜렷하여 확연히 구별될 수 있도록 가시도(可視度)가 높은 색끼리 짝을 이루는 것이 좋다. 흰색 바탕인 경우는 거의 모든 진한 색깔의 글씨 색을 사용할 수 있다. 검은 바탕

색의 경우는 흰색이나 노랑 글씨색이 가시도가 높다. 분홍색, 주황색, 빨강색은 쉽게 번져 보이므로 조심해서 사용해야 한다. 뿐만 아니라 이러한 색을 글씨에 사용하면 가독성이 약해서 읽기가 힘들다.

❻ 한 면 혹은 한 화면 내에는 특별히 시선을 끄는 부분이나 요소가 있어야 한다.

그래서 강조하는 부분과 그렇지 않은 부분을 한 눈에 파악할 수 있도록 해야 한다. 그것은 글씨 크기나 색깔, 글자정렬, 도형 사용 등으로 변화를 유도할 수 있다. 불필요한 디자인이나 주제와 맞지 않는 삽화는 피하는 것이 좋다. 자료를 제시할 때에도 강조하는 부분과 그렇지 않은 부분을 구별할 수 있게 해야 한다.

❼ 문자 정보는 가능한 한 도표나 그림 등 이미지 정보로 가공한다.

시각 자료는 읽게 하는 것이 아니라 느끼게 하는 것이다. 따라서 시각 자료를 제작할 때는 컨셉트(concept)를 최대한 비주얼(visual)로 바꾸어야 한다. 시각 자료는 읽게 하는 것이 아니라 한 눈에 느끼게 하여 청중의 감성을 사로잡으려는 의도를 가지고 있다. 따라서 시각 자료는 전달하고자 하는 내용을 구조화하는 것이다. 예를 들어 숫자 정보는 그래프(graph)화 하고, 문자 정보는 차트(chart)화 하며, 비교 정보는 그림화하는 것이다. 이것을 인포그래픽이라 하며, 시각 언어라고 하기도 한다.

(3) KILL의 법칙

마지막으로 KILL의 법칙 곧, Keep It Large & Legible을 기억하라. 위의 원칙을 지키면서도 항상 크게 그리고 읽을 수 있게 만들어라. 슬라이드에 너무 많은 글씨를 써 놓아도 청중들이 그것을 다 읽지 않는 다면 아무 소용이 없다. 7±2를 잊지 말아라. KISS의 법칙을 기억하라. 그러면서도 KILL의 법칙을 적용하여 슬라이드를 제작한다.

(4) 프레젠테이션 내용 검토 및 수정

파워포인트 슬라이드 제작이 끝나면, 작성한 발표자료가 주제에서 벗어나지는 않았는지, 제목과 맞는 내용인지, 내용 구성은 잘 되었는지, 나의 의도가 충분히 반영되었는지 등을 검토하여야 한다. 이때에는 프레젠테이션의 내용에 일관성이 있어야 한다는 점을 잊지 말자. 일관성과 함께 창의성, 시의성, 타당성도 검토하라. 그리고 이에서 벗어나 있으면 즉시 수정한다.

❶ 일관성

프레젠테이션의 시작-중간-끝의 내용은 하나의 주제로 요약할 수 있어야 한다. 일관성이 있다는 것은 논리적인 분석이 가능하다는 것이다. 논리적인 분석이란 근거가 되는 자료를 제시하고 그 자료에 대한 인과적인 분석을 했다는 것이다. 특히 어떤 실적이나 상황을 제시하는 프레젠테이션에서는 가능한 원인-결과의 논리로 발표하는 것이 좋다. 이 점을 면밀하게 검토할 필요가 있다.

❷ 창의성

한 번 해버린 프레젠테이션은 이미 과거의 역사가 된다. 프레젠테이션을 한다는 것은 지금까지와는 사뭇 다른 생각을 표현하기 위한 것이다. 따라서 점검할 것은 이 프레젠테이션이 긍정적인 비전이나 희망적 관측을 기대할 수 있게 하는가 이다.

❸ 시의성

　　어떠한 일이든 그 일에 맞는 때가 있다. 프레젠테이션의 내용을 청중 중심 혹은 수용자 중심에서 다시 생각해 볼 필요가 있다.

❹ 타당성

　　발표자의 프레젠테이션에 대해 수용자가 공감할 수 있는 키워드는 무엇일까를 생각해 본다. 발표자와 청중 간에 상호 공감할 수 있는 키워드가 5개 이상이면 타당성이 있다고 말할 수 있다.

(5) 발표를 위한 원고의 작성

　　검토와 수정 작업을 거쳐 프레젠테이션 발표를 위한 슬라이드가 다 완성된 후에는 각 슬라이드를 보면서 어떻게 말할지 생각하면서 발표를 위한 원고의 작성에 들어간다. 슬라이드는 키워드를 중심으로 만들어져 있기 때문에 슬라이드를 보여주면서 화면에 보이는 글을 그냥 읽으면 내용 전달이 잘 안 될 수도 있다. 프레젠테이션 전체를 이야기로 만들어서 진행해야 한다고 말한 것을 기억하는가. 발표를 위한 원고의 작성은 이야기로 만들자. 그리고 그것을 보면서 읽을 것은 아니라는 것도 생각하자. 머릿속에 저장해 둘 것이다. 모든 것을 다 외울 필요는 없다. 생각이 나지 않으면 보면서 참고할 것이다. 그러니 내용을 잘 파악할 수 있게 만들어야 한다.

❶ 동사로 말한다.

　　프레젠테이션을 위한 비주얼 자료를 작성할 때는 명사형을 주로 쓴다.

감성적 삶

시대 반영

건전한 가치관 형성

그러나 프레젠테이션을 하는 발표자는 동사형으로 말한다.

"감성적으로 산다."

"시대를 반영한다."

"건전한 가치관을 형성한다."

비주얼 자료는 눈으로 보는 것이기 때문에 명사형을 사용하여 간결하게 작성해야 한다. 하지만 발표자는 그 자료를 보면서 순발력 있게 동사형으로 풀어서 읽어야 청중의 마음과 귀에 호소력 있게 다가갈 수 있다.

❷ 단문으로 표현한다.

회사의 장점=기술력+창의력

"우리 회사의 장점은 기술력과 창의력입니다."

↓

"우리 회사의 장점은 이렇습니다."

"첫째는 기술력입니다."

"둘째는 창의력입니다."

한 문장에 하나의 의미만을 담는다. 즉 주어 하나에 서술어 하나만 있는 단문으로 표현하는 것이 구체적이고 강렬한 인상을 준다. '…와/과'로 연결된 문장은 인상적으로 들리지 않기 때문에 청중의 마음을 덜 움직인다.

❸ 쉽고 간결하게 말한다.

전문 용어, 한자어, 외국어 등은 짧고 쉬운 우리말로 바꾸는 것이 좋다. 모호하거나 중의적이거나 상징적인 말도 피하는 것이 효과적이다.

"감사드리고 싶습니다."
↓
"감사합니다."

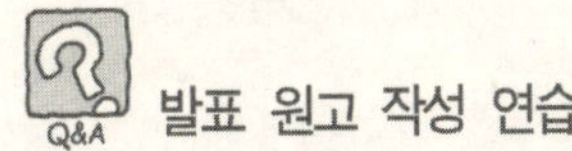 발표 원고 작성 연습

12

발표 연습 및 실전

1) 연습을 아끼면 실전을 망친다.

한 번 지나간 일은 돌이킬 수 없다. 잘 준비된 사람만이 자신의 능력을 제대로 발휘한다. 그래서 결과적으로 노력은 재능을 뛰어 넘게 한다.

❶ 연습은 실전이다.

할 가치가 있는 일이면 잘 할 필요가 있다. 세상에 쉽고 빠른 길이란 없다. 나는 내가 만드는 것이다. 인간이 못할 일이란 없다. 연습하면 익숙해진다. 노력 없는 목수가 연장을 탓하는 것이다. 모든 성공은 경험의 결과이고, 경험은 지혜를 낳는다.

최선을 다해야 최고가 될 수 있다. 그래서 준비된 사람만이 세상을 지배하게 된다. 설령 시작이 미미했다 하더라도 최선을 다하면 그 끝은 창대할 수 있다.

❷ 리허설을 할 때는 체크 리스트를 작성한다.

리허설은 실전처럼 적당하게 긴장하고 약간의 스트레스를 받는 것이 좋다. 먼저 프레젠테이션을 하기 위하여 실제와 똑같이 세팅을 하고, 사용되는 기자재 및 소품까지 거의 완벽하게 준비한다. 그런 다음 녹음기나 카메라, 캠코더를 설치하여 리허설 전 과정을 기록하기 위한 세팅 작업을 한다.

발표자는 프레젠테이션 장소에 도착하는 것부터 시작하여, 청중 앞에 나아가 인사를 하고, 서두를 꺼낸 뒤, 프레젠테이션을 마칠 때까지의 전 과정을 중단 없이 한꺼번에 실행해 본다.

첫 번째 리허설을 토대로 중요한 부분과 개선해야 할 점을 중심으로 체크 리스트를 구체적이고 세밀하게 작성한다. 체크 리스트에 포함되어야 할 기본적인 항목은 다음과 같다.

- 청중 앞에 어떻게 등장하는가. – 걸음걸이, 시선, 표정
- 청중을 향한 인사는 올바른가. – 인사하는 위치 및 자세
- 프레젠테이션의 첫마디는 문제가 없는가. – 목소리, 몸짓, 속도, 억양
- 첫마디와 본격적인 프레젠테이션 사이의 연결은 매끄러운가.
- 프레젠테이션의 목표는 분명한가.
- 목표를 뒷받침하는 설명은 명쾌한가.
- 설명은 충분한가.
- 설명에 따른 자료나 소품은 적절한가. – 내용의 적합성, 분량, 조화
- 비주얼은 어떠한 효과를 낳는가.
- 결론은 확실한가.
- 예상되는 청중의 반응은 무엇인가.

❸ 자기 검토

자신의 목소리를 녹음하여 들어보거나 자기 모습의 동영상을 확인한다. 녹음을 한 경우에는 말의 속도나 발음의 정확도, 목소리의 크기, 군말, 언어 습관 등을 체크한다. 동영상에서는 시선이나 몸짓, 자세, 표정 등을 확인하고 부적절한 것은 고치도록 한다.

프레젠테이션은 성공적인 연출이 무엇보다도 중요하다. 따라서 자신의 모습을 자신이 살펴보았을 때 80% 이상 만족하지 못하거나 감동할 만한 요소가 전혀 없이 밋밋하다면 문제가 있다. 이때는 청중이 만족할 수 있을 만하거나 감동받을 만한 것을 하나 이상 연출해 낼 필요가 있

다. 이때 새로이 수정하거나 끼워 넣거나 삭제한 내용이 앞뒤 맥락과 매끄럽게 연결이 되는지 주의 깊게 살펴보아야 한다.

❹ 시간 체크

　　시간 체크는 발표자가 청중 앞에 등장하면서부터 청중에게 인사를 하고 퇴장할 때까지의 시간을 구분해서 분석적인 점검을 해야 한다. 먼저 자신의 전체 프레젠테이션 과정에 걸리는 총시간을 점검하고 이어 프레젠테이션을 '시작-중간-끝'의 3단계로 나눈다. 각 단계마다 적절한 시간이 배분되었는지를 확인한다. 게다가 이동 시간, 보충 시간까지 살피는 꼼꼼한 점검이 필요하다.

　　질의응답에도 좋은 시간, 적절한 시간이 따로 있다. 대개 발표자가 발표하는 중간에 질문을 받게 되면 발표의 내용이 흐트러지고 뜻밖에 예상하지 못하는 방향으로 이야기가 흘러가는 경우가 있으니 주의해야 한다. 따라서 질의응답은 발표가 다 끝나고 일괄적으로 하는 것이 좋다. 이때 질문 시간과 발표 시간의 안배를 발표자가 미리 선택하고 이 시간을 초과하는 경우는 조절할 필요가 있다.

❺ 최종 점검

　　리허설은 프레젠테이션 수정 작업의 난이도에 따라 발표 몇 시간 전에 할 수도 있고 한 달 전에 할 수도 있다. 수정할 내용이 오타 정도를 점검하는 경우라면 리허설은 프레젠테이션 하루 전이면 충분하다. 그러나 수정할 것이 슬라이드 제작, 애니메이션 다시 만들기 정도라면 그러한 작업을 해 낼 수 있는 충분한 시간을 확보하고 리허설을 해야만 한다. 그래야 수정 작업을 통해 프레젠테이션의 완성도를 높일 수 있다.

　　리허설 횟수는 적어도 한 번 이상이어야 한다. 그러나 반대로 5번 이상인 경우는 생각만큼 큰 효과를 거두기 힘들다. 리허설 횟수를 많이 하는 것보다는 한 번의 리허설을 하더라도 완성도 높게 하는 것이 바람직하다.

2) 프레젠테이션 환경 체크

발표자는 자신이 프레젠테이션 할 장소를 미리 알아 두어야 한다. 사전 답사는 반드시 필요하다. 만약 그럴 수 없다면 통신을 이용하여 사전 지식이나 정보를 가지고 있어야 한다. 그래야 발표자는 장소의 장애 요인들을 미리 제거하거나 대처할 수 있는 여유를 가질 수 있다.

❶ 장소와 청중

가장 유의해야 할 사항은 청중의 수와 장소의 크기가 알맞은가 하는 문제이다. 큰 장소에 청중이 조금 있거나 많은 청중이 몰려들어 장소가 협소하게 느껴진다면 프레젠테이션은 만족할 만한 결과를 기대하기 어렵다. 청중의 수와 장소의 크기가 맞지 않은 경우는 장소를 옮기거나 좌석을 재배열해야 한다.

❷ 소품 확인

많은 사람들이 전기 전자제품을 비롯한 소품의 사용을 두려워한다. 그렇지만 프레젠테이션을 할 때에는 마이크를 비롯하여 시각 자료를 사용할 기회가 많다. 이때 가장 유의해야 할 것은 전원의 상황이다. 전원이 제대로 들어오는지, 스위치는 어디에 있는지를 미리 확인해야만 한다. 특히 마이크는 성능과 음량 체크를 잊지 말아야 한다.

발표자는 사전에 프레젠테이션 하는 공간의 주변 상황을 어느 정도는 알고 있어야 한다. 특히 휴게실이나 화장실, 대기 장소, 계단의 위치와 높이, 출입문, 비상구의 위치 등을 미리 알고 있으면 마음이 안정되는 효과가 있다.

3) 프레젠테이션 하기

청중에 대한 정보가 없이 프레젠테이션 실전 상황에 돌입했을 때보다 더욱 발표자를 당황시키는 일은 사전 정보를 통한 청중의 인상과 실제 청중의 인상이 달랐을 경우이다. 그런 상황에서는 사전 정보보다 현장에서의 첫인상이 더 정확하다. 사전 정보와 첫인상이 다를 경우에는 첫인상에 따라 프레젠테이션의 내용과 수위를 즉각 조절해야 한다. 또한, 프레젠테이션 도중에도 청중의 반응을 살펴라.

(1) 긍정적인 청중의 반응

① 듣는 중간 중간 열심히 메모한다.
② 고개를 끄덕인다.
③ 발표자와 시선을 맞춘다.
④ 자세가 발표자의 정면을 향하고 있다.
⑤ 발표자의 말에 미소를 짓거나 소리 내어 웃기도 한다.
⑥ 발표자의 말에 박수를 치기도 한다.
⑦ 프레젠테이션 도중 발표자와 가까운 자리로 옮겨 앉는다.

(2) 부정적인 청중의 반응

    ① 프레젠테이션 도중에 하품을 하거나 존다.
    ② 고개를 갸우뚱거린다.
    ③ 고개를 떨어뜨리거나 창밖 혹은 실내 여기저기를 바라본다.
    ④ 자세가 삐딱하다.
    ⑤ 팔짱을 끼거나 몸을 뒤로 젖힌다.
    ⑥ 옆 사람과 잡담을 하거나 장난을 친다.
    ⑦ 프레젠테이션 도중 뒷자리로 옮겨 앉거나 밖으로 나가버린다.

노련한 발표자라면 청중을 한번 쓱 살펴보거나 첫마디에 대한 반응을 살피는 것만으로도 청중의 분위기를 파악하는 것이 가능하다. 그렇지만 그러한 경지에 도달할 정도라면 이미 수십 번의 실전 상황을 경험한 사람이다. 그 정도의 경지에 도달하였다 하더라도 프레젠테이션 도중 청중의 반응을 끊임없이 살펴야 한다.

프레젠테이션의 중심은 청중이다. 발표자가 음성언어를 통해 자신의 의미를 끊임없이 전달하고 있다 보니, 자칫 발표자가 중심이라고 착각할 수 있다. 다시 한 번 명심해야 할 것은, 프레젠테이션은 발표자를 위해서가 아니라 청중을 위해 실시된다는 사실이다.

청중이 아무 말도 하지 않고 앉아있다고 생각하면 이는 착각이다. 오히려 청중은 프레젠테이션과 발표자에 대한 자신의 견해를 온몸으로 피력하고 있다. 그렇기 때문에 프레젠테이션 도중에도 청중의 얼굴표정, 눈빛, 고갯짓 등을 유심히 살펴야 한다.

준비된 내용을 곧이곧대로 전달하려고 고집부리기 보다는 현장에서 적절하게 대처해야 한다. 청중이 흥미로워하지 않는 내용은 굳이 길게 말할 필요가 없다. 때로는 과감하게 건너뛰거나, 재미있는 에피소드로 대체하는 것도 좋다.

❶ 소품은 발표자의 보조가 되어야 한다.

주인공은 어디까지나 발표자이다. 소품은 발표자의 장식물에 지나지 않는다. 소품의 비중이 너무 크면 발표자가 소품의 보조가 되는 역효과가 날 수도 있다. 말을 할 수 있다면 말할 수 없는 것은 없다.

바둑에 대해서 프레젠테이션하기로 되어 있던 발표자는 바둑판을 가지고 가서 청중들에게 실연을 보여주며 설명하고자 했다. 그래서 그 발표자는 바둑판을 준비하여 자동차 트렁크에 미리 넣어 놓았다. 그런데 프레젠테이션 하는 날 아침, 자동차 타이어가 펑크 난 것을 발견한 발표자는 당황해서 급하게 택시를 타고 프레젠테이션 하는 장소에 갔다. 그곳에 가서야 발표자는 바둑판을 챙기지 못했다는 것을 알아차렸다. 발표자는 이 상황을 어떻게 대처해야 할까? 곰곰이 생각하다가 청중들에게 그간의 상황을 솔직하게 이야기하면서 프레젠테이션을 준비하던 과정을 바둑과 연관시켜 설명했다. 청중들은 발표자가 그 프레젠테이션 장소에 서기까지 겪은 일들을 한 편의 드라마처럼 들으면서 바둑판을 머리 속으로 그릴 수 있었다. 발표자는 소품 대신 줄거리가 있는 이야기로 대처했다. 소품이 청중들의 상상을 통해 머리 속에 자리하게 된 것이다.

❷ 소품을 이야기로 대신하는 방법

어설프게 임시 조치를 취하느니, 아쉬운 대로 현장에서 조달할 수 있는 방법을 찾는 게 낫다.

▩ 자신의 경험담을 솔직하게 들려준다.

실패담이나 초라한 경험이어도 좋다. 성공담은 청중으로 하여금 성공의 요소를 느끼게 하고, 실패담 또한 실패의 요소를 미리 짐작하게 하기 때문에, 해 보았다는 경험 그 자체는 의미 있는 이야기가 된다.

⊠ 마인드 컨트롤을 이용하여 청중으로 하여금 상상력을 발휘하게 한다.

마인드 컨트롤(mind control)은 상상력을 발휘하여 어떤 상황을 시각화하도록 유도하는 것이다. 시각화는 아직 발생하지 않은 상황을 설정해 놓고 자신이 그러한 상황과 밀접하게 연관되어 있다고 가정하고, 자신이 원하는 것을 마음속에 그려보게 하는 것이다. 창조적인 시각화는 강한 힘을 갖는다. 청중은 마음속으로 마치, 발표자가 말하는 그러한 일이 실제로 자신 앞에 일어난 것인 양, 혹은 실제로 있는 물건인 양 생각하게 된다.

강하게 상상력을 발휘하면 청중은 그 과정에서 정신 집중현상을 경험한다. 발표자는 의도적으로 상상력을 발휘할 수 있도록 암시하는 정도에 그칠지라도, 청중은 암시의 내용이 잠재의식 속을 파고 들어가 시각화된 것에 대한 느낌까지 가질 수 있다.

⊠ 연상 작용을 일으킬 수 있는 구체적인 예화를 든다.

연상이란 오감으로 느낄 수 있는 유사한 이미지에 의해 떠올릴 수 있는 대상이나 과거의 경험에서 비롯된 기준에 의해 유사성을 찾을 수 있는 대상이 마음속에 그려지는 것을 말한다. 흔히 소품 대신으로 연상 작용을 활용하려면 형태의 유사성, 낱말의 유사성, 혹은 추상적인 이미지의 유사성에 근거를 두는 것이 좋다.

연상은 어떤 말을 들으면서 그와 관련된 것들을 자유롭게 시간과 공간을 넘나들며 머리에 떠올릴 수 있는 효과가 있다. 그렇기 때문에 발표자는 미리 소품을 준비하지 못한 경우 당황하지 말고 발표 현장에서 연상 작용을 활용하여 청중들과 함께 소품을 그리거나 만들어 낼 수 있는 극적인 소품 창출도 해낼 수 있다.

※ 발표자의 눈에 보이는 모든 주위 환경들을 마치 소품처럼 이야기에 끌어들인다.

소품, 즉 실물 자료를 보여주면서 이야기를 하는 것은 무척 효과적이다. 실물 자료들은 사람들의 집중력을 높여주기 때문에 발표자는 청중을 휘어잡기 쉽다.

미처 소품을 준비하거나 소지하지 못했다면 프레젠테이션 장소를 돌아보아 유사한 실물 자료가 있는지 미리 살펴보는 것이 좋다. 발표 장소에는 의외로 많은 실물 자료들이 있을 수 있다. 시계, 탁자, 의자, 액자, 전등, 마이크, 태극기, 스위치, 플래카드, 포스터, 촬영하고 있는 캠코더 등.

현장에 있는 실물 자료를 예로 들 때는 발표자가 직접 그 곳으로 자리를 옮기는 것이 좋다. 청중은 발표자의 움직임에 민감하기 때문에 만약 발표자가 이동을 하면 청중의 눈은 발표자의 움직임을 좇아가게 된다. 그런데 발표자가 단지 시선이나 손으로 실물 자료를 지적하게 되면 청중은 발표자와 실물 자료를 번갈아 쳐다보면서 시선을 분산시키게 되므로 산만한 분위기를 만들 우려가 있다.

※ 정보 중심의 이야기보다는 감정에 호소하는 이야기를 한다.

감정적 호소란 청중의 마음을 사로잡는 것이다. 너무 정보 중심적이면 프레젠테이션의 분위기가 딱딱하거나 건조할 수 있다. 정보 중심적인 내용이 절대적으로 필요하다해도 정보의 사이사이에 머리가 아닌 가슴으로 느낄 수 있는 내용들을 삽입하는 것이 좋다.

가장 좋은 방법은 정보 중심적인 내용과 감정에 호소하는 내용을 4:6 정도로 결합하는 것이다. 이 두 가지 요소를 결합하면 모든 부류의 사람들에게 호소할 수 있다.

[illegible] 발표자의 진술을 뒷받침하는 에피소드를 청중한테서 구한다.

발표자가 미리 준비한 예화들이 발표 현장에서 조금 부족하다고 느낄 때나 청중들의 적극적인 참여가 필요하다고 느낄 때는 청중들에게 질문을 던지는 것도 하나의 방법이 될 수 있다. 이러한 방법은 발표자가 청중의 색다른 이야기를 수집하는 좋은 계기도 된다.

✺ 청중과 대화하듯 이야기를 주고받는다.

청중의 이야기는 대개 실제의 경험담이기 쉽다. 발표자가 몇몇 청중과 이야기를 주고받으면 발표자 혼자서 이야기하는 단조로움을 피할 수도 있고 청중들에게 약간의 긴장감을 갖게 하면서 발표자에게 집중하는 효과를 얻을 수도 있다.

❸ 발표자 자신을 소품화한다.

청중이 직접 보고 있는 대상은 발표자이다. 발표자가 자기 자신을 소품화 하면 청중의 주의를 집중시킬 수 있으며, 청중에게 강한 인상을 주기 때문에 오래도록 기억에 남을 수 있는 가능성이 오히려 크다.

✺ 입고 있는 의상을 활용한다.

발표자 자신이 가장 효과적인 비주얼 자료이다. 옷, 액세서리, 모자, 스카프, 신발, 손수건 등 발표자의 몸에 지니고 있는 것들은 훌륭한 소품이 될 수 있다. 의상은 그 자체의 모양이나 색깔, 질감, 무늬, 디자인 등의 다양한 소재들이 종합적으로 집적되어 있기 때문에 활용도가 크며, 특히 쉽게 구길 수 있는 특성이 있기 때문에 간단하게 형태를 변형시킬 수 있는 장점이 있다.

�֎ 몸의 부위를 활용한다.

사람의 몸은 그 자체로 하나의 실물이자 모형이 될 수 있다. 예를 들거나 보여주고자 하는 것을 사람의 몸으로 은유하면 청중은 상상력을 발휘하여 연상 작용을 통해 머리로 이해할 뿐만 아니라 몸으로도 느끼게 된다.

✖ 몸으로 모의실연(模擬實演)을 한다.

발표자가 자신의 몸을 이용하여 모의실연을 할 때는 청중으로 하여금 따라하게 한다. 그저 가만히 앉아서 수동적으로 이야기만 듣는 청중은 오랜 시간을 발표자한테 집중하기 어렵다. 청중과 함께 하는 모의실연은 프레젠테이션 장소를 역동적인 환경으로 바꿀 수 있다. 특히 몸으로 익힌 것은 쉽게 잊혀지지 않기 때문에 극적인 효과를 낳을 수 있다.

❹ 소품은 프레젠테이션의 목적에 맞아야 한다.

소품에는 포스터, 사진, 슬라이드, 현수막, 그래프, 차트, 그림, OHP, 영화, 비디오, 실물, 모형 등이 있다. 이러한 소품들은 각기 그 나름대로의 특성과 장·단점이 있다.

소품 활용에서 가장 먼저 주의해야 할 점은 선택한 소품이 프레젠테이션의 목적을 얼마나 효과적으로 달성할 수 있느냐의 여부이다. 소품은 발표자가 프레젠테이션을 하는 주요 목적과 합치해야 할 뿐더러 말하려는 내용과도 일치해야 한다. 만약 그렇지 못하면 소품 사용은 하나의 해프닝이 되어버리거나 엉뚱한 결과를 초래할 수 있다. 특히 소품을 사용할 때는 크기에 유의해야 한다. 크기가 너무 작아서 청중들이 잘 볼 수 없거나 판독하기 어려운 소품은 청중을 짜증나게 하거나 답답하게 함으로써 청중으로 하여금 프레젠테이션 전체를 신뢰하지 않거나 아예 관심을 기울이지 않게 하는 역효과를 낼 수 있다.

❺ 설명 자료와 배포 자료는 구분해야 한다.

설명 자료는 청중의 시선이 한 곳에 모일 수 있도록 초점화 하고 중앙집권화해야 한다. 그렇지만 그것만으로 메시지가 충분히 전달되지 못한다면 청중 개개인이 볼 수 있는 배포 자료를 따로 준비하는 것이 좋다. 배포 자료는 프레젠테이션이 거의 끝나갈 무렵에 돌리는 것이 좋다. 왜냐하면 청중은 무엇인가 배포되면 그것에 시선이 팔려 프레젠테이션에 집중하기 어렵기 때문이다.

❻ 3 · 3 · 3 전략

청중 앞에 선다는 것은 항상 조심스럽고 떨리는 일이다. 프레젠테이션을 아무리 잘 준비했다고 하더라도 막상 실전에 임하게 되면 당황하기 마련이다. 발표자는 실전의 상황에서 최악의 경우를 가정하고 미리 몇 가지 대처 방안을 강구해 놓는 것이 바람직하다. 실전의 시간에 이르기 직전까지는 할 수 있는 한, 준비를 해야 하고 예상 가능한 모든 장애에 대처해야 한다.

프레젠테이션의 전체 내용을 시작-중간-끝 부분의 셋으로 나누어 3 장의 카드에 간략히 정리해 놓으면 좋다. 이때는 프레젠테이션 전 과정의 아우트라인을 마치 플로우차트(flow chart)처럼 기입해 놓는 것이 효과적이다. 프레젠테이션 첫 번째 카드는 시작하는 도입부의 부분, 두 번째 카드는 본론 부분, 세 번째 카드는 후반부의 부분으로 구분하여 작성한다. 특히 본론 부분에서는 앞뒤의 맥락을 고려하면서 메모해 둔다.

❼ 떨림과 긴장에 대처하는 방법

자신감 넘치는 태도와 열정적인 화법은 청중의 마음을 사로잡는 가장 중요한 요소이다.

청중 앞에서 자신감을 잃어버리거나 멍한 상태가 되거나 지나치게 떤다는 것은 그만큼 준비가 부족하기 때문이다. 세심하고 꼼꼼한 준비는 대중 공포를 이기는 적극적인 대처 방법이다.

만일 실제 프레젠테이션을 시작한 뒤에도 여전히 떨리거나 심한 긴장이 계속된다면 다음과 같은 방법을 취해보는 것이 좋다. 먼저 발표자는 청중들을 향하여 솔직하게 "무척 떨리네요"라고 서두를 꺼낸다. 이러한 말 건넴은 발표자가 청중들에게 친근하게 다가서는 듯한 사려 깊은 배려의 느낌을 줄 수 있다. 그래도 떨림이 계속되면 테이블에 몸을 기대어보기도 하고 숨을 깊이 들이마셔 보기도 하고 허리를 쭉 펴서 몸의 자세를 곧게 취해보는 것이 좋다. 그리고는 '호랑이 굴에 들어가도 정신만 차리면 되듯' 침착하게 행동하며 천천히 느리게 움직이는 것이 효과가 있다.

❽ 돌발 상황에 대처하는 방법

※ 해결책은 문제 그 자체 속에 있다.

나의 입장이 아니라 다른 사람의 입장에서 보면 문제의 실마리를 찾을 수 있다. 갑자기 미처 생각해보지 못한 돌발 상황이 벌어졌을 때는 잠깐 생각해보는 시간을 갖는 것이 좋다. 이때 순간적으로 대처하기 힘들 때는 청중들에게 이해를 구하거나 오히려 자문을 구하는 것이 좋다.

위기를 매끄럽게 극복할 수 있는 상황이나 역량이 된다면 좋지만 그렇지 못할 때는 솔직하게 현재의 상황을 노출시키는 것이 오히려 낫다. 그러나 위기를 위기 그 자체로 내버려두는 것은 가장 무책임하고 무의미한 대처 방법이다. 위기는 어떻게 해서든지 해결하고 넘어가야 한다.

지혜로운 사람은 대부분 위기를 위기로 여기지 않는다. 위기를 기회로 만드는 사람이다. 위기라는 글자도 '위태로울 위(危)'와 '기회 기(機)'로 짜여져 있다. 위태로운 상황을 반전시켜 기회로 만드는 것이 바로 위기다.

아이스크림에 관한 이야기를 하나 들어보자. 모 아이스크림 회사는 대부분 300원짜리 아이스크림만이 있던 시장 상황에서 갑자기 500원짜리 아이스크림을 개발하여 판매해야만 하는 상황에 처해 있었다. 소비자는 500원짜리 아이스크림에 가격 저항을 느꼈다. 그렇다고 상품 개발부를 찾아가 가격을 내려달라고 떼를 쓸 수도 없는 상황이다.

이때 회사 홍보팀에서는 새로운 홍보 아이디어를 냈다. 바로 자사 제품의 가장 큰 문제인 비싼 가격을 대대적으로 광고하는 것이다. 300원짜리와는 확실히 다른 500원짜리 아이스크림! 500원짜리 아이스크림이니까 특별하다는 광고! 이것저것 뭔가 다른 재료가 들어간 아이스크림, "그래서 500원입니다."라는 광고는 이렇게 탄생하게 되었다. 위기를 기회로 만든 성공 사례라 할 수 있다. 모든 프레젠테이션의 상황 속에서도 이 말은 유효하다.

영국 수상 처칠이 미국 대통령 루스벨트의 신뢰를 얻기 위한 처절한 일화가 있다. 제2차 세계대전이 한창인 1941년 겨울, 처칠은 미국의 도움을 얻기 위해 백악관을 찾았다. 처칠은 백악관에서 쉬면서 목욕을 했다. 목욕을 막 끝내고 밖으로 나올 때 노크하는 소리가 났다. 처칠이 "들어오시오"라고 말하자 문을 열고 들어오는 사람이 있었다. 그가 바로 루스벨트였다. 알몸인 처칠을 보고 루스벨트가 실례했다며 뒤로 물러서자 처칠은 방에서 나가려던 루스벨트를 잠시 세워놓고 이렇게 말했다.

"보십시오. 대통령 각하. 우리 영국은 미국에게 숨기는 것이 아무것도 없습니다."

루스벨트는 그때의 일을 매우 즐거워했다고 전해진다.

난처하고 위태로운 상황은 항상 있게 마련이다. 중요한 것은 그것을 어떻게 슬기롭게 넘기느냐 하는 문제다. 처칠의 유머처럼 말이다.

❾ 치명적인 실수는 정면으로 돌파한다.

　　치명적인 실수란 발표자가 치명적으로 생각하는 것뿐이다. 어떤 실수도 치명적인 것은 없다. 실수는 변명으로 극복하는 것이 아니다. 실수는 정직한 고백과 솔직한 표현으로 실수임을 인정하는 용기가 해결책이다. 이를 위하여 발표자는 평소에 순발력을 키울 수 있도록 노력해야 한다.

　　구체적인 방법으로는 브레인스토밍 훈련을 통하여 상황에 대처할 수 있는 방안을 모색해보는 것이다. 뿐만 아니라 평소에 의사결정기법을 몸에 익히는 것은 어떠한 순간에서도 위기를 돌파할 수 있는 큰 밑거름이 된다.

　　브레인스토밍(brainstorming)이란 어떤 한 가지 문제를 해결하기 위하여 순간적으로 많은 생각들을 떠올려 보는 것이다. 그 중에는 적당한 생각이 있기 마련이다. 생각은 할수록 는다. 관련 사항에 대하여 많은 생각들을 해보는 습관은 자신의 생각 뱅크(bank)를 늘리는 것이다.

❿ 최선의 선택은 종합적인 안목에서 나온다.

　　의사결정기법이란 어떤 일을 하나만 선택해야 하는 상황이 발생했을 때, 주어진 상황에서 최선의 선택을 할 수 있도록 훈련하는 기법이다. 최선의 선택을 할 수 있다는 것은 여러 가지 정황들을 종합적으로 검토할 수 있는 안목을 키우는 것이다.

⓫ 긍정적인 사고를 확산시켜라.

　　긍정적인 사고는 위기를 극복할 수 있는 최선의 방책이다. 실패를 두려워하지 마라. 실패야말로 성공을 확보할 수 있는 원동력이다. 이를 얻기 위하여 상황을 다각적으로 보는 훈련과 정신력을 강화시킴으로써 위기를 기회로 만들 수 있다. 또한 다양한 방법론을 시도하고, 이를 획득할 수 있는 통로를 열어둠으로써 긍정적인 사고를 확보하기 위해 노력할 필요가 있다. 모두가 희망을 포기할 때, 긍정적으로 생각하는 자만이 희망을 발견한다.

현대그룹 회장이었던 정주영의 경우, 한겨울에 묘지에 잔디밭을 만들어달라는 미군의 요청에 대해 긍정으로 화답했다. 모든 이들이 불가능하다고 생각했으나 그는 열린 사고방식의 소유자였기 때문에 그들의 요구를 만족시킬 수 있었다. 한겨울에 가능한 보리를 심음으로써 기대 이상의 성과를 거둘 수 있었다. 그렇기 때문에 평소에 '아니오' 보다는 '네'라고 답하도록 노력하는 것이 중요하다. 이와 함께 자신의 믿음을 토대로 상대방으로 하여금 상황에 대해 납득할 수 있는 분위기를 형성하도록 한다. 이를 위하여 평소에 긍정적인 사고를 하고, 실행에 옮길 때는 과감하게 행동하도록 하라.

⑫ 희망의 메신저가 되라.

진정한 리더가 되기 위해서는 위기를 기회로 만들 수 있는 비전을 제시해야 한다. 미국 대공황 당시, 루스벤트 대통령은 뉴딜정책을 내세워 희망이라는 비전을 제시함으로써 미국인들에게 새로운 시대를 열어 보였다. 지금도 미국인들이 케네디를 용기의 화신으로 추앙하는 것은 그가 절망이 아닌 희망을 미국인들의 가슴 속에 심어주었기 때문이다. 리더는 희망을 주는 사람이다. 희망이 있는 사람은 자신의 희망을 사람들에게 전파함으로써 감화시키고, 행동하게 만든다. 우리나라의 경우, 김대중 대통령은 IMF라는 사상초유의 경제난 속에서 우리 민족에게 희망이라는 불씨를 지핌으로써 도약의 발판을 마련하였다. 이처럼 리더는 모든 이들이 절망할 때 희망을 보고, 좌절할 때 승리의 기쁨으로 가는 통로를 열어 준다. 그것이 리더의 몫이다.

16 지금, 당장에 충실하라.

다음이라는 시간은 영영 오지 않을 수 있다. 지금 하지 않으면 우리 인생에 두 번 다시 이런 기회는 오지 않을 수 있다. 위기가 기회인 이유는 그것이 우리에게 살아 있음을 강력하게 느끼게 만들기 때문이다. 다음에 할 수 있다고 생각한다면 지금, 당장 최선을 다해 실행에 옮겨라. 다음 기회는 주어지지 않을 수 있다.

최선을 다하다 보면 뜻하지 않은 계기로 인하여 새로운 기회가 주어질 수도 있다. 그 기회의 실마리를 풀기 위해 항상 준비하도록 해야 한다. 위기는 언제, 어느 순간에 닥칠지 모르기 때문이다. 이때 당황하기보다는 마음의 여유를 갖고 자신이 직면한 상황이 어떤 상태인지에 대해 분석하고 판단하라. 냉철한 분석을 통해 자신이 현재 할 수 있는 것과 할 수 없는 것에 대해 결정하고, 이를 토대로 실행에 옮겨라. 확신이 생겼다면, 과감히 전력을 다해서 실행에 옮겨라.

지금, 당장 실행한다.

지금, 당장.

똑부러진 프레젠테이션 알짜 자격증 못지 않다

'연봉 높이는 설득 기술' PT 일주일 준비 요령

지난해 한국관광공사에 입사한 박미영(37, 여) 씨는 프레젠테이션 덕을 톡톡히 봤다. 면접 코스 중에 '5분 프레젠테이션' 과정이 있었는데 이전 직장에서 쌓은 경험이 밑거름이 됐다. 그는 해외사업 관련 보고 업무를 많이 해 관광공사가 제시한 주제를 남보다 일목요연하게 풀어 갈 수 있었다. 박씨는 "다른 합격 요인도 있었겠지만 특히 프레젠테이션이 면접관의 마음을 움직인 것 같다"고 말했다. 요즘 웬만한 기업들은 프레젠테이션(이하 PT) 능력을 많이 따진다. 직장을 옮길 때나 몸값을 올리기 위해서도 PT는 직장인의 '필수 기술'이 됐다. 하지만 PT를 준비할 시간은 언제나 모자란다. 짧은 시간 안에 준비해야 하고, 또 주어진 시간 내에 상대방을 설득하는 작업이 PT다. PT 기획·제작 전문업체인 굿디넷의 조진영(37, 여) 대표의 도움을 받아 '일주일만에 준비하는 PT' 요령을 정리했다. 조 대표는 부산이 2005 아태경제협력체(APEC) 정상회의를 유치할 때 PT 전략을 짰다. 현재 삼성·현대 등에서 '파워포인트 디자인 스킬업'이란 PT 과정을 강의하고 있다. 조 대표는 "청중이 3일 동안 PT 내용을 기억하면 성공적으로 PT를 한 것"이라며 "요령도 중요하지만 철저한 준비가 PT의 성패를 가른다"고 말했다.

D-6·7 주제·목표 설정, 자료 수집

주제만 잘 잡아도 '절반은 성공'이다. '무엇'을 '왜' 설명해야 하는지를 파악한 뒤 관련 자료를 모아야 한다. 이때 인터넷 자료보다는 서적·논문 자료를 인용하는 것이 좋다. 국회도서관·국립중앙도서관 등에 가면 관련 자료를 찾을 수 있다. 업체에서 발행한 사보·브로슈어도 좋은 참고서다. 관련 전문가를 직접 만나 촬영·녹취한 뒤 현장감 있게 활용하는 것도 PT의 설득력을 높인다. 땀방울이 배어 있는 PT는 언제나 좋은 점수를 얻는다.

D-4·5 콘텐츠 구성, 원고 작성

수집한 자료를 바탕으로 PT를 할 장소나 상황, 청중의 기호 등에 맞춰 내용을 구성한다. PT의 종류에 따라 조금씩 다르긴 하나 일반적으로 PT의 골격은 ▶서론(회사 소개, 시장 추세, 문제점 제기, 프로젝트 추진 배경, 프로젝트 제안 배경, 업계 동향) ▶본론(프로젝트의 전략과 문제 해결점, 영업 실적 보고, 제품의 특징과 장점 소개) ▶결론(기대 효과, 추진 계획, 업무 목표 설정, 회사 비전 등) 등으로 구분하는 것이 좋다.

D-3 시청각 자료 준비

콘텐츠를 돋보이게 하는 것은 시청각 자료다. 눈에 쏙 들어오도록 간결하게 만들어야 한다.

D-2 PT 완성과 연습

PT 화면에 넣는 문장은 간결해야 한다. 전문 용어는 쉽게 풀어준다. 어려운 대목에선 적절하게 유머를 구사한다. 또 PT와는 별도로 설명 노트를 따로 준비한다. 이 노트에 PT 순서에 맞게 꼭 언급해야 할 주요 단어·내용을 메모한다. 그러나 이는 발표 중 슬쩍 참고하는 '커닝페이퍼'일 뿐, 회의 내내 이를 보며 진행하면 PT가 산만해진다.

D-1 최종 연습

실제로 시간을 재가며 발표 당일과 똑같이 연습한다. 프로젝터·레이저포인터 등 발표 장비를 점검한다. 발표장의 마이크 등 음향시설 등도 미리 살펴야 한다. 실제 상황에서 작동이 안 되면 낭패다.

다시 한번 PT 내용을 머릿속에 잘 정리한다. 당일에는 의상, 화장, 표정에도 세심한 신경을 써야 한다. PT는 크게 ▶ 관심 집중시키기 ▶ 주제 전달 ▶ 자료의 근거 설명 ▶ Q&A 시간 할애 등 4단계로 진행된다. PT 내내 이 순서에 맞춰 설명하도록 노력해야 한다. 일관성이 있어야 한다는 뜻이다. 주제를 이야기할 땐 핵심이 되는 내용을 먼저 거론한다. 또 청중이 궁금해 할 만한 요소를 조금씩 남겨 자연스럽게 질문을 유도하는 것도 PT 기술의 하나다.

상황별 프레젠테이션 이렇게 하라

프레젠테이션은 상황과 주제에 따라 형식과 진행방법을 달리해야 한다. 여러 상황에 맞는 프레젠테이션 준비법을 소개한다.

✳ 가상 사업 계획, 신제품 발표 = 먼저 시장상황이나 소비 트렌드 등과 관련한 객관적인 자료를 수집해 일목요연하게 분석해야 한다. 특히 주제를 준 사람이 바라는 것이 뭔지를 살펴 PT의 순서를 정하는 것이 중요하다.

✳ 업무와 영업보고 = 숫자를 설명하는 요령이 중요하다. 이를테면 매출액을 설명할 때 예상 밖으로 많이 팔린 물건의 특성 등을 붙이면 좋다. 이를 위해 회사의 사업 구조에 대한 정보를 많이 모아야 한다. 구구절절 숫자만 나열하면 면접관의 주목도가 떨어진다. PT 마무리 단계에선 업무나 영업의 개선 방향을 제시해야 한다.

✳ 회사 설명회, 투자 설명회 = 투자자의 마음을 사로잡는 것이 가장 중요하다. 투자를 하면 왜 좋은지를 설득력 있게 설명해야한다. 이때 외부의 객관적 전망을 곁들이면 좀 더 설득력이 있을 수 있다. 또 투자자가 나름대로 따져볼 수 있도록 회사의 장기 비전이나 주요 경영진의 프로필을 자세히 설명할 필요가 있다.

✳ 외국어 프레젠테이션 = 외국인들은 숫자를 중시하기 때문에 매출구조나 영업이익율 등을 자세히 설명해야 한다. 한국의 정치상황이나 노사문제 등 시사상식도 PT전에 공부해야한다.

– 김필규 기자, 〈중앙일보〉, 2006.02.15.

파워포인트 작성의 실제

13 파워포인트 기초 다지기

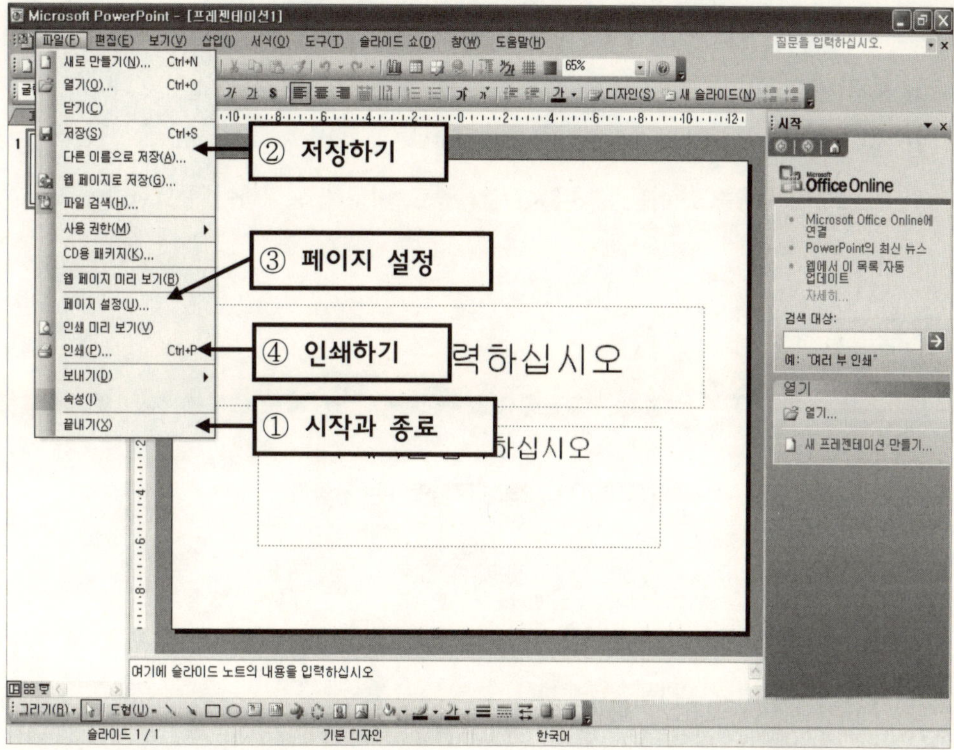

1. 파워포인트 프로그램을 실행 및 종료 할 수 있다.

2. 파워포인트 파일을 저장할 수 있다.

3. 슬라이드의 페이지 설정과 인쇄를 할 수 있다.

<table><tr><td>**⇒⇒따라하기1**</td><td>파워포인트 시작과 종료</td></tr></table>

① **시작**→[프로그램]→[Microsoft Office]→[Microsoft Office PowerPoint 2003] 을 클릭한다.

② 바탕화면에 있는 바로가기 아이콘( )을 더블 클릭하여 실행한다.

③ 빠른 실행 영역( )에서 바로가기 아이콘을 클릭한다.

④ 파일 메뉴의 [끝내기]를 클릭하여 종료한다.

⑤ 최소화/최대화/종료 버튼( )에서 종료 버튼을 클릭하여 종료한다.

TIP 배우기 ●●●●●●●●●●●●●●●●●●●●●●●●●●●

⇒ 바탕화면에 파워포인트 2003 바로 가기 아이콘 만들기

① **시작**→프로그램→[Microsoft Office]→[Microsoft Office PowerPoint 2003] 위에서 마우스 오른쪽 단추를 누른다.

② [빠른 메뉴] 보내가→바탕 화면에 바로 가기 만들기를 선택한다.

③ 바탕화면에 파워포인트 2003 바로 가기 아이콘이 만들어진다.

<table><tr><td>**⇒⇒따라하기2**</td><td>저장하기</td></tr></table>

① [파일]에서 [저장]을 클릭하거나 표준도구 모음의 저장( )을 클릭한다.

② [다른 이름으로 저장] 대화상자가 나타나면 저장 위치를 찾아 [파일 이름] 을 [발표자료.ppt]로 넣고 [저장] 버튼을 클릭한다. 제목표시줄의 [파워포인

트1]이 〔발표자료.ppt〕로 변경되어 나타난다.

③ 〔파일〕에서 〔다른이름으로 저장〕 메뉴를 클릭한다. 대화상자가 나타나면 〔파
  일이름〕을 〔발표자료2.ppt〕로 넣고 〔저장〕 버튼을 클릭한다. 제목표시줄의 〔발
  표자료.ppt〕가 〔발표자료2.ppt〕로 변경되어 나타난다.

④ 〔파일〕에서 〔웹 페이지로 저장〕메뉴를 클릭한다. 대화상자에서 〔저장〕 버튼을
  클릭한다. 제목표시줄의 〔발표자료2.ppt〕가 〔발표자료2.mht〕로 변경 되었다.

참고 자료

➡ 파워포인트 2003에서 저장할 수 있는 파일 형식

파일형식	확장명	특 징
프레젠테이션	*.ppt	일반 Microsoft PowerPoint 프레젠테이션 파일로 저장
웹 보관 파일	*.mht, *.mhtml	모든 지원 파일을 포함하는 단일 파일로 사용될 웹 페이지로 저장
웹 페이지	*.htm, *.html	.htm 파일과 모든 지원 파일을 포함하는 폴더로 사용될 웹 페이지로 저장
PowerPoint 97~2003 및 95 프레젠테이션	*.ppt	파워포인트 2003 이전 버전에서 사용할 수 있도록 저장
디자인 서식 파일	*.pot	서식 파일로 사용될 프레젠테이션으로 저장
PowerPoint 쇼	*.pps	항상 슬라이드 쇼 프레젠테이션으로 열리는 프레젠테이션으로 저장
GIF 파일 교환 방식	*.gif	gif 웹 페이지용 그래픽으로 사용될 슬라이드로 저장
JPEG 파일 교환 형식	*.jpg	jpg 웹 페이지용 그래픽으로 사용될 슬라이드로 저장

① 〔파일〕에서 〔페이지 설정〕 메뉴를 클릭한다.

② 〔페이지 설정〕 대화상자가 열린다.

③ 슬라이드 크기, 방향(슬라이드, 슬라이드노트, 유인물, 개요)을 설정한다.

④ 〔확인〕을 클릭한다.

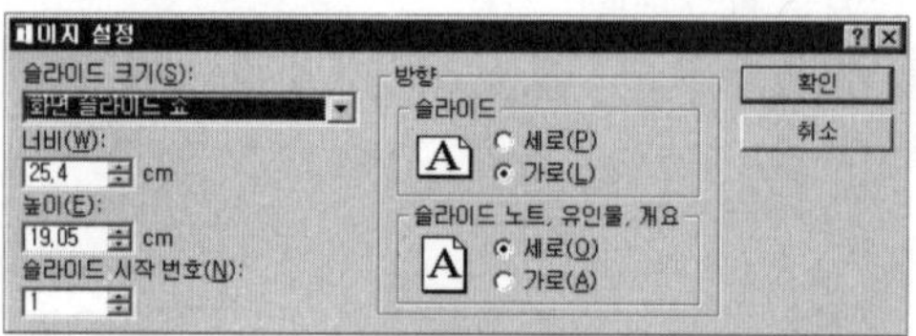

➡➡ **따라하기4** | 인쇄하기

① 〔파일〕에서 〔인쇄〕 메뉴 또는 표준 도구모음 인쇄(🖳)를 클릭한다.

② 〔인쇄 대화상자〕가 열린다.

③ 인쇄 옵션을 설정하고 〔미리 보기〕를 하여 틀린 곳이 없나 살펴보고 〔확인〕을 클릭하여 인쇄한다.

참고 자료

※ **프레젠테이션**(Presentation) : 청중 앞에서 자기가 가지고 있는 정보를 전달(Communication)하고자 하는 행위.(브리핑, 발표회, 설명회, 세미나 등)

※ **파워포인트**(PowerPoint) : 프레젠테이션을 진행할 때 사용하는 시각적 보조자료(Visual Material)를 좀더 멋지고 손쉽게 만드는 데 필요한 프로그램

꼭 알아둡시다

메 뉴	단축 키
새로 만들기	+ N
열기	+ O
저장	+ S
인쇄	+ P

14 화면 구성 이해하기

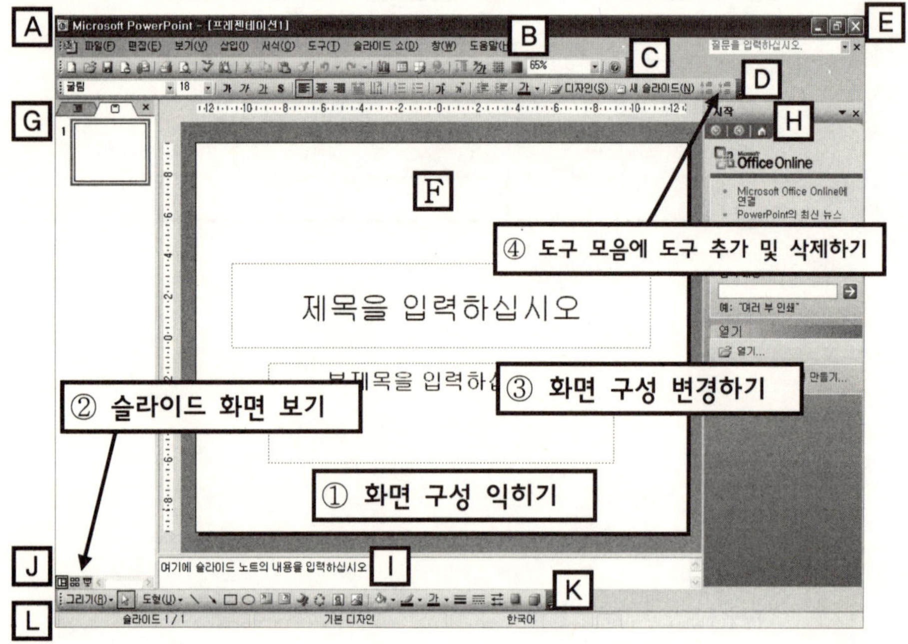

1. 파워포인트 화면 구성을 이해할 수 있도록 한다.

2. 파워포인트의 여러 가지 화면 보기 : '화면 보기 전환 버튼'을 이용하여 기본 보기, 여러 슬라이드 보기, 슬라이드 쇼로 볼 수 있다.

3. 파워포인트의 화면 구성을 변경할 수 있다.

4. 도구 모음에 도구 추가 : 도구 모음에 도구를 추가하거나 삭제할 수 있다.

① 〔시작〕– 〔프로그램〕– 〔Microsoft Office〕– 〔Microsoft Office PowerPoint 2003〕을 클릭.

② 프로그램이 열리면 화면 구성을 살펴본다.

- 제목 표시줄 : 현재 열려 있는 파워포인트 문서 제목

- 메뉴 표시줄 : 파워포인트에서 사용할 수 있는 모든 메뉴가 표시된다.

- 표준 도구 모음 : 메뉴 중 활용빈도가 높은 메뉴들을 묶어서 아이콘 형태로 모아둔 곳.

- 서식 도구 모음 : 텍스트 서식과 슬라이드에 관련된 메뉴 중 활용빈도가 높은 메뉴 들을 묶어서 아이콘 형태로 모아둔 곳.

- 최소화/최대화/종료 버튼 : 파워포인트 창을 윈도우의 작업표시줄에 숨기거나 전체 화면으로 확대할 때, 또는 파워포인트 프로그램을 종료할 때 사용한다.

- 슬라이드 창 : 텍스트, 도형, 표와 같은 다양한 형태의 자료가 입력되는 곳.

- 개요 및 슬라이드 탭 : 개요 탭은 슬라이드에 입력된 텍스트만 표시되고, 슬라이드 탭은 작성된 슬라이드의 모습을 작은 그림으로 표시.

- 작업창 : 여러 가지 작업을 쉽게 지정할 수 있도록 제공되는 창

- 슬라이드 노트창 : 해당 슬라이드에 필요한 부연 설명을 입력하는 곳.

- 화면 보기 전환 버튼 : 기본 보기, 여러 슬라이드 보기, 슬라이드 쇼 보기

- 그리기 도구 모음 : 도형, 선, 클립아트, 그림과 같은 메뉴들을 묶어서 아이콘 형태 로 모아둔 곳.

- 상태표시줄 : 현재 작업 중인 슬라이드에 관련된 정보 즉, 전체 슬라이드 수와 현 재 슬라이드 번호, 적용된 디자인 서식 파일의 이름, 언어 등이 표시.

① 〔발표자료.ppt〕 파일을 열고 화면 보기단추(▣ ▦ ▽)를 이용하여 기본보기, 여러 슬라이드보기, 슬라이드 쇼를 선택한다.

② [보기] – [기본], [여러 슬라이드], [슬라이드 쇼], [슬라이드 노트]를 선택
하여 각 화면보기를 실행한다.

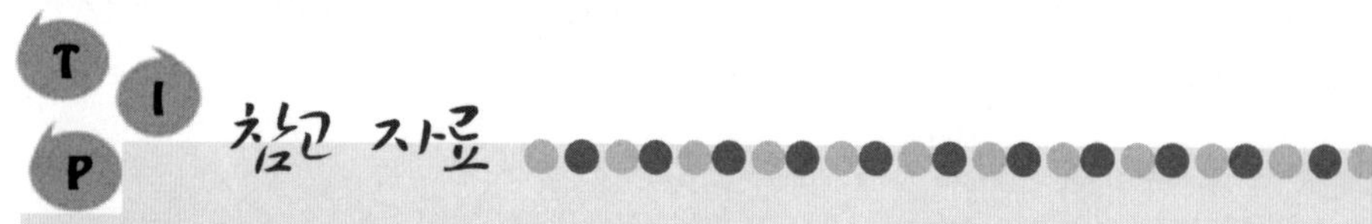

➡ **슬라이드 화면 보기의 종류별 특징**

기본 보기 : 개요 탭과 슬라이드 탭, 현재 선택된 슬라이드, 발표자용 노트 창 등을 포함하는
형태. 하나의 화면에서 프레젠테이션의 모든 작업을 할 수 있다.

여러 슬라이드 보기 : 여러 개의 슬라이드를 축소하여 보여주는 형태로 슬라이드의 위치 변
경이나 복사 또는 삭제 등의 작업을 쉽게 할 수 있다.

슬라이드 쇼 보기 : 완성된 슬라이드로 슬라이드 쇼를 할 때 사용하는 화면 보기로 모니터
화면 전체가 슬라이드로 가득 채워진다.

슬라이드 노트 보기 : 슬라이드에는 핵심 내용만 간략하게 표현하고, 나머지 부연 설명은 발
표용 원고로 작성해 두려면, 슬라이드 노트 보기 화면으로 전환하여 슬라이드 노트 영역에 부
연 설명을 입력하고 인쇄하여 활용하면 쉽다.

➡➡ 따라하기3 | 화면 구성 변경하기

① [보기]에서 [도구모음]을 클릭하고 추가하고자 하는 도구모음을 선택한다.

② 화면의 [도구모음]이 있는 곳에서 마우스 오른쪽 버튼을 클릭하고 추가하고
자 하는 도구 모음을 선택한다.

③ [보기]에서 [축소/확대] 비율을 선택한 후 [확인] 한다.

④ [표준 도구모음]의 축소/확대(65%)를 이용하여 화면을 축소/확대한다.

⑤ [보기]에서 [눈금 및 안내선]을 클릭하고 [화면에 눈금 표시]와 [화면에 그

리기 안내선 표시]를 체크하고 [확인]을 클릭한다.

⑥ 눈금자와 안내선이 표시된 화면이 나타난다.(안내선과 눈금은 프레젠테이션에서 보이지 않을 뿐 아니라 인쇄도 되지 않는다.)

➡➡ 따라하기4 | 도구 모음에 도구 추가 및 삭제하기

---

① [보기]에서 [도구모음] 메뉴를 클릭한다.

② [사용자 지정]에서 [명령] 탭을 클릭한다.

③ [범주]에서 [서식]을 선택하고 [명령]에서 [단락간격 넓게]를 선택한 후 마우스로 클릭한다.

④ 클릭한 상태에서 서식 도구 모음의 원하는 곳으로 드레그하여 추가한다.

⑤ 클릭한 상태에서 드레그하여 도구 바깥쪽으로 옮겨 삭제한다.

⑥ [서식 도구모음]의 [도구 모음 옵션]단추를 누른 다음 [단추 추가/제거] – [서식]을 선택하여 [단락간격 넓게]와 [단락간격 좁게]를 클릭한다.

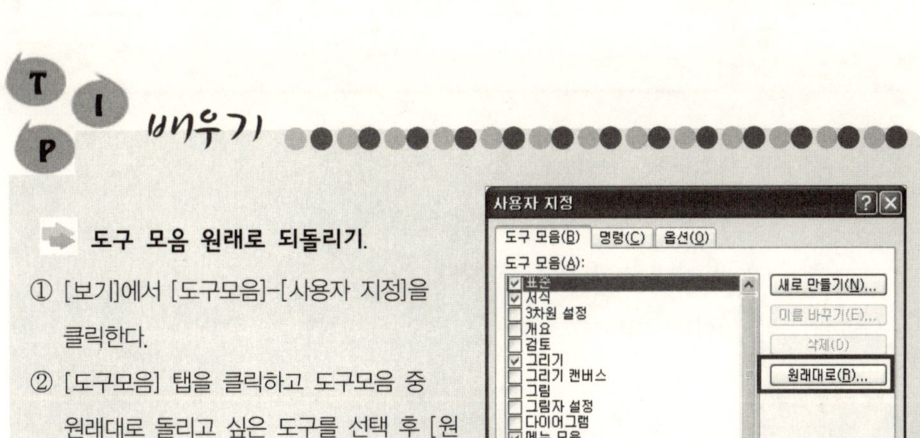

15 새로운 슬라이드 만들기

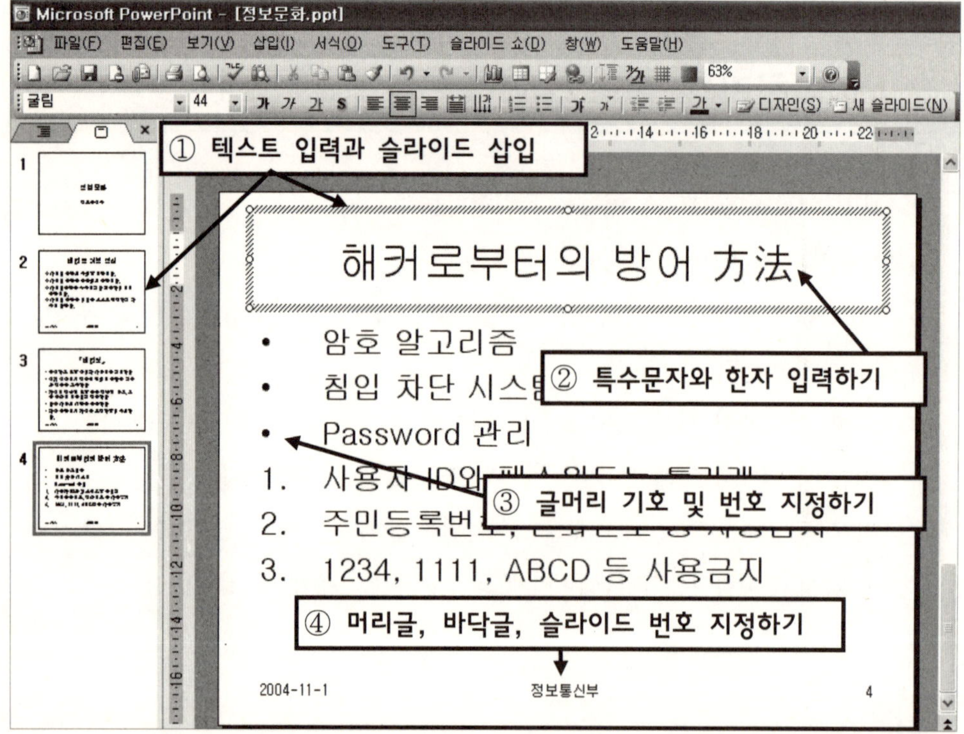

1. 슬라이드에 텍스트를 입력하고 새로운 슬라이드를 삽입할 수 있다.

2. 슬라이드에 특수문자와 한자를 입력할 수 있다.

3. 글머리 기호 및 번호를 지정할 수 있다.

4. 슬라이드에 머리글, 바닥글, 슬라이드 번호를 지정할 수 있다.

① 바탕화면 – [Microsoft Office PowerPoint 2003] 바로가기 아이콘을 더블 클릭한다.

② 1번 슬라이드의 [제목입력상자]를 클릭하여 '텍스트 입력'이라고 입력한다.

③ 2번 슬라이드에서 [그리기도구모음]의 [직사각형]을 선택하여 직사각형을 그리고 '텍스트 입력'을 입력한다.

④ 3번 슬라이드에서 메뉴의 [삽입] – [텍스트 상자] – [가로]를 클릭하고 텍스트 상자에 '텍스트 입력'을 입력한다. 메뉴의 [삽입] – [텍스트 상자] – [세로]를 클릭하고 텍스트 상자에 '텍스트 입력'을 입력한다.

⑤ [파일] – [새로 만들기]를 클릭하고 [작업창]에서 [새 프레젠테이션]을 클릭한다.

⑥ [제목입력상자]에 '발표자료'라고 입력하고 [부제목입력상자]에 '정보통신부'라고 입력한다.

⑦ [서식 도구모음]의 [새 슬라이드]를 클릭하고 내용을 입력한다.

⑧ [파일] – [저장]을 클릭하고 '발표자료.ppt'로 저장한다.

➡ **슬라이드에 텍스트 입력 방법**

개체 틀 이용, 도형 이용, 텍스트 상자 이용

➡ **새슬라이드 삽입 방법**

① [삽입]–새 슬라이드를 선택

② [서식 도구모음]–[새 슬라이드] 도구를 선택

③ [개요 및 슬라이드창] 위에서 마우스 오른쪽 버튼 클릭 후 빠른 메뉴에서 [새 슬라이드] 선택

④ [슬라이드 레이아웃] 작업창에서 슬라이드 레이아웃 목록 버튼을 누르고 [새 슬라이드 삽입] 메뉴를 선택

➡➡ **따라하기2** | 특수문자와 한자입력하기

① 〔발표자료.ppt〕 파일을 열고 〔제목 및 텍스트 슬라이드〕를 삽입한다.

② 〔제목입력상자〕를 클릭하고 〔삽입〕 – 〔기호〕를 클릭한다.

③ 〔기호〕 대화상자의 '하위 집합'에서 '한중일 기호 및 문자부호'를 클릭하고 기호 『를 선택하고 〔삽입〕을 클릭한다. 기호 』를 선택하고 〔삽입〕을 클릭하고 〔닫기〕를 클릭한다. 『네티켓』이라고 입력한다.

④ 〔작업창〕 – 〔슬라이드 레이아웃〕 – 〔제목 및 텍스트 슬라이드〕 – 〔새 슬라이드 삽입〕을 클릭한다.

⑤ 〔제목입력상자〕에 '해커로부터의 방어 방법'을 입력하고 커서를 '방법' 앞에 위치시킨 후 키보드의 한자 글쇠를 누르면 〔한글/한자변환〕 대화상자가 나타나는데 한자를 선택하고 〔변환〕을 클릭한다.

➡➡ **따라하기3** | 글머리 기호 및 번호 지정하기

① 2번 슬라이드의 텍스트 내용을 블록으로 지정한다.

② 〔서식〕 – 〔글머리 기호 및 번호 매기기〕를 클릭한다.

③ 〔글머리 기호 및 번호 매기기〕 대화상자에서 '글머리 기호'와 '색'을 선택하고 〔확인〕을 클릭한다.

④ 3번 슬라이드의 텍스트 내용을 블록으로 지정한다.

⑤ 〔서식〕 – 〔글머리 기호 및 번호 매기기〕를 클릭하여 대화상자에서 〔번호 매기기〕 탭을 클릭하여 '번호'와 '색'을 선택하고 〔확인〕을 클릭한다.

⑥ 4번 슬라이드의 텍스트 내용을 블록으로 지정한다.

⑦ 〔서식〕 – 〔글머리 기호 및 번호 매기기〕를 클릭하여 〔글머리 기호 및 번호 매기기〕 대화상자에서 〔그림〕을 클릭한다. 〔그림 글머리 기호〕 대화상자에서

그림을 선택 후 [확인]을 클릭한다.

⑧ [서식] – [글머리 기호 및 번호 매기기]를 클릭하여 [글머리 기호 및 번호 매기기] 대화상자에서 [사용자 지정]을 클릭한다. [기호] 대화상자에서 기호를 선택 후 [확인]을 클릭한다.

➡ **두 번째 슬라이드의 번호가 1로 나타나게 하기.**

[파일]–[페이지 설정] 메뉴에서 '슬라이드 시작번호를 0으로 지정한다.

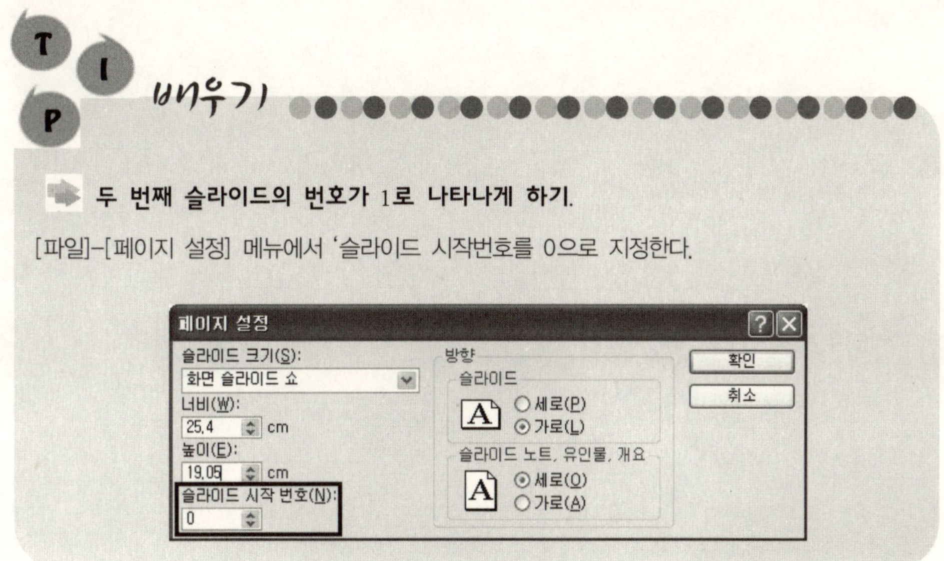

➡➡ 따라하기3 ｜ 머리글, 바닥글, 슬라이드 번호 지정하기

① [보기] – [머리글/바닥글] 메뉴를 클릭한다.

② [머리글/바닥글] 대화상자에서 '날짜 및 시간'의 '직접 입력'에 2004-11-1로 입력한다. '슬라이드 번호'와 '바닥글' '제목 슬라이드에는 표시 안함'을 체크하고 '바닥글'에 '정보통신부'라고 입력한 후 [모두 적용]을 클릭한다.

③ [보기] – [머리글/바닥글] 메뉴를 클릭한다.

④ [머리글/바닥글] 대화상자에서 [슬라이드 노트 및 유인물] 탭을 클릭하고

‘날짜 및 시간’의 ‘직접 입력’에 2004-11-1로 입력한다. ‘머리글’과 ‘페이지 번호’ ‘바닥글’을 체크한다. ‘머리글’에 ‘정보’라고 입력하고 ‘바닥글’에는 ‘정보통신부’라고 입력한 후 [모두 적용]을 클릭한다.

⑤ [보기] – [슬라이드 노트]를 클릭하여 확인한다.

16 슬라이드 꾸미기

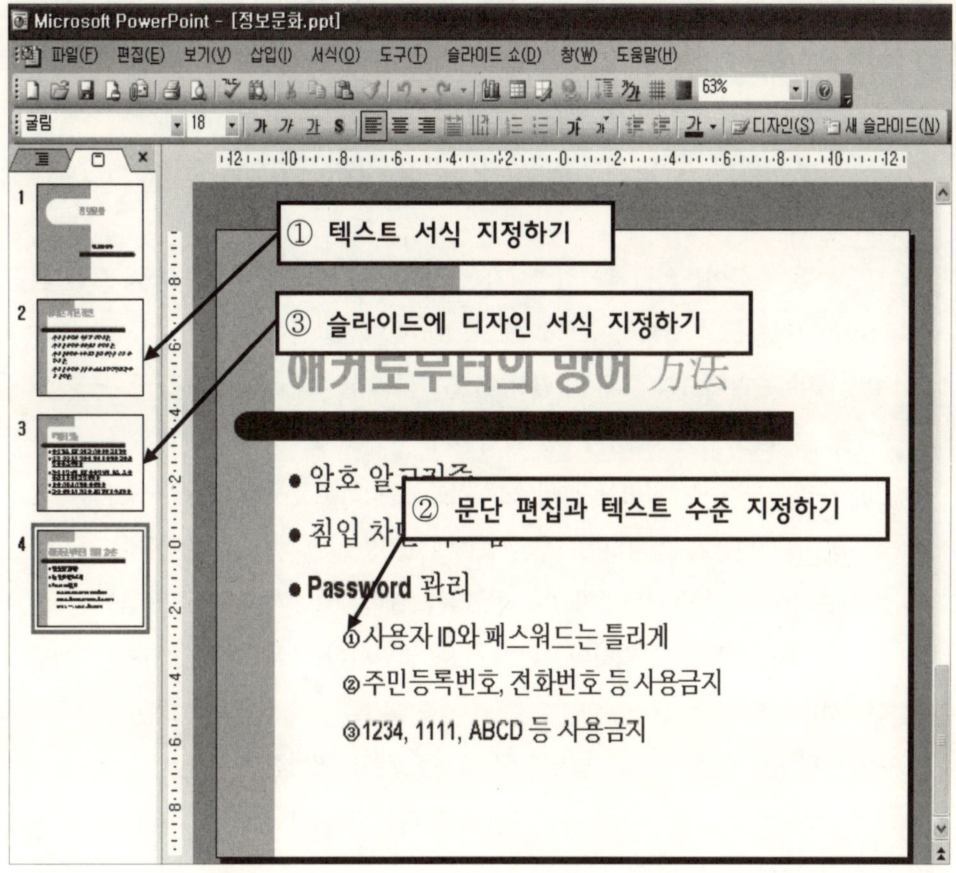

1. 텍스트의 글꼴과 크기, 그리고 색을 변경하여 텍스트 서식을 지정할 수 있다.

2. 문단 편집과 텍스트 수준을 지정할 수 있다.

3. 슬라이드에 디자인 서식을 지정할 수 있다.

① 바탕화면 – [Microsoft Office PowerPoint 2003] 바로가기 아이콘을 더블 클릭한다.

② [발표자료.ppt] 파일을 열고 1번 슬라이드의 '발표자료'를 블록 설정하고 [서식 도구 모음]의 [글꼴] 도구를 클릭한다.

③ '글꼴 목록'에서 'HY헤드라인M'을 클릭한다.

④ 2번, 3번, 4번 슬라이드의 [제목입력상자]도 같은 방법으로 글꼴을 'HY헤드라인M'으로 설정한다.

⑤ 1번, 2번 슬라이드의 [제목입력상자]를 블록 설정하고 [서식 도구 모음]의 [글꼴 크기] 도구 클릭하여 '54' 포인트를 선택 후 클릭한다.

⑥ 3번, 4번 슬라이드의 [제목입력상자]를 블록 설정하고 [서식 도구 모음]의 [글꼴 크기 크게] 도구를 두 번 클릭한다.

⑦ 1번 슬라이드 [제목입력상자]의 테두리를 클릭하고 [서식 도구 모음]의 [글꼴 색] 목록버튼을 클릭하여 색 구성표에서 '강조색 적용'을 클릭한다.

⑧ 2번 슬라이드 [제목입력상자]의 테두리를 클릭하고 [서식 도구 모음]의 [글꼴 색] 목록버튼을 클릭하여 '다른색'을 클릭한다. [색] 대화상자에서 색을 선택하고 [확인]을 클릭한다.

⑨ 3번, 4번 슬라이드도 같은 방법으로 텍스트 색을 변경한다.

⑩ 1번 슬라이드의 [부제목입력상자]의 테두리를 클릭하여 [서식 도구 모음]의 [굵게] 버튼을 클릭한다.

⑪ 2번 슬라이드의 [텍스트입력상자] 테두리를 클릭하여 [서식 도구 모음]의 [기울임 꼴] 버튼을 클릭한다.

⑫ 3번 슬라이드의 [텍스트입력상자] 테두리를 클릭하여 [서식 도구 모음]의 [밑줄] 버튼을 클릭한다.

⑬ 4번 슬라이드의 [텍스트입력상자] 테두리를 클릭하여 [서식 도구 모음]의 [그림자] 버튼을 클릭한다.

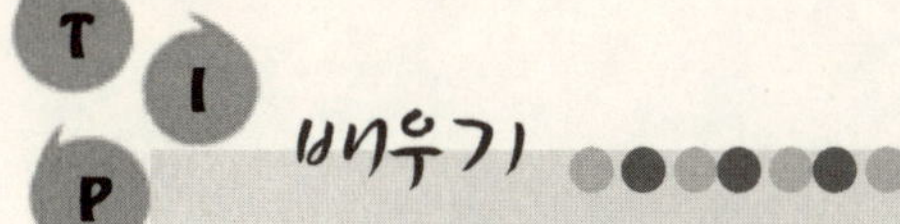

➡ '글꼴' 대화상자를 이용해 서식 지정하기

① [서식]-[글꼴] 메뉴를 클릭한다.

② [글꼴] 대화상자에서 한글 글꼴, 영문 글꼴, 글꼴 스타일, 효과, 색을 지정하고 [확인]을
클릭한다.

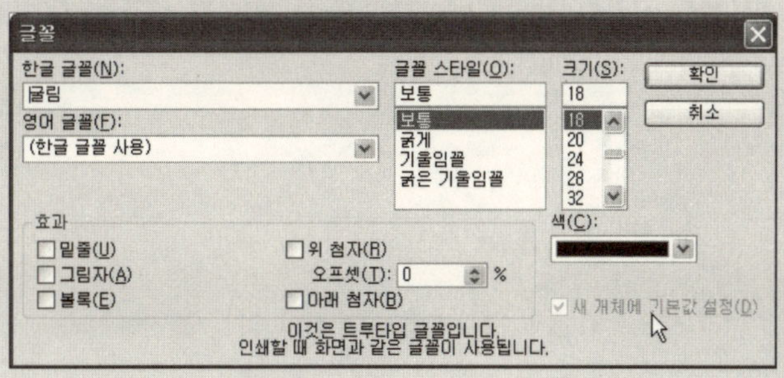

➡➡ 따라하기2 | 문단 편집과 텍스트 수준 지정하기

① 1번 슬라이드 [제목입력상자]의 테두리를 클릭하고 [서식 도구 모음]의 [가
운데 맞춤]을 클릭한다.

② 2번 슬라이드 [텍스트입력상자]의 테두리를 클릭하고 [서식] – [줄 간격] 메
뉴를 클릭한다.

③ [줄 간격] 대화상자에서 '줄 간격'을 1.2로 입력하고 [확인]을 클릭한다.

④ 4번 슬라이드의 내용 중 네 번째 줄부터 여섯 번째 줄까지 블록 설정한 후
[서식 도구 모음]의 [들여쓰기]를 클릭한다.

⑤ [보기] – [눈금자] 메뉴를 클릭한다.

⑥ 왼쪽 들여쓰기 표시(　)와 첫 줄 들여쓰기(　)를 드래그하여 텍스트의 수

준을 지정한다.

① [서식 도구 모음]의 [디자인]을 클릭한다.
② '캡슐' 디자인을 선택하여 목록 버튼을 클릭하고 '모든 슬라이드에 적용'을
클릭한다.

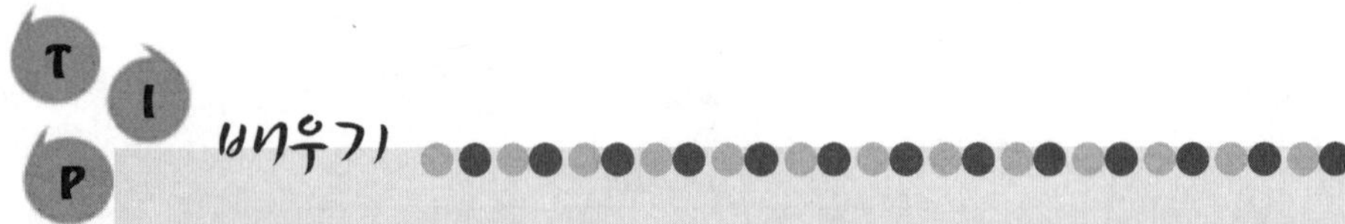

TIP 배우기

➡ **제목 또는 텍스트 입력 상자의 선택**

슬라이드에 입력된 텍스트에 동일한 서식을 지정하려고 할 때에는 굳이 해당 텍스트를 드레
그하여 블록으로 설정하지 않아도 된다. 제목 또는 텍스트 입력 상자의 테두리를 클릭하여 점
모양의 편집 상태로 만든 다음 글꼴의 서식을 지정하면, 텍스트 입력 상자에 입력되어 있는
모든 텍스트에 동일한 글꼴 서식이 지정된다.

(블록을 지정한 경우)　　　　　(입력 상자를 선택한 경우)

17 슬라이드 마스터 만들기

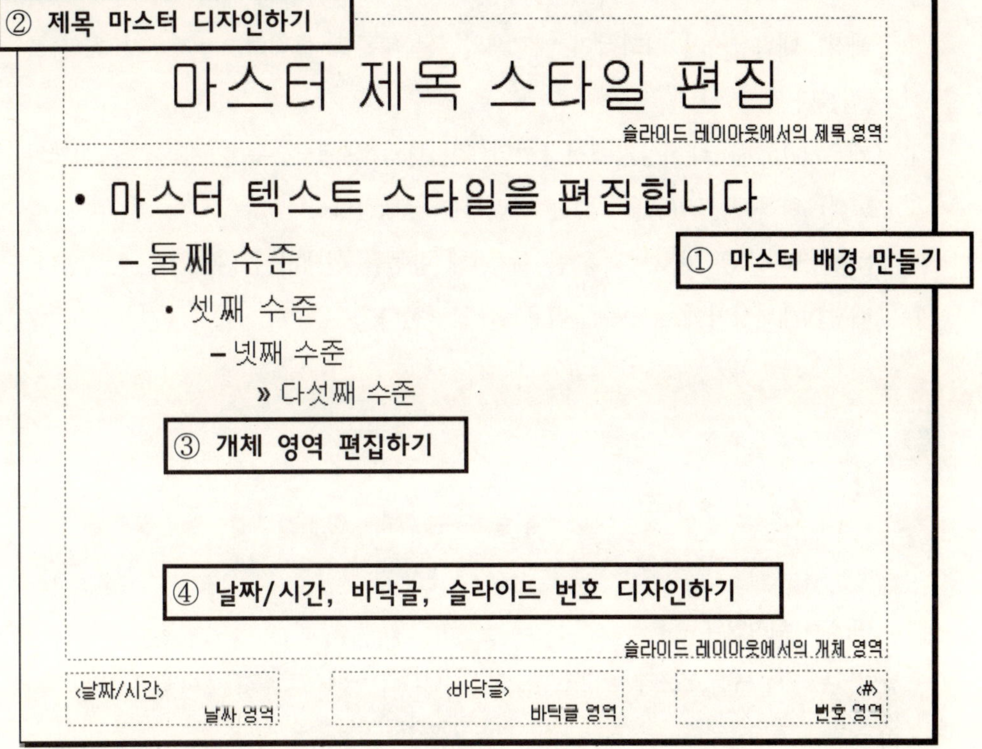

1. 슬라이드 마스터를 이용하여 통일감 있는 문서를 만들 수 있다.

2. 마스터의 배경, 제목 스타일을 만들고 날짜/시간, 바닥글, 슬라이드 번호 등을 디자인 할 수 있다.

① 〔보기〕 – 〔마스터〕 – 〔슬라이드 마스터〕 메뉴를 클릭한다.

② 배경에서 오른쪽 버튼을 클릭한 후 〔배경〕 메뉴를 클릭한다.

③ 〔배경〕 대화상자가 나타나면 배경색의 목록버튼을 클릭하고 〔채우기 효과〕를 클릭한다.

④ 〔채우기 효과〕 대화상자에서 〔그라데이션〕의 색에서 '두 가지 색'을 선택하고 색1 항목에는 흰색을 색2는 파란색을 선택한다.

⑤ '음영 스타일'은 가로, '적용'은 두 번째 항목을 선택하여 〔확인〕을 클릭한다.

⑥ 〔배경〕 대화상자에서 〔모두 적용〕을 클릭한다.

TIP　참고 자료 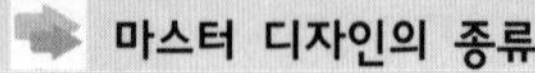

➡ 마스터 디자인의 종류

슬라이드 마스터 : 본문의 글꼴 종류, 크기, 색과 같은 텍스트 특성을 비롯하여 배경색과 그림자, 글머리 기호 스타일과 같은 특수 효과까지 지정할 수 있다.

유인물 마스터 : 유인물 제작에 사용되는 마스터

슬라이드 노트 마스터 : 프레젠테이션 진행시 참고할 만한 내용을 적어두는 곳으로 통일성 있는 문서를 제작할 수 있다.

① 〔보기〕 – 〔마스터〕 – 〔슬라이드 마스터〕 메뉴를 클릭한다.

② 마스터 제목 부분의 외곽선 부분을 마우스 오른쪽 버튼으로 클릭한 후 〔개체
   틀 서식〕을 클릭한다.

③ 〔도형서식〕 대화상자에서 '채우기'의 색 목록 버튼을 클릭한 후 '채우기 효
   과'를 클릭한다.

④ 〔채우기 효과〕 대화상자에서 '질감' 탭을 클릭하고, '신문용지'를 선택한 후
   〔확인〕을 클릭한다.

⑤ 〔도형서식〕 대화상자에서 〔확인〕을 클릭한다.

⑥ 마스터 제목 부분의 외곽선 부분을 마우스 오른쪽 버튼으로 클릭한 후 〔글
   꼴〕을 클릭한다.

⑦ 〔글꼴〕 대화상자에서 '한국 글꼴'을 '휴먼 편지체'로 '효과'에서 그림자 체크
   를 하고 〔확인〕을 클릭한다.

⑧ 〔마스터 보기 닫기〕 버튼을 클릭하고 변경된 슬라이드를 확인한다.

<table>
<tr><td>➡➡ 따라하기3</td><td>개체 영역 편집하기</td></tr>
</table>

① 〔보기〕 – 〔마스터〕 – 〔슬라이드 마스터〕 메뉴를 클릭한다.

② 텍스트 상자 테두리를 마우스 오른쪽 버튼으로 클릭한 후 〔글꼴〕을 클릭한다.

③ 〔글꼴〕 대화상자에서 한글 글꼴은 '돋움'으로 영어 글꼴은 'Arial'로, 글꼴 스타
   일에서 '굵게'를 선택하고 효과에서는 '그림자'를 체크하고 〔확인〕을 클릭한다.

④ 텍스트 상자를 선택하고 〔서식〕 – 〔글머리 기호 및 번호 매기기〕를 클릭한다.

⑤ 〔글머리 기호 및 번호 매기기〕 대화상자에서 〔사용자 지정〕을 클릭한다.

⑥ 〔기호〕 대화상자의 글꼴은 'Wingdings'를 기호는 '◎'를 선택한 후 〔확인〕을
   클릭한다.

⑦ 〔글머리 기호 및 번호 매기기〕 대화상자에서 '색'을 변경하고 〔확인〕을 클릭한다.

⑧ 〔마스터 보기 닫기〕를 클릭하고, 〔서식도구모음〕의 〔새 슬라이드〕를 클릭해
   확인한다.

① 〔보기〕 – 〔마스터〕 – 〔슬라이드 마스터〕 메뉴를 클릭한다.

② 〔삽입〕 – 〔날짜 및 시간〕을 클릭한다.

③ 〔머리글/바닥글〕 대화상자에서 '날짜 및 시간'은 '자동으로 업데이트'를 체크하고 '슬라이드 번호'와 '바닥글'도 체크한다. 〔바닥글〕에는 '슬라이드마스터'라고 입력하고 〔모두 적용〕을 클릭한다.

④ 〔새 슬라이드〕를 클릭해서 확인한다.

⑤ 〔보기〕 – 〔마스터〕 – 〔슬라이드 마스터〕 메뉴를 클릭한다.

⑥ 〔번호 영역〕은 우측 상단으로, 〔바닥글 영역〕은 우측 하단으로 이동하고 〔마스터 보기 닫기〕를 클릭한다.

⑦ 〔보기〕 – 〔마스터〕 – 〔슬라이드 마스터〕 메뉴를 클릭한다.

⑧ 슬라이드 창에서 〔번호 영역〕의 (#)표시의 뒤에 (#)/전체쪽수를 입력하고 〔마스터 보기 닫기〕를 클릭한다.

⑨ 우측 상단에 현재 페이지/전체 페이지 번호(1/3)가 표시 된다.

TIP 배우기

➡ **슬라이드 시작 번호 변경하기**

※ 슬라이드 제목에 번호를 넣지 않기 위해서는 [파일]–[페이지 설정]에서 '슬라이드 시작 번호'를 '0'으로 지정한다.

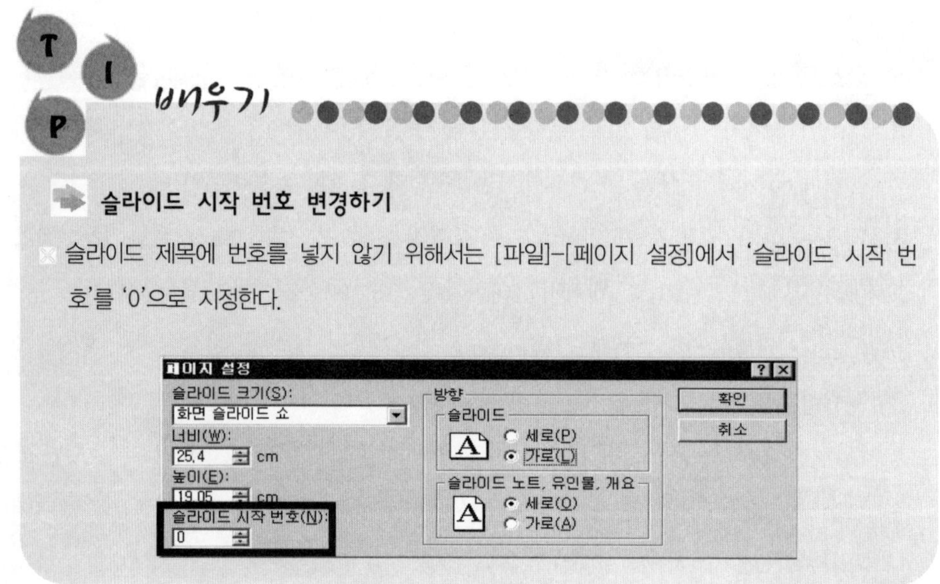

도형을 이용한 슬라이드 만들기

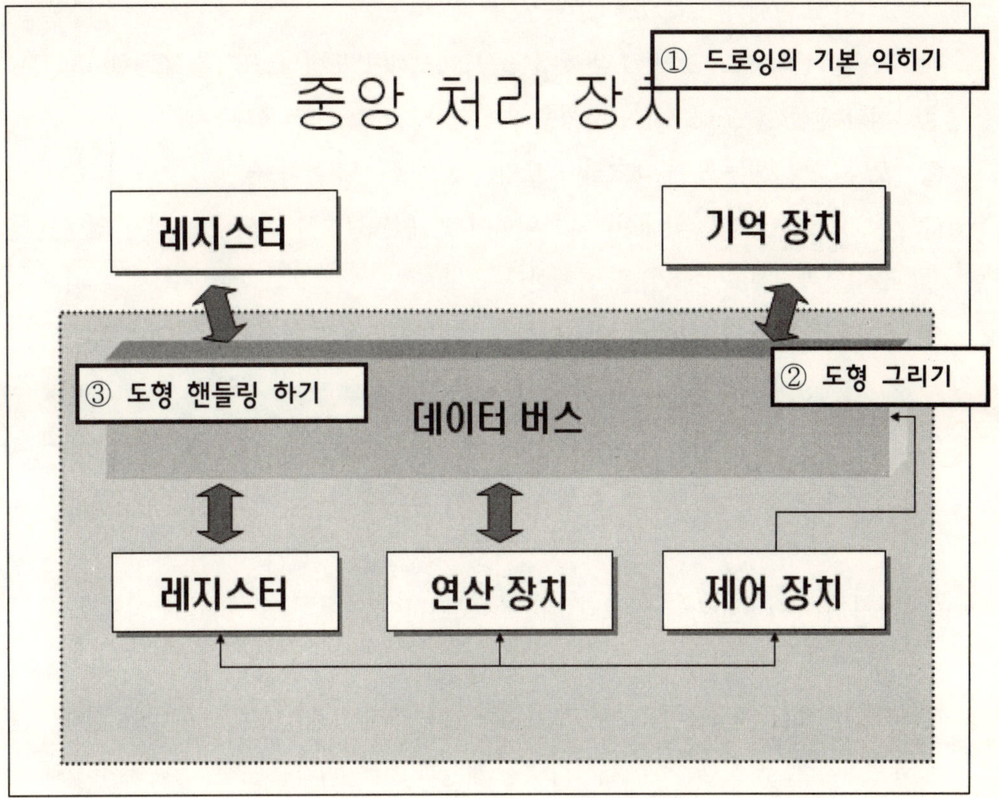

1. 드로잉의 기본을 익힌다.

2. 슬라이드에 도형을 그리는 방법과 도형의 크기, 모양 등을 조절할 수 있는 여러 가지 핸들에 대해 알아본다.

① 〔그리기 도구 모음〕 – 〔기본 도형〕에서 '모서리가 둥근 직사각형'을 선택하고 슬라이드 창에서 드래그를 한다.

② 도형을 선택하고 '크기 조절 핸들'을 드래그하여 도형의 크기를 조정한다.

③ '회전 핸들'을 드래그하여 도형을 회전한다.

④ '모양 조정 핸들'을 드래그하여 도형의 모양을 변경한다.

⑤ 〔보기〕 – 〔눈금 및 안내선〕을 클릭하여 안내선 설정의 화면에 그리기 안내선 표시를 체크하고 〔확인〕을 클릭한다.

⑥ 〔그리기 도구 모음〕에서 직사각형을 클릭하고 Ctrl 키를 누른 상태에서 그리기 안내선의 중앙에서 드래그 한다. 같은 방법으로 여러 개의 도형을 그린다.

⑦ 〔그리기 도구 모음〕에서 직사각형을 클릭하고 Ctrl 키를 누른 상태에서 '크기 조정 핸들'을 드래그하여 도형의 크기를 조정하면 중심을 기준으로 커지고 작아진다.

⑧ 도형 위에서 Ctrl 키를 누르면 마우스 포인터 모양이 ⬚로 바뀌고 이때 드래그하면 복사가 된다.

⑨ 도형 위에서 Shift 키를 누르고 이동하면 수직/수평 방향으로만 이동이 된다.

⑩ 〔그리기 도구 모음〕에서 직사각형을 클릭하고 Shift 키를 누른 상태에서 드래그하면 정방향 도형(정원, 정사각형 등)을 그릴 수 있다.

⑪ 도형을 선택하고 Shift 키를 누른 상태에서 '회전 핸들'을 드래그하여 도형을 회전시키면 15° 간격으로 회전한다.

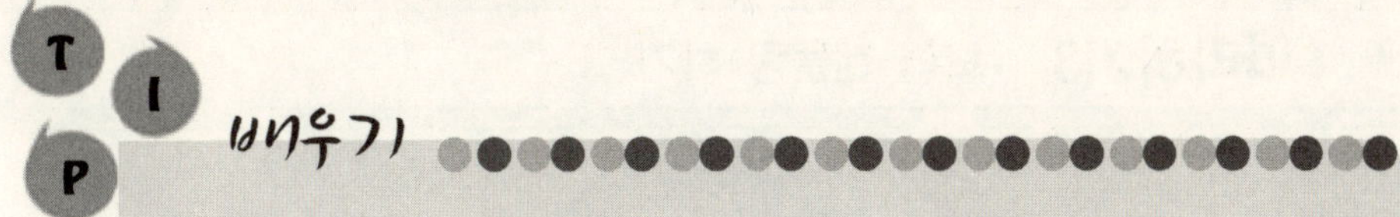

➡ **키와 키의 비교**

	기능	
15° 간격으로 선 그리기(사선 등) 정방향 도형 그리기(정원, 정사각형 등)	그리기	마우스 포인터를 중심으로 그리기(동심원 등)
수직/수평으로 이동시키기	이동 시키기	세밀하게 이동하기
가로/세로 비율을 유지하며 크기 조절하기	크기 조절하기	개체의 중심으로부터 크기 조절하기
여러 개의 개체 선택하기	기타	도형 복사하기

➡➡ **따라하기2** | 도형 그리기

① 새로운 슬라이드에 '제목만' 슬라이드 레이아웃을 적용한다.

② [제목 입력 상자]에 '중앙 처리 장치'라고 입력한다.

③ [그리기 도구 모음]의 직사각형을 클릭한 후에 각종 도형을 그린다.

④ 도형에 [그리기 도구 모음]의 '채우기 색'에서 색을 선택한다.

⑤ [그리기 도구 모음] – [도형] – [블록 화살표]의 '위쪽/아래쪽 화살표'를 선택하여 그려주고 '채우기 색'에서 색을 변경한다. Ctrl 키와 Shift 키를 이용하여 복사한다.

⑤ [그리기 도구 모음] – [도형] – [연결선]의 '꺾인 화살표 연결선'을 선택하여 도형과 도형을 연결하는 선을 그린다.

⑥ [그리기 도구 모음]의 '화살표'와 '선'을 선택하여 화살표와 선을 그린다.

① 도형을 클릭하고 텍스트를 입력한다.

② 도형의 경계선에서 마우스 포인터 모양이 🔾 일 때 마우스 오른쪽 버튼을 클릭하여 [글꼴] 메뉴를 선택한다.

③ [글꼴] 대화상자에서 '한글 글꼴'을 'HY헤드라인M'으로 변경하고 [확인]을 클릭한다.

④ [서식 도구 모음]에서 다른 도형도 '글꼴'은 'HY헤드라인M'으로 '글꼴 크기'는 24포인트로 변경한다.

⑤ 크기를 변경하고자 하는 도형을 클릭하고 '크기 조정 핸들'을 이용해 크기를 조정한다.

⑥ 회전하고자 하는 도형을 클릭하고 '회전 핸들'을 이용해 회전한다.

⑦ 도형을 선택하고 [그리기 도구 모음]의 '그림자 스타일'을 클릭하여 '그림자 스타일14'를 선택한다.

⑧ [그리기 도구 모음]의 '그림자 스타일'을 클릭하여 '그림자 설정'을 클릭한다.

⑨ [그림자 설정] 창에서 '그림자를 아래로 이동'과 '그림자를 오른쪽으로 이동'을 클릭한다.

⑩ 도형을 선택하고 [그리기 도구 모음]의 '선 스타일'을 클릭하여 $2\frac{1}{4}$ pt를 선택한다.

⑪ [그리기 도구 모음]의 '대시 스타일'을 클릭하고 '둥근 점선'을 선택한다.

⑫ 도형을 선택하고 [그리기 도구 모음]의 '3차원 스타일'을 클릭하여 '3차원 스타일 1'을 선택한다.

⑬ [그리기 도구 모음]의 '3차원 스타일'을 클릭하여 '3차원 설정'을 선택하고 여러 가지 설정을 확인한다.

여러 개의 도형 선택하기

- 선택하려는 도형의 바깥쪽에서 마우스 왼쪽 버튼을 누른 다음 선택하고자 하는 도형이 포함되도록 영역을 드래그 한다.

- 선택하려고 하는 도형이 서로 떨어져 있다면 [Shift]키를 누른 채 도형을 하나하나 클릭하면 된다.

19 표와 다이어그램을 이용한 슬라이드 만들기

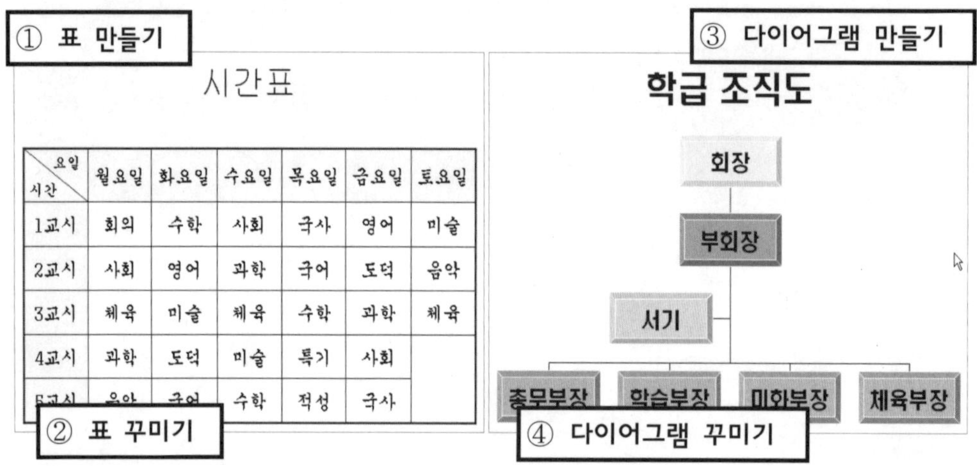

1. 표와 다이어그램을 만들 수 있다.
2. 표와 다이어그램을 편집하고 꾸밀 수 있다.

➡➡ 따라하기1 | 표 만들기

① 〔삽입〕 - 〔표〕 메뉴를 클릭한다.
② 〔표 삽입〕 창에 '열의 개수'는 7, '행의 개수'는 6을 입력하고 〔확인〕을 클릭한다.

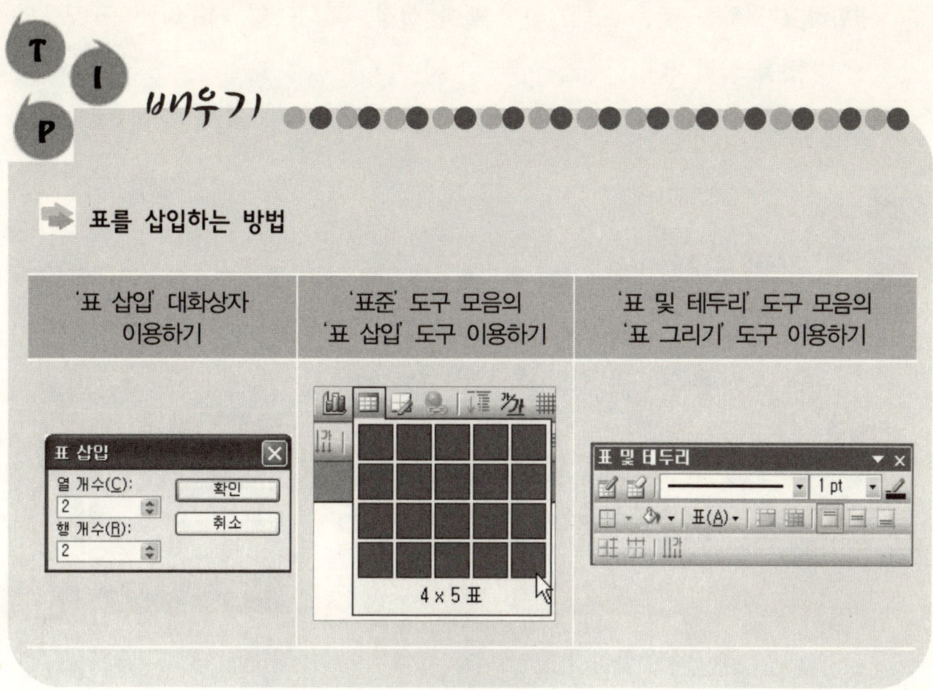

➡➡ 따라하기2 │ 표 꾸미기

① 〔제목 입력 상자〕에 '시간표'라고 입력한다.

② 표의 테두리를 클릭하고 〔서식 도구 모음〕의 '글꼴'은 궁서로, '글꼴 크기'는 24포인트로 설정한다.

③ 셀을 선택하고 텍스트를 입력한다.

④ 표의 테두리를 클릭하고 〔서식 도구 모음〕의 '가운데 맞춤'을 클릭한다.

⑤ 〔표 및 테두리〕 도구모음에서 '세로 가운데 맞춤'을 클릭한다.

⑥ '크기 조절 핸들'을 이용해 크기를 조절하고 적당한 위치로 이동한다.

⑦ 표에서 셀을 드래그하여 블록 설정 후 〔표 및 테두리〕 도구모음에서 '채우기 색'의 '다른 채우기 색'을 선택하여 색을 채운다.

⑧ 병합하고자 하는 셀을 드래그하여 블록 설정 후 [표 및 테두리] 도구모음의
'셀 병합'을 클릭한다.

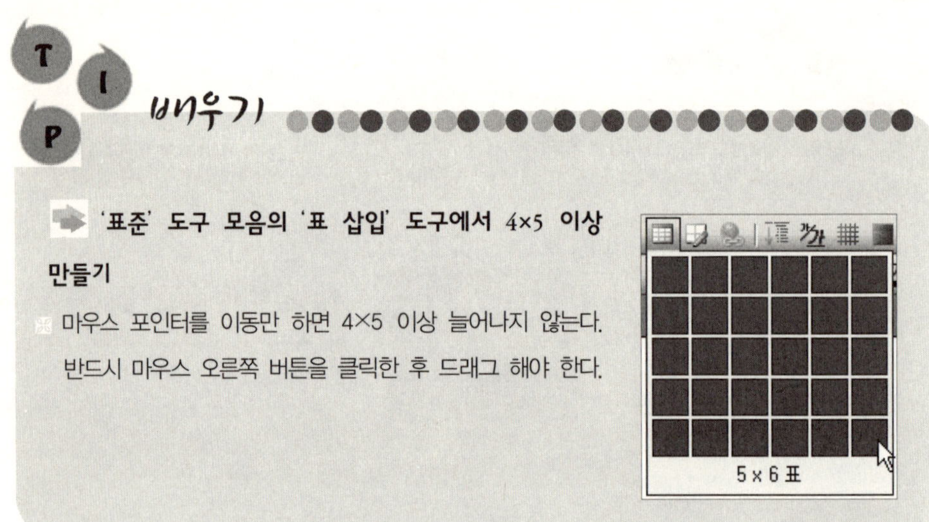

➡➡ 따라하기3 ｜ 다이어그램 만들기

① [작업창] – [슬라이드 레이아웃]의 '제목 및 다이어그램 또는 조직도' 레이아
웃을 적용한다.

② [제목 입력 상자]에 '학급 조직도'라고 입력한다.

③ 개체틀 안을 더블 클릭하여 [다이어그램 갤러리] 창이 열리면 '조직도'를 선
택하고 [확인]을 클릭한다.

④ '조직도'에서 삭제하고자 하는 도형을 선택하고 Delete키를 눌러 삭제한다.

⑤ 도형을 삽입하기 위해서는 [조직도 도구 모음]에서 '도형 삽입'의 하위 수준,
동일 수준, 보조자를 선택한다.

① 도형을 선택하고 텍스트를 입력한다.

② 개체틀을 클릭해서 선택하고 [서식 도구 모음]의 '글꼴'을 HY헤드라인M으로 선택한다.

③ [서식 도구 모음]의 '글꼴 크기 크게'를 클릭하여 글꼴의 크기를 크게 한다.

④ [조직도 도구 모음]의 '텍스트 자동 맞춤'을 클릭한다.

⑤ 도형을 클릭하고 [그리기 도구 모음]의 '채우기 색'에서 색을 선택한다.

⑥ 모든 도형을 Shift 키를 누른 채 선택하여 [그리기 도구 모음]의 '3차원 스타일'을 클릭하고 '3차원 스타일 11'을 선택한다.

⑦ [조직도 도구 모음]의 '자동 서식'을 클릭한다.

⑧ [조직도 스타일 갤러리] 창에서 '입체'를 선택하고 '확인'을 클릭한다.

 꼭 알아둡시다

➡ **다이어그램이란?**

❋ 조직도나 일람표 등 수량이나 관계 따위를 나타내는 도표

➡ **다이어그램의 종류**

❋ A 조직도 : 한 조직에서의 직위 관계나 지휘·명령 계통 따위 등의 계층 관계를 보여줄 때 사용.

❋ B 주기형 다이어그램 : 서로 유기적으로 엮여 있는 요소들이 연속적으로 영향을 주거나 일정 주기로 작업이 진행되는 경우에 사용.

❋ C 방사형 다이어그램 : 핵심 요소를 중심으로 여러 가지 세부 요소가 확산되는 모양을 보일 때 사용.

❋ D 피라미드형 다이어그램 : 특정 구조 및 체제에서 각 요소의 비율을 상위부터 하위까지 단계적으로 보여줄 때 사용.

❋ E 벤 다이어그램 : 각 요소 사이에 서로 중복되는 항목이나 영역이 있는 경우, 이를 보여줄 때 사용.

❋ F 과녁형 다이어그램 : 어떤 목표를 향해 한 단계씩 차례를 밟아 나가는 과정을 도식화할 때 사용.

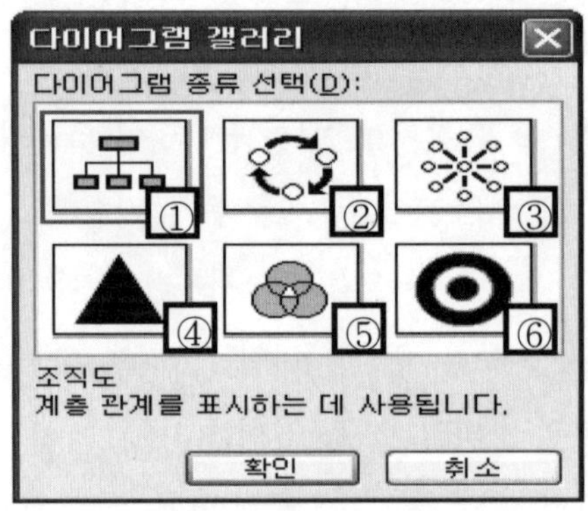

20

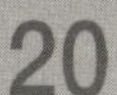

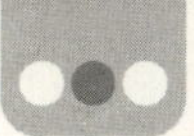

클립아트와 워드아트 삽입하기

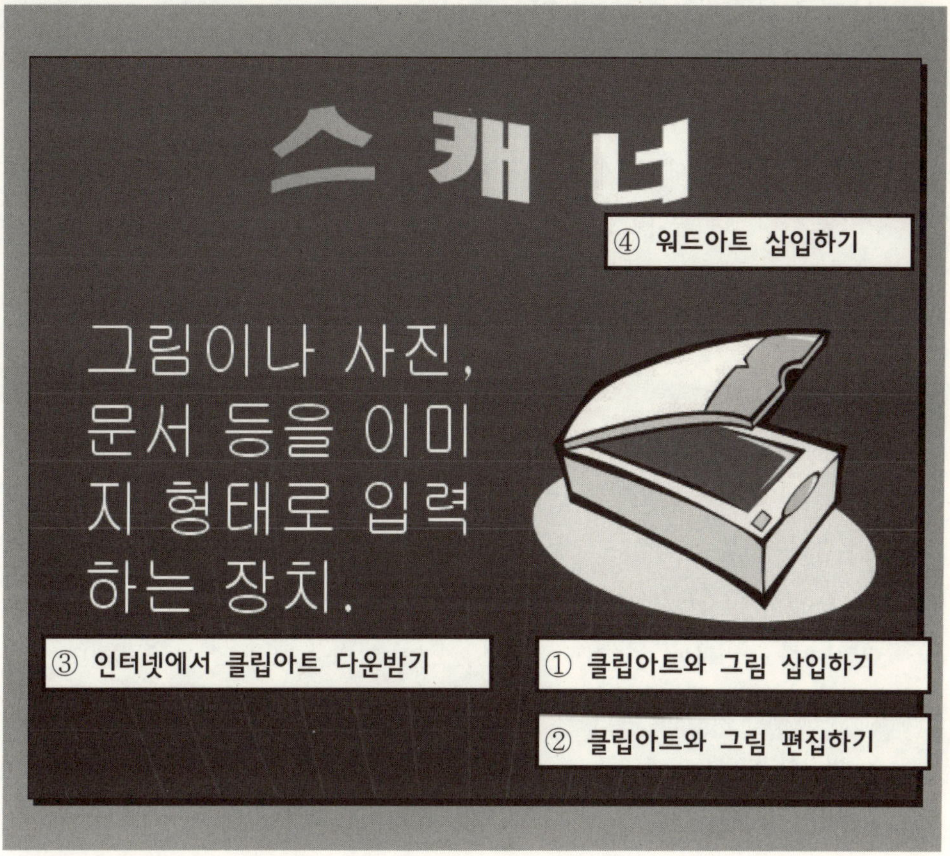

1. 슬라이드에 클립아트와 그림을 삽입하고 편집할 수 있다.
2. 인터넷을 통해 클립아트를 다운받아 설치하고 활용할 수 있다.
3. 워드아트를 삽입하고 편집할 수 있다.

① 〔슬라이드 레이아웃〕에서 '제목만' 슬라이드 레이아웃을 선택한 슬라이드에 적용하고 새 슬라이드를 삽입한다.

② 〔슬라이드 디자인〕에서 '위도와 경도.pot'를 선택하고 모든 슬라이드에 적용한 후 〔작업창〕을 닫는다.

③ 〔제목 입력 상자〕에 '스캐너'라고 입력하고, 〔그리기 도구 모음〕에서 텍스트 상자를 클릭하여 슬라이드에 텍스트 상자를 만들고 텍스트를 입력한다.

④ 〔제목 입력 상자〕와 〔텍스트 상자〕의 경계선을 클릭하고 글자 크기와 글꼴을 변경한다.

⑤ 〔삽입〕 - 〔그림〕 - 〔클립아트〕 메뉴를 클릭하고 검색대상에 '스캐너'라고 입력하고 〔이동〕을 클릭한다.

⑥ 검색 결과에 나온 클립아트 중 필요한 것을 클릭하면 슬라이드에 입력된다.

⑦ 2번 슬라이드를 선택한다.

⑧ 〔제목 입력 상자〕에 '프로젝터'라고 입력하고, 〔그리기 도구 모음〕에서 텍스트 상자를 클릭하여 슬라이드에 텍스트 상자를 만들고 텍스트를 입력한다.

⑨ 〔제목 입력 상자〕와 〔텍스트 상자〕의 경계선을 클릭하고 글자 크기와 글꼴을 변경한다.

⑩ 〔삽입〕 - 〔그림〕 - 〔그림 파일〕 메뉴를 클릭하고 〔그림 삽입〕 대화상자에서 삽입하고자 하는 그림을 찾아 〔삽입〕을 클릭한다.

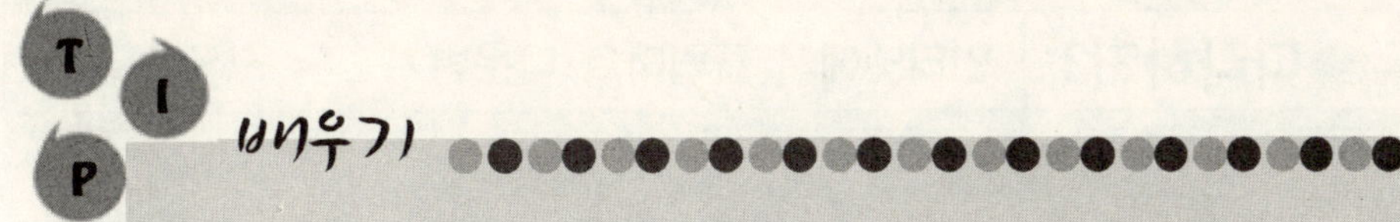

➡ 직접 클립 만들기

※ Clip Organizer 창에서 [파일]−[클립추가] 메뉴를 클릭하면 '직접', '스캐너 또는 카메라'라
는 메뉴가 있다. '직접' 메뉴는 컴퓨터에 있는 파일을 직접 클립으로 만드는 것이고, '스캐너
또는 카메라' 메뉴를 사용하여 스캐너나 디지털 카메라를 사용하여 클립을 만들 수도 있다.

➡➡ 따라하기2 | 클립아트와 그림 편집하기

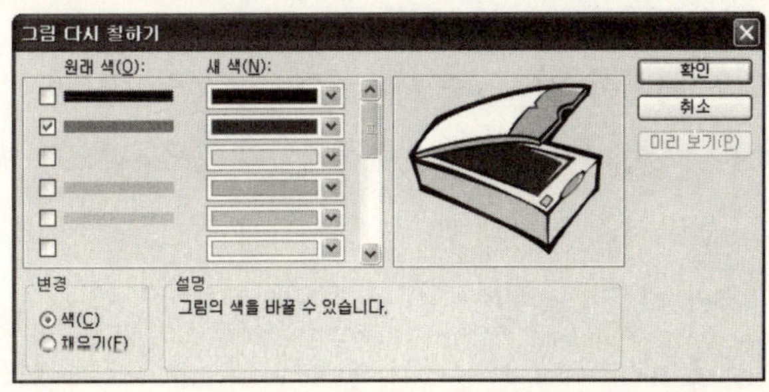

① 클립아트를 드래그하여 이동하고 '크기 조절 핸들'을 이용해 크기를 조절한다.
② [그림 도구모음]의 '그림 다시 칠하기'를 클릭하여 변경하고자 하는 색을 선
   택하고 [확인]을 클릭한다.
③ 2번 슬라이드의 그림도 드래그하여 이동하고 '크기 조절 핸들'을 이용해 크
   기를 조절한다.
④ [그림 도구모음]의 '자르기'를 클릭한 후에 적당한 크기로 그림을 자르고 '자
   르기'를 클릭한다.
⑤ [그림 도구모음]의 '투명한 색 설정'을 클릭하고 그림의 투명하게 하고자 하
   는 색을 클릭한다.

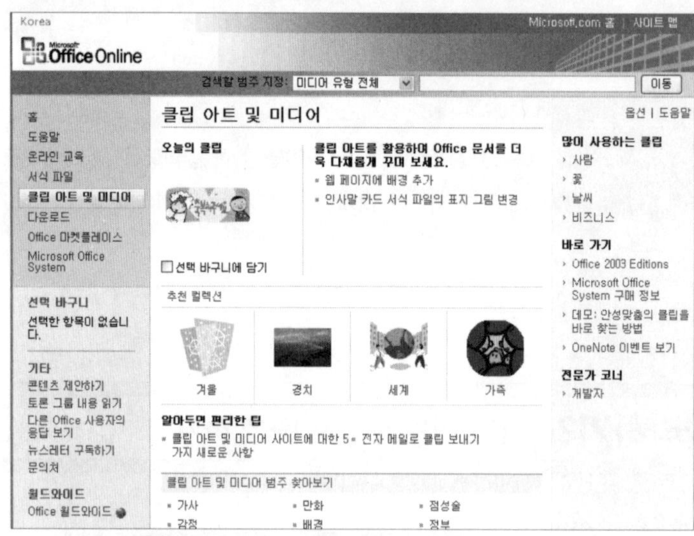

① [클립아트 작업창]에서 'Microsoft Office Online 클립아트'를 클릭한다.

② 'Microsoft Office 클립아트 및 미디어 홈페이지'에서 '검색할 범주 지정'에 프린터라고 입력한다.

③ 검색한 결과에서 다운로드 받고자하는 클립아트를 체크한다.

④ 왼쪽 창의 '선택 바구니'에서 선택한 항목의 다운로드를 클릭한다.

⑤ 다운로드 창에서 '지금 다운로드'를 클릭한다.

⑥ [파일 다운로드] 창에서 '열기'를 클릭한다.

⑦ [Microsoft Clip Organizer] 창에서 다운로드 받은 클립아트를 선택 후 복사하여 슬라이드에 붙여넣기를 한다.

⑧ [클립아트 작업창]에서 검색대상에 '프린터'라고 입력하고, 검색위치에서 '다운로드 된 클립'을 체크한 후 [이동]을 클릭한다.

⑨ 설치하고자 하는 클립아트를 클릭해서 슬라이드에 삽입한다.

① 1번 슬라이드의 〔제목 입력 상자〕를 삭제한다.

② 〔삽입〕 – 〔그림〕 – 〔WordArt〕 메뉴를 클릭하면 〔WordArt 갤러리〕 창이 열린다.

③ 〔WordArt 갤러리〕 창에서 스타일을 선택하고 〔확인〕을 클릭하면, 〔WordArt 텍스트 편집〕 창이 나타난다. 이곳에 텍스트를 입력하고 글꼴과 크기를 지정한 후 〔확인〕을 클릭한다.

④ 삽입된 WordArt를 드래그하여 위치를 지정하고 '크기 조정 핸들'을 이용하여 크기를 변경해 준다.

⑤ 〔WordArt 대화상자〕에서 편집을 한다.

21

데이터 시트를 이용한 차트 만들기

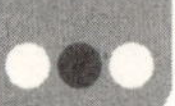

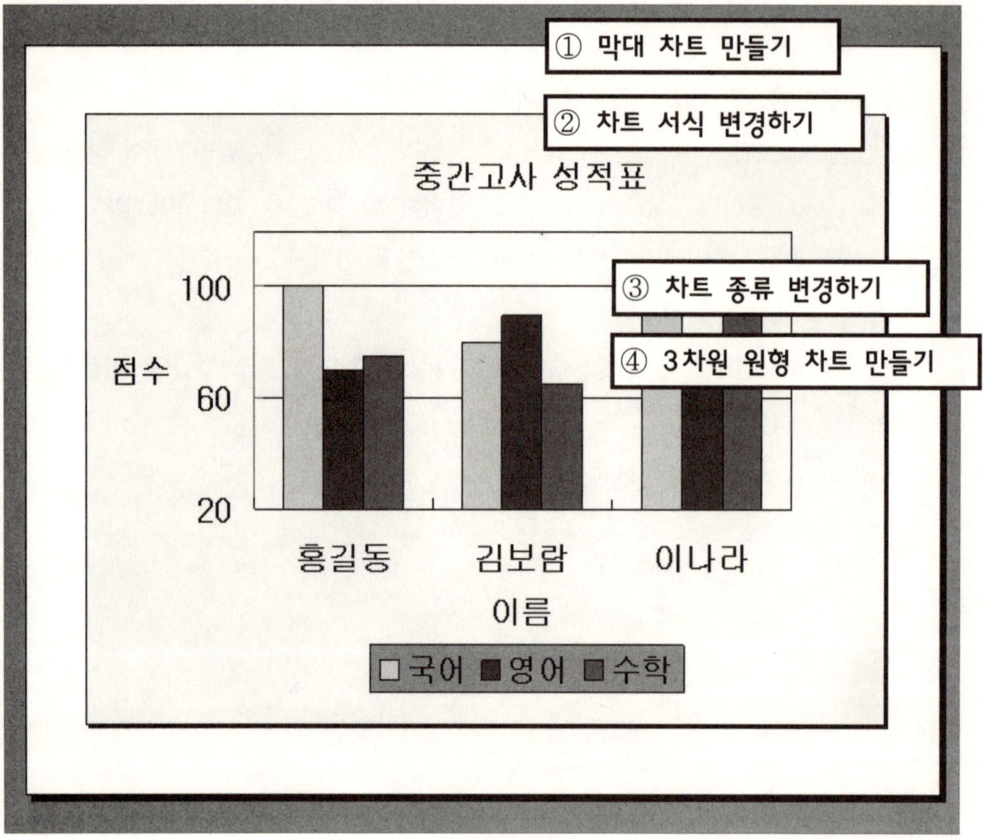

1. 데이터 시트를 이용하여 차트를 만들 수 있다.
2. 차트의 서식과 종류를 변경할 수 있다.
3. 3차원 원형 차트를 만들 수 있다.

① [표준 도구 모음]의 [차트 삽입]을 클릭하면 기본 차트가 삽입되고 [데이터 시트] 창이 열린다.

② [데이터 시트] 창에서 각 셀에 필요한 자료를 입력하고 필요 없는 데이터를 삭제하기 위해 글머리에서 오른쪽 마우스를 클릭하여 '삭제'를 선택한다. 작업이 완료되면 슬라이드 창의 빈 부분을 클릭한다.

③ 차트를 더블 클릭하여 [데이터 시트] 창에서 값을 변경하고 Enter↵키를 친다. 슬라이드 창의 빈 부분을 클릭한다.

④ 차트를 클릭한 후 '선택 모드'와 차트를 더블 클릭한 후 '편집 모드'에서 크기와 위치를 변경한다.

⑤ 차트를 더블 클릭한 후 '편집 모드'에서 범례나 그림의 크기와 위치를 변경한다.

➡ **차트의 편집 모드와 선택 모드**

편집 모드 : 차트의 크기 변경, 위치 이동, 차트의 내용 직접 입력

선택 모드 : 차트의 크기 변경, 위치 이동

① 차트를 더블 클릭하여 '편집 모드'로 변경한다.

② [차트] – [차트 옵션] 메뉴를 클릭한다.

③ [차트 옵션] 창의 '제목' 탭에서 차트 제목, X축, Z축을 입력한 후 [확인]을 클릭한다.

④ [차트 도구 모음]의 '차트 개체'를 클릭하고 '차트 영역'을 선택한다.

⑤ [차트 도구 모음]의 '서식' 버튼을 클릭하면 [차트 영역 서식]창이 열리고 '무늬'탭에서 '테두리'의 자동과 그림자를 체크하고 영역의 색을 선택 후 [확인]을 클릭한다.

⑥ '편집 모드'에서 변경하고자 하는 계열을 클릭하고 [차트 도구 모음]의 '데이터 계열 서식' 버튼을 클릭하면 [데이터 계열 서식] 창이 열린다.

⑦ [데이터 계열 서식] 창의 무늬 탭에서 색을 변경하고 모양 탭에서 세로 막대 모양을 변경한 후 [확인]을 클릭한다.

⑧ [차트 도구 모음]의 '차트 개체'를 클릭하고 '값 축'을 선택한 후 '축 서식'을 클릭한다.

⑨ [축 서식] 창의 무늬 탭과 눈금 탭을 조정한다.

⑩ 같은 방법으로 [범례]도 편집한다.

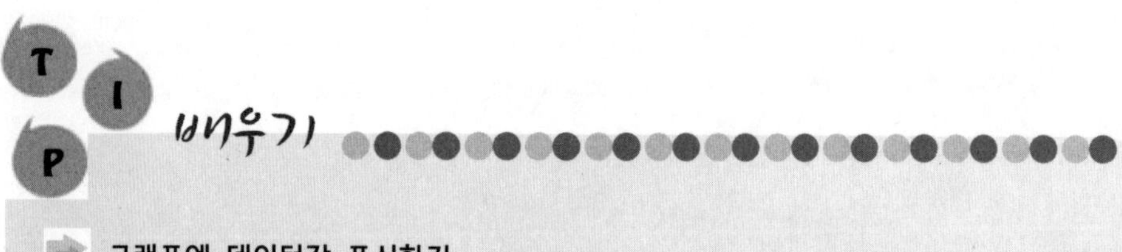

➡ **그래프에 데이터값 표시하기**

※ 그래프에 원본 데이터 값을 표시하려면 차트 도구 모음의 데이터 테이블(⊞)을 클릭하면 된다.

➡➡ **따라하기3** │ 차트 종류 변경하기

① '편집 모드'에서 [차트] – [차트 종류] 메뉴를 클릭하면 [차트 종류] 창이 나
   타나는데 '차트 종류'와 '차트 하위 종류'를 선택하고 [확인]을 클릭한다.
② 변경하고자 하는 계열에서 마우스 오른쪽 버튼을 클릭하고 '차트 종류'를 선
   택한다. '차트 종류'와 '차트 하위 종류'를 선택하고 [확인]을 클릭한다.

➡➡ **따라하기4** │ 3차원 원형 차트 만들기

① [표준 도구 모음]의 [차트 삽입]을 클릭하면 기본 차트가 삽입되고 [데이터
   시트] 창이 열린다.
② 데이터 값을 변경하고 [차트] – [차트 종류]를 클릭한다.
③ [차트 종류] 창이 나타나는데 '차트 종류'는 원형을 '차트 하위 종류'는 3차
   원 효과의 원형을 선택하고 [확인]을 클릭한다.
④ [차트 도구 모음]의 '열'을 선택한다.
⑤ 차트의 그림 영역을 선택한 후 드래그하여 크기를 변경한다.
⑥ 조정하고자 하는 조각에서 오른쪽 마우스를 클릭하여 '데이터 요소 서식'을
   선택한다.
⑦ [데이터 요소 서식] 창의 '데이터 레이블' 탭에서 '레이블 내용'을 백분율로
   선택하고 [확인]을 클릭한다.
⑧ 그림 영역에서 오른쪽 마우스를 클릭하여 '그림 영역 서식'을 선택한다.
⑨ [그림 영역 서식] 창에서 테두리 없음을 선택한다.
⑩ [차트] – [차트 옵션]에서 차트 제목을 입력한다.

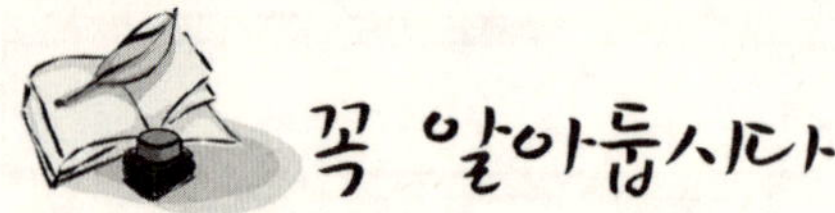

꼭 알아둡시다

> **Microsoft Graph?**

✳ MS 그래프는 워드와 파워포인트에서 차트를 손쉽게 작성할 수 있도록 도와주는 MS 오피스의 보조 프로그램이다.

✳ MS 그래프 실행 방법

  – 슬라이드에 '제목 및 차트' 레이아웃을 적용한 다음, 개체 틀 안에서 더블클릭

  – [삽입]-[차트] 메뉴를 선택

  – '표준 도구 모음'에서 '차트 삽입' 도구(📊)를 클릭

22

슬라이드에 소리와 동영상 삽입하기

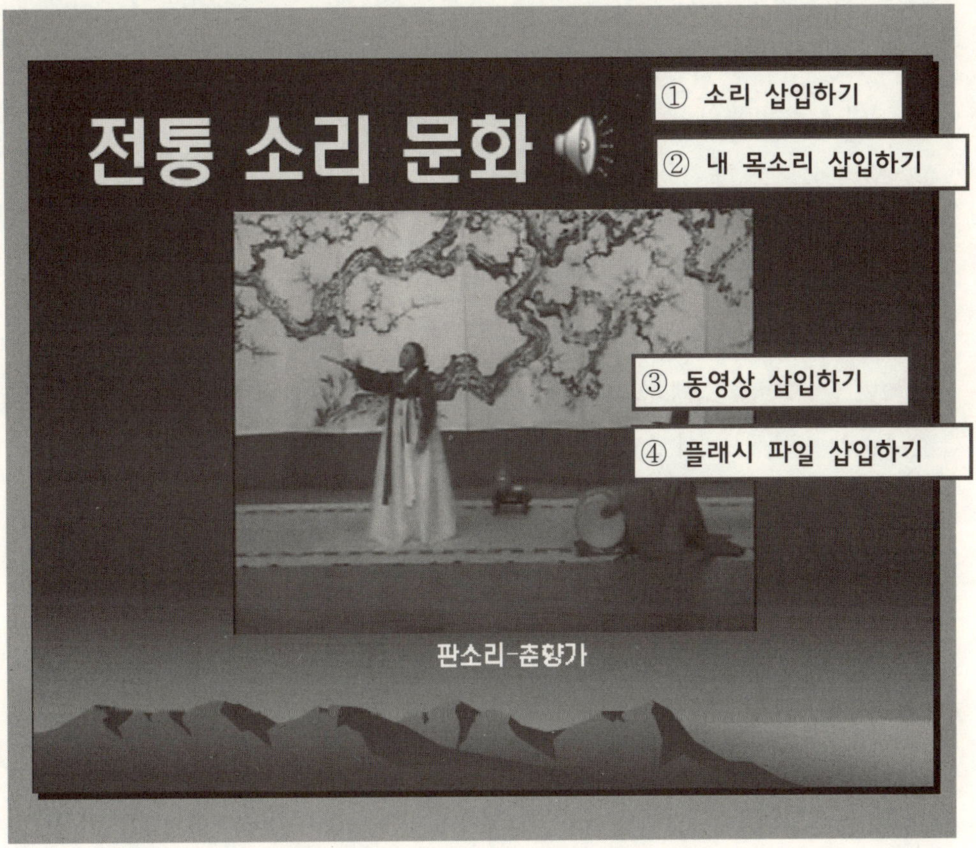

1. 슬라이드에 소리를 삽입할 수 있다.
2. 슬라이드에 목소리를 직접 녹음 삽입할 수 있다.
3. 동영상을 슬라이드에 삽입할 수 있다.
4. 플래시 파일을 슬라이드에 삽입할 수 있다.

① 1번 슬라이드를 선택하고 〔삽입〕 – 〔동영상 및 소리〕 – 〔소리 파일〕을 클릭한다.

② 〔소리 삽입〕 창에서 소리 파일(전북의 노래.wav)을 선택하고 〔확인〕을 클릭한다.

③ 〔소리 재생 방법〕 창에서 〔자동 실행〕을 클릭한다.

④ 삽입된 소리 클립(　)을 드래그하여 크기와 위치를 지정한다.

⑤ '슬라이드 쇼' 보기를 클릭하여 확인한다.

⑥ 소리 개체에서 오른쪽 마우스를 클릭하여 '소리 개체 편집' 메뉴를 클릭한다.

⑦ 〔소리 옵션〕 창에서 '반복 재생'과 '슬라이드 쇼 동안 소리 아이콘 숨기기'를 체크하고 〔확인〕을 클릭한다. '슬라이드 쇼' 보기를 클릭하여 확인한다.

⑧ 2번 슬라이드를 선택하고 〔삽입〕 – 〔동영상 및 소리〕 – 〔소리 파일〕을 클릭한다.

⑨ 〔소리 삽입〕 창에서 소리 파일(전북의 노래.wav)을 선택하고 〔확인〕을 클릭한다.

⑩ 〔소리 재생 방법〕 창에서 〔클릭하여 실행〕을 클릭한다.

⑪ 삽입된 소리 클립(　)을 드래그하여 크기와 위치를 지정한다.

⑫ '슬라이드 쇼' 보기를 클릭하여 확인한다. 소리 클립을 클릭하면 소리가 나온다.

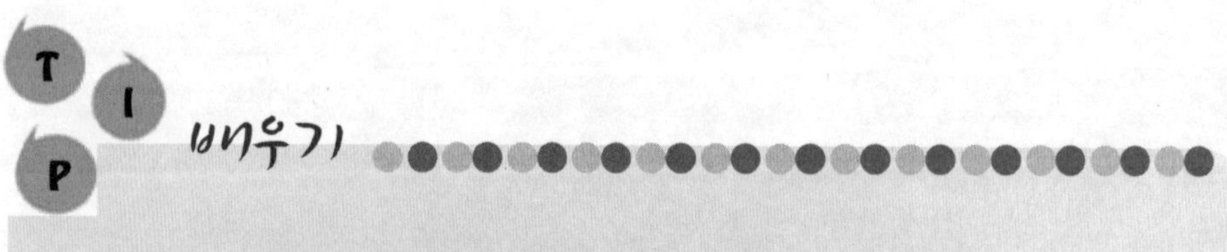

➡ 음악 파일 삽입시 주의사항

음악 파일의 용량이 너무 크지 않는가?

MP3 파일을 재생할 정도의 컴퓨터 시스템 사양인가?

프레젠테이션을 진행하는 컴퓨터에 스피커는 갖춰져 있는가?

음악의 재생이 오히려 프레젠테이션에 방해가 되는 것은 아닌가?

① 3번 슬라이드를 선택하고 〔삽입〕 – 〔동영상 및 소리〕 – 〔소리 녹음〕을 클릭한다.

② 〔소리 녹음〕 창에서 '상징 소개'라고 이름을 입력하고 녹음 준비가 완료되면 녹음 버튼(●)을 클릭한다.

③ 준비된 내용을 녹음하고 정지 버튼(■)이나 〔확인〕을 클릭한다.

④ 삽입된 소리 클립(🔊)을 드래그하여 크기와 위치를 지정한다.

⑤ '슬라이드 쇼' 보기를 클릭하여 확인한다. 소리 클립을 클릭하면 소리가 나온다.

TIP 배우기

➡ **소리를 녹음하기 위해서는**

① [제어판]–[사운드 및 오디오 장치]의 '볼륨' 탭의 '장치 볼륨'에서 [고급]을 클릭한다.

② [볼륨 컨트롤]–[옵션]–[속성]–[볼륨 조정]의 녹음 체크 후 [확인]을 클릭한다.

③ [녹음 컨트롤] 창에서 마이크 선택을 체크한다.

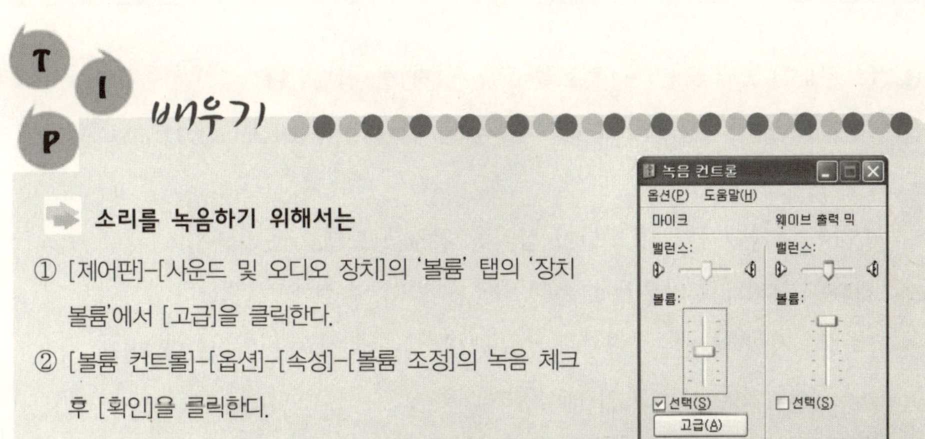

➡➡ **따라하기3** | 동영상 삽입하기

① 4번 슬라이드를 선택하고 〔삽입〕 – 〔동영상 및 소리〕 – 〔동영상 파일〕을 클릭한다.

② 〔동영상 삽입〕 창에서 판소리.asf 파일을 선택하고 〔확인〕을 클릭한다.

③ 〔동영상 재생 방법〕 창에서 〔클릭하여 실행〕을 클릭한다.

④ 슬라이드에 삽입된 동영상을 드래그하여 위치와 크기를 조절한다.

⑤ 〔그리기 도구 모음〕의 텍스트 상자를 클릭하고 슬라이드에 드래그하여 동영
상 설명을 '판소리 – 춘향가'라고 입력한다.

⑥ 동영상을 선택하고 오른쪽 마우스를 클릭하여 〔동영상 개체 편집〕을 클릭한다.

⑦ 〔동영상 옵션〕 창에서 '동영상 자동 되감기'를 체크하고 〔확인〕을 클릭한다.

⑧ '슬라이드 쇼' 보기를 클릭하여 확인한다. 동영상을 클릭하면 재생된다.

<table>
<tr><td>➡➡ 따라하기4</td><td>플래시 파일 삽입하기</td></tr>
</table>

① 〔보기〕 – 〔도구 모음〕 – 〔컨트롤 도구 상자〕를 클릭한다.

② 〔컨트롤 도구 모음〕의 '기타 컨트롤'을 클릭하여 'Shockwave Flash Object'를
클릭한다.

③ 슬라이드 창에 플래시 파일이 삽입될 위치를 드래그 한다.

④ 개체를 선택하고 마우스 오른쪽 버튼을 눌러 '속성'을 선택한다.

⑤ 〔속성〕 창의 '사전순' 탭에서 'Movie'의 빈칸에 경로를 입력한다.(반드시 확장자
까지 전체 드라이브 경로를 입력해야 한다.)

⑥ '슬라이드 쇼' 보기를 클릭하여 확인한다.

플래시 개체의 속성 조정

※ 슬라이드 쇼에서 플래시 파일이 재생이 안 되면
  – Playing 속성을 False로
※ 삽입한 플래시 파일을 프레젠테이션에 삽입하려면
  – Embed–Movie 속성을 True로
※ 플래시 파일을 반복적으로 실행되지 않게 하려면
  – Loop 속성을 False로 설정한다.

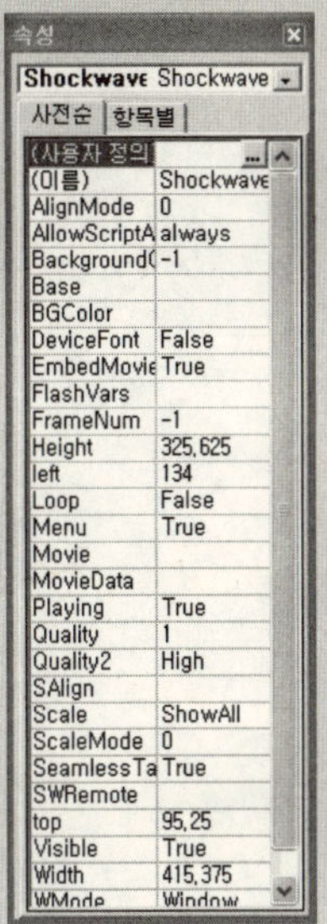

23 슬라이드에 하이퍼링크 만들기

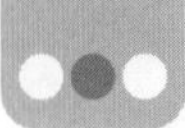

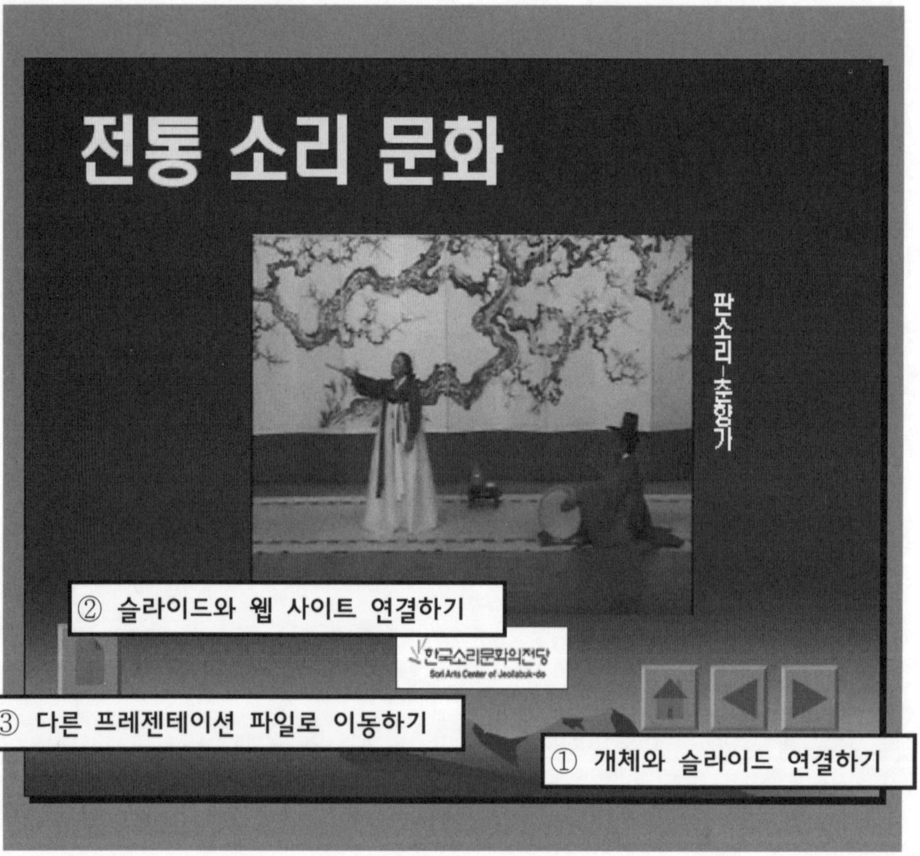

1. 실행 버튼을 사용하여 슬라이드와 슬라이드를 이동할 수 있다.
2. 슬라이드와 웹 사이트를 연결할 수 있다.
3. 다른 프레젠테이션 파일로 이동할 수 있다.

① 1번 슬라이드를 선택하고 〔그리기 도구모음〕의 〔도형〕 – 〔실행 단추〕에서 '실행 단추:끝'을 클릭하고 슬라이드에 드래그하여 삽입한다.

② 〔실행 설정〕 창의 〔마우스를 클릭할 때〕 탭에서 '하이퍼링크'의 '마지막 슬라이드'를 선택하고 〔확인〕을 클릭한다.

③ 마지막 슬라이드를 선택하고 〔그리기 도구모음〕의 〔도형〕 – 〔실행 단추〕에서 '실행 단추:시작'을 클릭하고 슬라이드에 드래그하여 삽입한다.

④ 〔실행 설정〕 창의 〔마우스를 클릭할 때〕 탭에서 '하이퍼링크'의 '첫째 슬라이드'를 선택하고 〔확인〕을 클릭한다.

⑤ 〔슬라이드 쇼〕에서 실행 단추를 클릭하여 확인한다.

⑥ 2번 슬라이드의 '연혁' 개체를 선택하고 오른쪽 마우스를 클릭하여 '하이퍼링크'를 선택한다.

⑦ 〔하이퍼링크 삽입〕 창에서 '연결 대상'을 '현재 문서'로, '이 문서에서 선택 위치'는 '3. 연혁'을 선택하고 〔확인〕을 클릭한다.

⑧ 2번 슬라이드의 '상징(심볼마크)'과 '전통 소리 문화' 개체도 같은 방법으로 하이퍼링크를 지정한다.

⑨ 〔슬라이드 쇼〕에서 '연혁', '상징(심볼마크)', '전통 소리 문화'를 클릭하여 확인한다.

➡ **하이퍼링크의 기능**

기존 파일, 웹 페이지로 이동 및 연결 가능

현재 문서의 특정 슬라이드나 다음/이전 슬라이드로 이동

새로운 프레젠테이션 문서로 이동

전자 메일 주소를 입력하여 메일을 보낼 수 있다.

① 1번 슬라이드를 선택하고 [그리기 도구모음]의 [도형] – [실행 단추]에서 '실행 단추:홈(⌂)'을 클릭하고 슬라이드에 드래그하여 삽입한다.

② [실행 설정] 창이 뜨면 [확인]을 클릭한다.

③ 위 ①, ②번과 같은 방법으로 '실행 단추:뒤로 또는 이전(◁)'과 '실행 단추: 앞으로 또는 다음(▷)'을 삽입한다.

③ 실행 단추를 더블 클릭하여 [도형 서식]의 크기 탭에서 높이와 너비를 각각 1.7cm로 설정한다.

④ Ctrl키를 누른 상태에서 세 개의 실행 단추를 선택하고 마우스 오른쪽 버튼을 클릭하여 '복사'를 선택한다.

⑤ 2~5번 슬라이드에 각각 붙여넣기를 한다.

⑥ [슬라이드 쇼]에서 실행 단추를 클릭하여 확인한다.

⑦ 웹 브라우저를 열어 '한국 소리 문화의 전당' 홈페이지를 방문하고 닫는다.

⑧ 5번 슬라이드를 선택하고 '한국 소리 문화의 전당' 그림에서 오른쪽 마우스를 클릭하여 '하이퍼링크'를 선택한다.

⑨ [하이퍼링크 삽입] 창에서 '연결 대상'을 '기존 파일/웹 페이지'로 하고 '찾는 위치'는 '열어본 웹 페이지'를 클릭한다.

⑩ 열어본 웹 페이지 목록 중 '한국 소리 문화의 전당'을 선택하면 '주소'에 '한국 소리 문화의 전당' 홈페이지 주소가 자동 입력된다. [확인]을 클릭한다.

⑪ [슬라이드 쇼]에서 그림을 클릭하여 확인한다.

① 4번 슬라이드에서 '캐릭터'를 클릭하고 마우스 오른쪽 버튼을 눌러 '실행 설정'을 선택한다.

② [실행 설정] 창의 '마우스를 클릭할 때 실행'에서 하이퍼링크의 '다른 PowerPoint 프레젠테이션'을 선택한다.

③ [다른 PowerPoint 프레젠테이션 하이퍼링크] 창이 뜨면 '상징.ppt'파일을 선택하고 [확인]을 클릭한다.

④ [슬라이드 하이퍼링크] 창이 뜨는데 슬라이드 제목 중 '1. 캐릭터'를 선택하고 [확인]을 클릭한다. [실행 설정] 창에서도 [확인]을 클릭한다.

⑤ ①~④번과 같은 방법으로 3개의 개체에도 하이퍼링크를 만들어 준다.

⑥ [슬라이드 쇼]에서 개체를 클릭하여 확인한다.

⑦ 5번 슬라이드에서 [그리기 도구모음]의 [도형] – [실행 단추]에서 '실행 단추:문서(▣)'를 클릭하고 슬라이드에 드래그하여 삽입한다.

⑧ [실행 설정] 창의 '마우스를 클릭할 때 실행'에서 '프로그램 실행'의 [찾아보기]를 클릭하여 windows 폴더에서 메모장 프로그램인 NOTEPAD.EXE를 선택하고 [확인]을 클릭한다. [실행 설정] 창에서 [확인]을 클릭한다.

⑨ [슬라이드 쇼]에서 '실행 단추'를 클릭해서 확인한다.

➡ **연결한 프레젠테이션 파일**

프레젠테이션 파일을 연결하였다면 연결 후에 원본 프레젠테이션 파일을 이동하거나 삭제하면 불러오기가 안 된다.

개체 편집하기

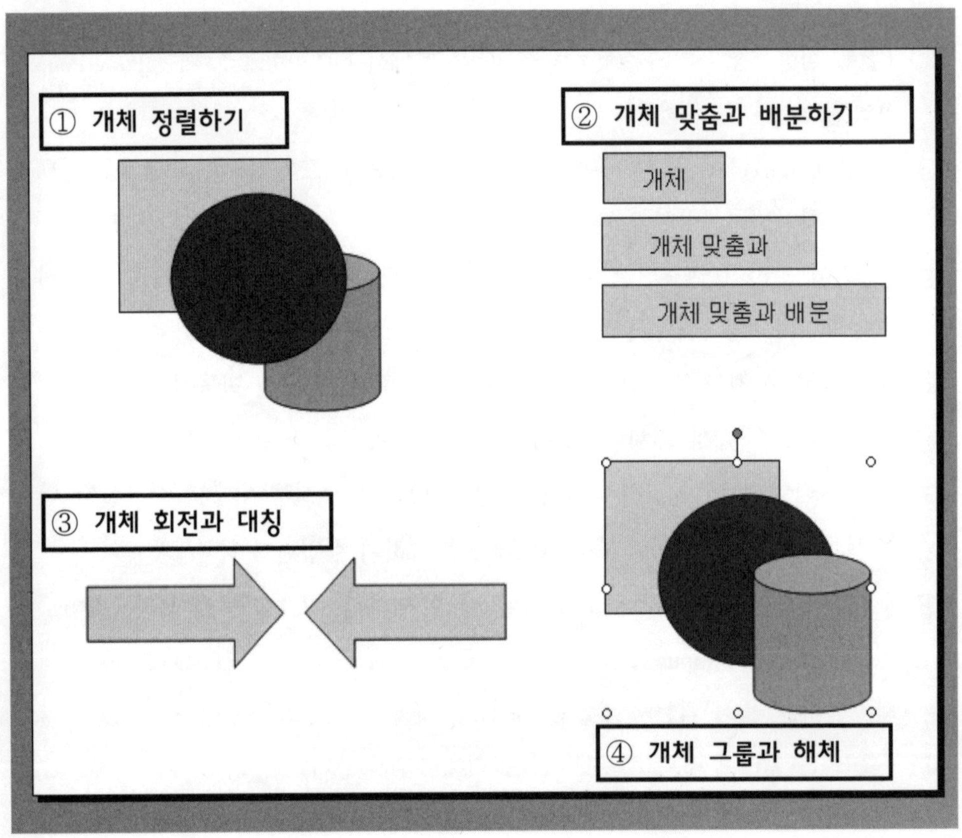

1. 슬라이드에 삽입된 개체들을 정렬하고 맞춤과 배분, 회전과 대칭, 그룹과 해제를 할 수 있다.

➡➡ **따라하기1** | 개체 정렬하기

① 〔그리기 도구모음〕 – 〔도형〕 – 〔기본 도형〕의 직사각형, 원, 원통을 선택하여 슬라이드에 드래그하여 겹치도록 그린다.

② 도형을 선택하고 〔그리기 도구모음〕 – 〔채우기 색〕에서 색을 변경한다.

③ 슬라이드에 있는 도형 중 직사각형을 선택하고 마우스 오른쪽 버튼을 눌러 〔순서〕에서 '앞으로 가져오기'를 클릭한다.

④ 〔그리기 도구모음〕 – 〔그리기〕 – 〔순서〕에서 '뒤로 보내기'를 클릭한다.

⑤ 슬라이드에 있는 도형 중 직사각형을 선택하고 마우스 오른쪽 버튼을 눌러 〔순서〕에서 '맨 앞으로 가져오기'를 클릭한다.

➡➡ **따라하기2** | 개체 맞춤과 배분하기

① 1번 슬라이드에 직사각형을 3개 그리고 텍스트를 입력한다.

② Shift 키를 누른 상태에서 3개의 도형을 선택하고 〔그리기 도구모음〕 – 〔그리기〕 – 〔맞춤 및 배분〕에서 왼쪽 맞춤, 가운데 맞춤, 오른쪽 맞춤을 각각 선택해 본다.

③ 2번 슬라이드에서 Shift 키를 누른 상태에서 3개의 도형을 선택하고 〔그리기 도구모음〕 – 〔그리기〕 – 〔맞춤 및 배분〕에서 위쪽 맞춤, 중간 맞춤, 아래쪽 맞춤을 각각 선택해 본다.

④ 2번 슬라이드에서 Shift 키를 누른 상태에서 3개의 도형을 선택하고 〔그리기 도구모음〕 – 〔그리기〕 – 〔맞춤 및 배분〕에서 가로 간격을 동일하게, 세로 간격을 동일하게를 각각 선택해 본다.

① 〔그리기 도구모음〕 – 〔도형〕 – 〔블록 화살표〕의 오른쪽 화살표를 슬라이드에 드래그해서 그린다.

② 〔그리기 도구모음〕 – 〔그리기〕 – 〔회전 또는 대칭〕의 사용자 정의 회전을 클릭하고 도형을 회전시킨다.

③ 〔그리기 도구모음〕 – 〔그리기〕 – 〔회전 또는 대칭〕의 왼쪽으로 90°회전, 오른쪽으로 90°회전을 각각 선택해 본다.

④ 〔그리기 도구모음〕 – 〔도형〕 – 〔기본 도형〕의 사다리꼴을 클릭하고 슬라이드에 드래그해서 그린다.

⑤ Ctrl키를 누른 상태에서 사다리꼴 도형을 드래그하여 아래쪽에 복사한다.

⑤ 〔그리기 도구모음〕 – 〔그리기〕 – 〔회전 또는 대칭〕의 상하 대칭을 클릭한다.

⑥ 〔그리기 도구모음〕 – 〔도형〕 – 〔블록 화살표〕의 오른쪽 화살표를 슬라이드에 드래그해서 그린다.

⑦ Ctrl키를 누른 상태에서 오른쪽 화살표 도형을 드래그하여 오른쪽에 복사한다.

⑧ 〔그리기 도구모음〕 – 〔그리기〕 – 〔회전 또는 대칭〕의 좌우 대칭을 클릭한다.

① 〔그리기 도구모음〕 – 〔도형〕 – 〔블록 화살표〕의 오른쪽 화살표를 슬라이드에 드래그해서 그린다.

② Ctrl키를 누른 상태에서 오른쪽 화살표 도형을 드래그하여 복사한다.

③ Shift키를 누른 상태에서 두 개의 도형을 선택하고 〔그리기 도구모음〕 – 〔그룹〕을 클릭한다.

④ 도형을 선택하고 〔그리기 도구모음〕 – 〔그룹 해제〕를 선택한다.

➡ 도형을 그룹화 하는 이유는?

❋ **이동과 복사가 편리하다**. : 도형을 그룹화하지 않으면 도형 전체를 이동시키거나 또는 다른 슬라이드로 복사하고자 할 때 매번 모든 도형을 선택해야 한다. 하지만 도형을 그룹화하면 한번의 선택으로 간단하게 이동과 복사를 수행할 수 있다. 전체가 아닌 몇 개의 도형만 이동 및 복사를 하고자 한다면 해당 도형만 그룹화 한다.

❋ **고형 서식을 한꺼번에 변경할 수 있다**. : 동일한 서식을 지정하려 할 때 그룹으로 묶어 있지 않으면 도형을 하나씩 선택하여 서식을 지정해야 하지만, 그룹을 지정하게 되면 그룹 전체에 동일한 서식을 한꺼번에 지정할 수 있다.

25

애니메이션 효과 적용하기

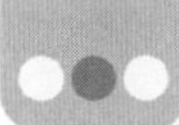

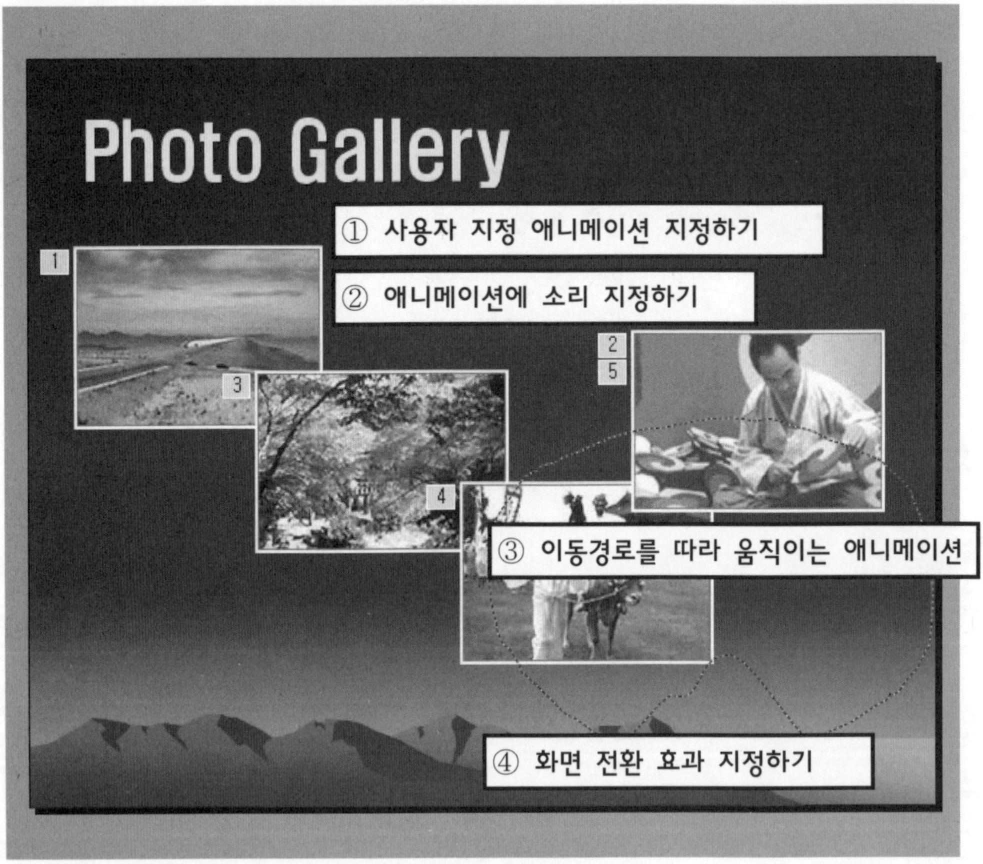

1. 사용자 지정 애니메이션을 지정하고, 소리를 지정할 수 있다.
2. 이동 경로를 따라 움직이는 애니메이션을 만들 수 있다.
3. 슬라이드의 화면 전환 효과를 지정할 수 있다.

① 6번 슬라이드의 첫 번째 그림을 선택하고 [슬라이드 쇼] - [사용자 지정 애니메이션]을 클릭한다.

② [사용자 지정 애니메이션] 창에서 [효과 적용] - [나타내기]의 내밀기를 클릭한다.

③ 두 번째에서 네 번째 그림까지 [사용자 지정 애니메이션] 창에서 [효과 적용] - [나타내기]의 닦아내기, 사각형, 바둑판무늬를 각각 적용한다.

④ [사용자 지정 애니메이션] 창에서 [재생]을 클릭하여 확인한다.

⑤ [사용자 지정 애니메이션] 창에서 시작, 방향, 속도를 변경해 준다.

⑥ [사용자 지정 애니메이션] 창에서 순서 조정(⬆ 순서 조정 ⬇)의 화살표를 이용하여 애니메이션 순서를 변경한다.

TIP 배우기

➡ **애니메이션 효과 적용 순서**

1단계 : 개체에 애니메이션 효과 적용하기

2단계 : 애니메이션 시작 방법 지정하기

3단계 : 애니메이션 속성 지정하기

4단계 : 애니메이션 속도 지정하기

5단계 : 애니메이션 순서 조정하기

6단계 : 슬라이드 창 또는 슬라이드 쇼에서 애니메이션 실행하기

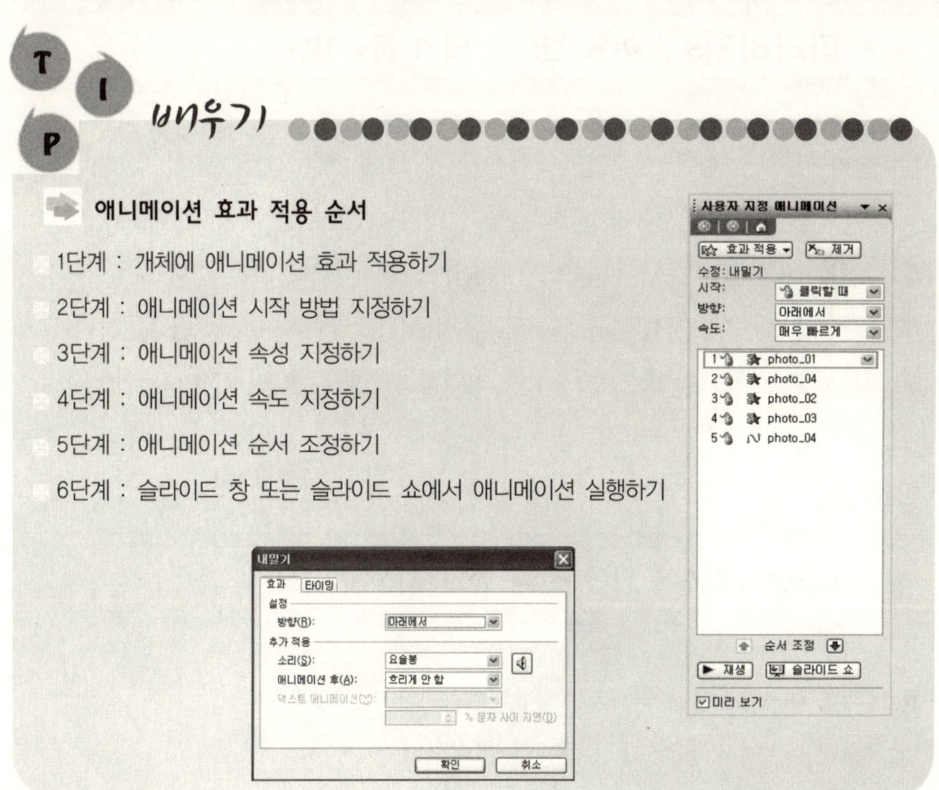

➡➡ **따라하기2** 애니메이션에 소리 지정하기

① 소리를 지정하고자 하는 애니메이션의 목록버튼을 클릭하여 〔효과 옵션〕을
   선택한다.
② 〔효과 옵션〕 창에서 소리를 선택한다.
③ 〔사용자 지정 애니메이션〕 창에서 〔재생〕을 클릭하여 확인한다.
④ 〔효과 옵션〕 창에서 '애니메이션 후'를 애니메이션 후 숨기기로 설정하고 〔확
   인〕을 클릭한다.
⑤ 〔사용자 지정 애니메이션〕 창에서 〔재생〕을 클릭하여 확인한다.

➡➡ **따라하기3** 이동 경로를 따라 움직이는 애니메이션

① 슬라이드의 그림을 선택하고 〔사용자 지정 애니메이션〕 창에서 〔효과 적용〕
   – 〔이동 경로〕 – 〔사용자 지정 경로 그리기〕의 자유형을 클릭한다.
② 그림이 이동할 경로를 마우스를 이용하여 슬라이드에 그려 준다.
③ 〔사용자 지정 경로〕를 마우스 오른쪽 버튼으로 클릭하여 〔점 편집〕 선택한다.
④ 각 점을 드래그 하여 이동 경로를 변경하고 〔재생〕을 클릭하여 확인한다.

➡➡ **따라하기4** 화면 전환 효과 지정하기

① 〔작업창〕 – 〔화면 전환〕을 클릭한다.
② 〔보기〕 – 〔여러 슬라이드 보기〕를 클릭한다.
③ 슬라이드를 선택하고 '선택한 슬라이드에 적용'에서 '가로 블라인드'를 적용

한다.

④ [재생]을 클릭해서 확인한다.

⑤ '선택한 슬라이드에 적용'에서 '세로 블라인드'를 적용하고 [모든 슬라이드에
적용]을 클릭한다.

⑥ 슬라이드 쇼를 실행해 확인한다.

꼭 알아둡시다

애니메이션 효과와 화면 전환 효과

애니메이션 효과

애니메이션 작업은 모든 슬라이드 구성이 완료된 후 진행된다. 각종 자료나 구성 요소를 슬라이드
위에 적절히 배치한 후 프레젠테이션의 효과를 극대화하기 위해서 적용한다. 다양한 애니메이션 효
과가 있다고 하여 무조건 사용하는 것은 옳지 못하다.

화면 전환 효과

화면 전환 효과란 슬라이드 자체가 표시되는 방법을 의미한다. 슬라이드 안에 공통된 요소들이 들어
있다면 화면 전환 효과도 동일한 것으로 사용하는 것이 좋다.

부가 기능 활용하기

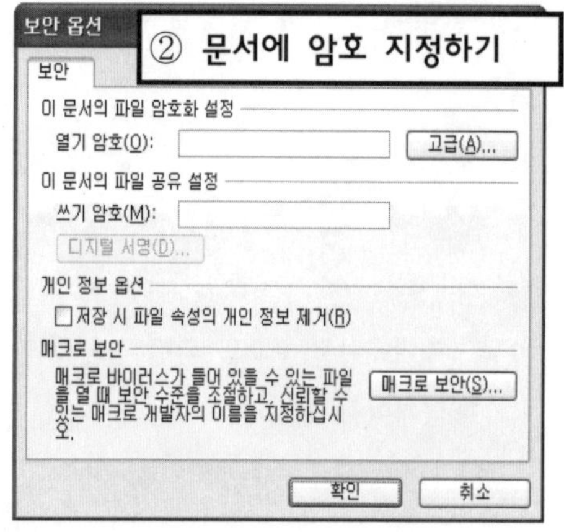

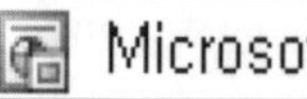

1. 슬라이드에 수식을 삽입할 수 있다.

2. 문서에 암호를 지정할 수 있다.

3. 완성된 슬라이드를 이용하여 발표 예행연습을 해본다.

4. 파워포인트 뷰어를 설치하여 실행해 본다.

① 〔삽입〕 – 〔개체〕를 클릭한다.

② 〔개체 삽입〕 창에서 개체 유형의 'Microsoft Equation 3.0'을 선택하고 〔확인〕
을 클릭한다.

③ 수식 편집기에서 수식을 입력한다.

④ 〔파일〕 – 〔끝낸 후 수식 삽입 하(의)로 돌아감〕을 클릭한다.

⑤ 수식을 수정하려면 수식을 더블클릭 하여 수정 후 〔파일〕 – 〔끝낸 후 수식
삽입하(의)로 돌아감〕을 클릭한다.

➡ 수식 편집기 추가로 설치하기

오피스 2003 제품 CD에서 설치파일(Setup.exe)을 더블클릭→기능 추가/제거→[다음]→사
용자 지정 설정→'응용 프로그램의 고급 사용자 지정을 선택 하십시오' 항목 체크→다음→
고급 사용자 지정→오피스 도구의 ⊞를 누르고 수식편집기에서→내 컴퓨터에서 실행 또는
모두 내 컴퓨터에서 실행 선택→업데이트

➡➡ 따라하기2 │ 문서에 암호 지정하기

① 〔파일〕 – 〔다른 이름으로 저장〕을 클릭한다.

② 〔다른 이름으로 저장〕 창에서 〔도구〕 – 〔보안 옵션〕을 클릭한다.

③ 〔보안 옵션〕 창에서 열기 암호를 설정하고 〔확인〕을 클릭하면 〔암호 확인〕

창이 뜬다. 다시 암호를 입력하고 [확인]을 클릭한다.

④ 파일 이름을 지정하고 [확인]을 클릭한다.

⑤ 파워포인트 프로그램을 종료하고 저장한 파일을 열면 암호를 입력해야만 파일이 열린다.

⑥ [파일] – [다른 이름으로 저장]을 클릭한다.

⑦ [다른 이름으로 저장] 창에서 [도구] – [보안 옵션]을 클릭한다.

⑧ [보안 옵션] 창에서 쓰기 암호를 설정하고 [확인]을 클릭하면 [암호 확인] 창이 뜬다. 다시 암호를 입력하고 [확인]을 클릭한다.

⑨ 파일 이름을 지정하고 [확인]을 클릭한다.

⑩ 파워포인트 프로그램을 종료하고 저장한 파일을 열면 암호를 입력해야만 파일이 열린다.

TIP 배우기

➡ 특정한 사람에게만 파일을 변경할 권한을 줄 때

공동 작업을 하거나 또는 웹에 프레젠테이션 파일을 업로드 하여 게시할 때 일반 청중들은 읽기만 가능하고 특정 권한이 있는 사람만 파일 내용을 변경할 수 있도록 지정하려면 '쓰기 암호'를 지정하면 된다.

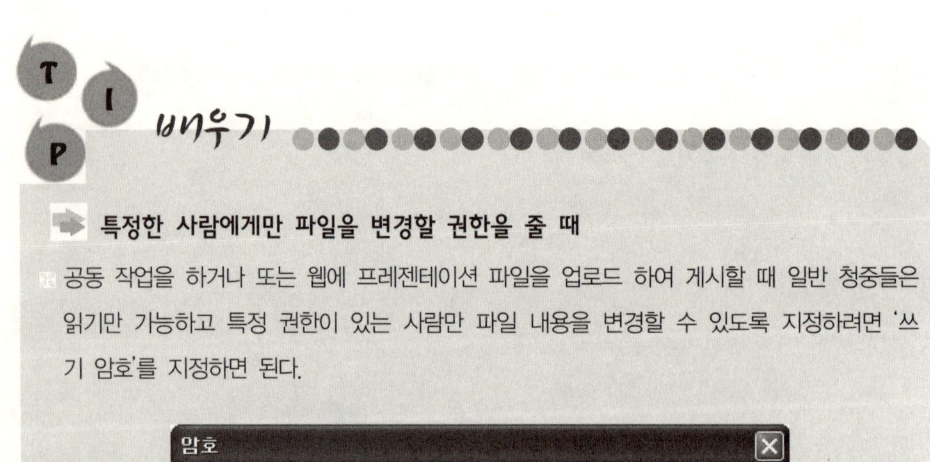

➡➡ **따라하기3** │ 발표 예행 연습하기

① 〔슬라이드 쇼〕 – 〔예행 연습〕을 클릭한다.

② 슬라이드 쇼를 진행한다. 상단에 예행 연습 도구 모음이 표시 된다.

③ 슬라이드 쇼가 끝나면 슬라이드 쇼에 걸린 시간이 나타나면서 이 시간을 슬라이드 시간으로 사용할 것인지를 묻는 말이 나오는데 '예'를 클릭한다.

④ 예행 연습이 완료되면 각 슬라이드 마다 발표 때 걸리는 시간이 슬라이드 아래에 표시된다.

➡➡ **따라하기4** │ 파워포인트 뷰어 설치하기

① 웹 브라우저를 실행하고 검색엔진에 '마이크로소프트'사 홈페이지를 검색하여 이동한다.

② 왼쪽 창의 〔제품 정보〕 – 〔Office〕를 클릭한다.

③ 왼쪽 창의 〔다운로드〕를 클릭하고 'PowerPoint 2003 Viewer'를 클릭한다.

④ 다운로드 센터에서 'PowerPoint 2003 Viewer' 〔다운로드〕를 클릭한다.

⑤ 〔파일 다운로드〕 창에서 저장을 클릭하고 저장 위치를 선정하고 〔저장〕을 클릭한다.

⑥ 다운로드 받은 파일을 열고 설치한다.

⑦ 〔시작〕 – 〔프로그램〕 – 〔Microsoft Office PowerPoint Viewer 2003〕을 클릭하고 파워포인트 파일을 선택하고 〔열기〕를 클릭한다.

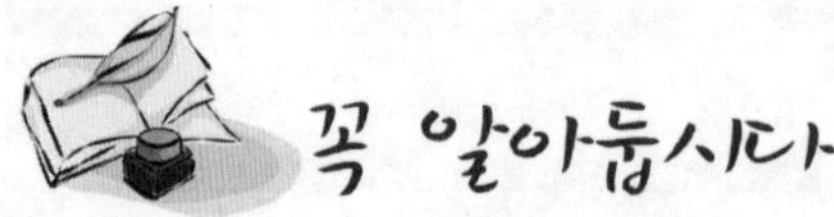

슬라이드 쇼와 관련된 단축키

※ [Esc] : 슬라이드 쇼 중지

※ 숫자 + [Enter↵] : 해당 번호를 가지는 슬라이드로 이동

※ [←], [Page Up] : 이전 슬라이드로 이동

※ [Space Bar], [Enter↵], [Page Down] : 다음 애니메이션을 실행 또는 다음 슬라이드로 이동

※ [Shift] + [⇥] : 마지막 슬라이드 또는 이전 하이퍼링크로 이동

참고 문헌

한정선(1999), 『프리젠테이션 오! 프리젠테이션』, 김영사.

타나구치 마사카즈 지음, 나상억 옮김(2002), 『프레젠테이션의 성공법칙』, 일빛.

다케시마 시나치로(2003), 『도해형 기획서 작성 비책』, 교학사.

원동현(2000), 『5차원 전면교육학습법』, 김영사.

소강춘·원동현·주경미(2004), 『정보화 시대의 속해학습법』, 태학사.

페트릭 G. 라일리 지음, 안진환 옮김(2002), 『강력하고 간결한 한 장의 기획서』, 을유문화사.

야마다 즈니 지음, 오희옥 옮김(2001), 『백 마디 말보다 강력한 페이퍼 한 장』, 명진출판.

야하타 히로시 지음, 나상억 옮김(1996), 『프리젠테이션 박사』, 21세기북스.

이수라·장미영·장창영(2005), 『리더의 화법과 프레젠테이션』, 글솟대.

밥 파이크(2002), 『교육자를 위한 창의적 교육기법 워크숍 자료집』, 한국리더십센터.

밥 파이크, 김경섭 외 역(2004), 『창의적 교육법 워크숍』, 김영사.

게리 스펜스, 이순주 역(2002), 『논쟁으로 이기는 법, 논쟁 없이 이기는 법』, 세종서적.

이토카와 히데오(1997), 『창조성 조직공학』, 고려원.

표준 발음법

제1장 총 칙

제1항 표준 발음법은 표준어의 실제 발음을 따르되, 국어의 전통성과 합리성을 고
려하여 정함을 원칙으로 한다.

제2장 자음과 모음

제2항 표준어의 자음은 다음 19개로 한다.

ㄱ ㄲ ㄴ ㄷ ㄸ ㄹ ㅁ ㅂ ㅃ ㅅ ㅆ ㅇ ㅈ ㅉ ㅊ
ㅋ ㅌ ㅍ ㅎ

제3항 표준어의 모음은 다음 21개로 한다.

ㅏ ㅐ ㅑ ㅒ ㅓ ㅔ ㅕ ㅖ ㅗ ㅘ ㅙ ㅚ ㅛ ㅜ ㅝ
ㅞ ㅟ ㅠ ㅡ ㅢ ㅣ

제4항 'ㅏ ㅐ ㅓ ㅔ ㅗ ㅚ ㅜ ㅟ ㅡ ㅣ'는 단모음(單母音)으로 발음한다.

〔붙임〕 'ㅚ, ㅟ'는 이중 모음으로 발음할 수 있다.

제5항 'ㅑ ㅒ ㅕ ㅖ ㅘ ㅙ ㅛ ㅝ ㅞ ㅠ ㅢ'는 이중 모음으로 발음한다.

다만 1. 용언의 활용형에 나타나는 '져, 쪄, 쳐'는 〔저, 쩌, 처〕로 발음한다.

가지어 → 가져〔가저〕   찌어 → 쪄〔쩌〕   다치어 → 다쳐〔다처〕

다만 2. '예, 례' 이외의 'ㅖ'는 〔ㅔ〕로도 발음한다.

계집〔계 : 집/게 : 집〕   계시다〔계 : 시다/게 : 시다〕

시계〔시계/시게〕(時計)   연계〔연계/연게〕(連繫)

몌별〔몌별/메별〕(袂別)   개폐〔개폐/개페〕(開閉)

혜택〔혜 : 택/헤 : 택〕(惠澤)   지혜〔지혜/지헤〕(智慧)

다만 3. 자음을 첫소리로 가지고 있는 음절의 'ㅢ'는 〔ㅣ〕로 발음한다.

닐리리   닁큼   무늬   띄어쓰기   씌어

틔어   희어   희떱다   희망   유희

다만 4. 단어의 첫음절 이외의 '의'는 〔ㅣ〕로, 조사 '의'는 〔ㅔ〕로 발음함도 허
용한다.

주의〔주의/주이〕   협의〔혀븨/혀비〕

우리의〔우리의/우리에〕

강의의〔강 : 의의/강 : 이에〕

제3장 음의 길이

제6항 모음의 장단을 구별하여 발음하되, 단어의 첫음절에서만 긴소리가 나타나는
것을 원칙으로 한다.

(1) 눈보라〔눈 : 보라〕   말씨〔말 : 씨〕   밤나무〔밤 : 나무〕

많다〔만 : 타〕   멀리〔멀 : 리〕   벌리다〔벌 : 리다〕

(2) 첫눈〔천눈〕   참말〔참말〕   쌍동밤〔쌍동밤〕

수많이〔수 : 마니〕   눈멀다〔눈멀다〕   떠벌리다〔떠벌리다〕

다만, 합성어의 경우에는 둘째 음절 이하에서도 분명한 긴소리를 인정한다.

반신반의〔반 : 신 바 : 늬/반 : 신 바 : 니〕   재삼재사〔재 : 삼 재 : 사〕

〔붙임〕 용언의 단음절 어간에 어미 '-아/-어'가 결합되어 한 음절로 축약되는 경우에도 긴소리로 발음한다.

보아 → 봐〔봐ː〕　　기어 → 겨〔겨ː〕　　되어 → 돼〔돼ː〕

두어 → 둬〔둬ː〕　　하여 → 해〔해ː〕

다만, '오아 → 와, 지어 → 져, 찌어 → 쪄, 치어 → 쳐' 등은 긴소리로 발음하지 않는다.

제7항　긴소리를 가진 음절이라도, 다음과 같은 경우에는 짧게 발음한다.

1. 단음절인 용언 어간에 모음으로 시작된 어미가 결합되는 경우

감다〔감ː따〕 - 감으니〔가므니〕　　밟다〔밥ː따〕 - 밟으면〔발브면〕

신다〔신ː따〕 - 신어〔시너〕　　알다〔알ː다〕 - 알아〔아라〕

다만, 다음과 같은 경우에는 예외적이다.

끌다〔끌ː다〕 - 끌어〔끄ː러〕　　떫다〔떨ː따〕 - 떫은〔떨ː븐〕

벌다〔벌ː다〕 - 벌어〔버ː러〕　　썰다〔썰ː다〕 - 썰어〔써ː러〕

없다〔업ː따〕 - 없으니〔업ː쓰니〕

2. 용언 어간에 피동, 사동의 접미사가 결합되는 경우

감다〔감ː따〕 - 감기다〔감기다〕　　꼬다〔꼬ː다〕 - 꼬이다〔꼬이다〕

밟다〔밥ː따〕 - 밟히다〔발피다〕

다만, 다음과 같은 경우에는 예외적이다.

끌리다〔끌ː리다〕　　벌리다〔벌ː리다〕　　없애다〔업ː쌔다〕

〔붙임〕 다음과 같은 복합어[1]에서는 본디의 길이에 관계없이 짧게 발음한다.

---

1) 학교 문법 용어에 따른다면 이 '복합어'는 '합성어'가 된다.

밀 – 물   썰 – 물   쏜 – 살 – 같이[2]   작은 – 아버지

제4장   받침의 발음

제8항   받침소리로는 'ㄱ, ㄴ, ㄷ, ㄹ, ㅁ, ㅂ, ㅇ'의 7개 자음만 발음한다.

제9항   받침 'ㄲ, ㅋ', 'ㅅ, ㅆ, ㅈ, ㅊ, ㅌ', 'ㅍ'은 어말 또는 자음 앞에서 각각 대표음 [ㄱ, ㄷ, ㅂ]으로 발음한다.

닦다[닥따]   키읔[키윽]   키읔과[키윽꽈]   옷[옫]

웃다[욷 : 따]   있다[읻따]   젖[젇]   빚다[빋따]

꽃[꼳]   쫓다[쫃따]   솥[솓]   뱉다[밷 : 따])

앞[압]   덮다[덥따]

제10항   겹받침 'ㄳ', 'ㄵ', 'ㄼ, ㄽ, ㄾ', 'ㅄ'은 어말 또는 자음 앞에서 각각 [ㄱ, ㄴ, ㄹ, ㅂ]으로 발음한다.

넋[넉]   넋과[넉꽈]   앉다[안따]   여덟[여덜]

넓다[널따]   외곬[외골]   핥다[할따]   값[갑]

없다[업 : 따]

다만, '밟 –'은 자음 앞에서 [밥]으로 발음하고, '넓 –'은 다음과 같은 경우에 [넙]으로 발음한다.

(1) 밟다[밥 : 따]   밟소[밥 : 쏘]   밟지[밥 : 찌]

밟는[밥 : 는→밤 : 는]   밟게[밥 : 께]   밟고[밥 : 꼬]

(2) 넓 – 죽하다[넙쭈카다]   넓 – 둥글다[넙뚱글다]

---

2) 이를 '쏜살같 – 이'로 분석한다고 생각할 수 있으나, 고시본대로 둔다.

제11항 겹받침 'ㄺ, ㄻ, ㄿ'은 어말 또는 자음 앞에서 각각 [ㄱ, ㅁ, ㅂ]으로 발음한다.

      닭[닥]   흙과[흑꽈]   맑다[막따]   늙지[늑찌]

      삶[삼ː]   젊다[점ː따]   읊고[읍꼬]   읊다[읍따]

다만, 용언의 어간 말음 'ㄺ'은 'ㄱ' 앞에서 [ㄹ]로 발음한다.

      맑게[말께]   묽고[물꼬]   얽거나[얼꺼나]

제12항 받침 'ㅎ'의 발음은 다음과 같다.

1. 'ㅎ(ㄶ, ㅀ)' 뒤에 'ㄱ, ㄷ, ㅈ'이 결합되는 경우에는, 뒤 음절 첫소리와 합쳐서 [ㅋ, ㅌ, ㅊ]으로 발음한다.

      놓고[노코]   좋던[조ː턴]   쌓지[싸치]   많고[만ː코]

      않던[안턴]   닳지[달치]

[붙임 1] 받침 'ㄱ(ㄺ), ㄷ, ㅂ(ㄼ), ㅈ(ㄵ)'이 뒤 음절 첫소리 'ㅎ'과 결합되는 경우에도, 역시 두 음을 합쳐서 [ㅋ, ㅌ, ㅍ, ㅊ]으로 발음한다.

      각하[가카]   먹히다[머키다]   밝히다[발키다]

      맏형[마텽]   좁히다[조피다]   넓히다[널피다]

      꽂히다[꼬치다]   앉히다[안치다]

[붙임 2] 규정에 따라 'ㄷ'으로 발음되는 'ㅅ, ㅈ, ㅊ, ㅌ'의 경우에도 이에 준한다.

      옷 한 벌[오탄벌]   낮 한때[나탄때]   꽃 한 송이[꼬탄송이]

      숱하다[수타다]

2. 'ㅎ(ㄶ, ㅀ)' 뒤에 'ㅅ'이 결합되는 경우에는, 'ㅅ'을 [ㅆ]으로 발음한다.

      닿소[다쏘]   많소[만ː쏘]   싫소[실쏘]

3. 'ㅎ' 뒤에 'ㄴ'이 결합되는 경우에는, 〔ㄴ〕으로 발음한다.

　　　놓는〔논는〕　　　　　쌓네〔싼네〕

〔붙임〕 'ㄶ, ㅀ' 뒤에 'ㄴ'이 결합되는 경우에는, 'ㅎ'을 발음하지 않는다.

　　　않네〔안네〕　　않는〔안는〕　　뚫네〔뚤네 → 뚤레〕　　뚫는〔뚤는 → 뚤른〕
　　　* '뚫네〔뚤네 → 뚤레〕, 뚫는〔뚤는 → 뚤른〕'에 대해서는 제20항 참조.

4. 'ㅎ(ㄶ, ㅀ)' 뒤에 모음으로 시작된 어미나 접미사가 결합되는 경우에는, 'ㅎ'을
　　발음하지 않는다.

　　　낳은〔나은〕　　　놓아〔노아〕　　　쌓이다〔싸이다〕　　　많아〔마 : 나〕
　　　않은〔아는〕　　　닳아〔다라〕　　　싫어도〔시러도〕

제13항　홑받침이나 쌍받침이 모음으로 시작된 조사나 어미, 접미사와 결합되는 경
　　우에는, 제 음가대로 뒤 음절 첫소리로 옮겨 발음한다.

　　　깎아〔까까〕　　　옷이〔오시〕　　　있어〔이써〕　　　낮이〔나지〕
　　　꽂아〔꼬자〕　　　꽃을〔꼬츨〕　　　쫓아〔쪼차〕　　　밭에〔바테〕
　　　앞으로〔아프로〕　　덮이다〔더피다〕

제14항　겹받침이 모음으로 시작된 조사나 어미, 접미사와 결합되는 경우에는, 뒤
　　엣것만을 뒤 음절 첫소리로 옮겨 발음한다.(이 경우, 'ㅅ'은 된소리로 발음함.)

　　　넋이〔넉씨〕　　　앉아〔안자〕　　　닭을〔달글〕　　　젊어〔절머〕
　　　곬이〔골씨〕　　　핥아〔할타〕　　　읊어〔을퍼〕　　　값을〔갑쓸〕
　　　없어〔업 : 써〕

제15항　받침 뒤에 모음 'ㅏ, ㅓ, ㅗ, ㅜ, ㅟ'들로 시작되는 실질 형태소가 연결되
　　는 경우에는, 대표음으로 바꾸어서 뒤 음절 첫소리로 옮겨 발음한다.

　　　밭 아래〔바다래〕　　　늪 앞〔느밥〕　　　젖어미〔저더미〕

맛없다[마덥따]　　　　겉옷[거돋]　　　　헛웃음[허두슴]
꽃 위[꼬뒤]

다만, '맛있다, 멋있다'는 [마싣따], [머싣따]로도 발음할 수 있다.

[붙임] 겹받침의 경우에는, 그 중 하나만을 옮겨 발음한다.

넋없다[너겁따]　　닭 앞에[다가페]　　값어치[가버치]
값있는[가빈는]

제16항　한글 자모의 이름은 그 받침소리를 연음하되, 'ㄷ, ㅈ, ㅊ, ㅋ, ㅌ, ㅍ, ㅎ'
의 경우에는 특별히 다음과 같이 발음한다.

디귿이[디그시]　　　디귿을[디그슬]　　　디귿에[디그세]
지읒이[지으시]　　　지읒을[지으슬]　　　지읒에[지으세]
치읓이[치으시]　　　치읓을[치으슬]　　　치읓에[치으세]
키읔이[키으기]　　　키읔을[키으글]　　　키읔에[키으게]
티읕이[티으시]　　　티읕을[티으슬]　　　티읕에[티으세]
피읖이[피으비]　　　피읖을[피으블]　　　피읖에[피으베]
히읗이[히으시]　　　히읗을[히으슬]　　　히읗에[히으세]

제5장　음의 동화

제17항　받침 'ㄷ, ㅌ(ㄸ)'이 조사나 접미사의 모음 'ㅣ'와 결합되는 경우에는, [ㅈ,
ㅊ]으로 바꾸어서 뒤 음절 첫소리로 옮겨 발음한다.

곧이듣다[고지듣따]　　굳이[구지]　　　미닫이[미다지]
땀받이[땀바지]　　　　밭이[바치]　　　벼훑이[벼훌치]

[붙임]　'ㄷ' 뒤에 접미사 '히'가 결합되어 '티'를 이루는 것은 [치]로 발음한다.

굳히다[구치다]　　　　닫히다[다치다]　　　묻히다[무치다]

제18항 받침 'ㄱ(ㄲ, ㅋ, ㄳ, ㄺ), ㄷ(ㅅ, ㅆ, ㅈ, ㅊ, ㅌ, ㅎ), ㅂ(ㅍ, ㄼ, ㄿ, ㅄ)'은 'ㄴ, ㅁ' 앞에서 [ㅇ, ㄴ, ㅁ]으로 발음한다.

먹는[멍는]　　　국물[궁물]　　　깎는[깡는]　　　키읔만[키응만]
몫몫이[몽목씨]　긁는[긍는]　　　흙만[흥만]　　　닫는[단는]
짓는[진 : 는]　　옷맵시[온맵씨]　있는[인는]　　　맞는[만는]
젖멍울[전멍울]　쫓는[쫀는]　　　꽃망울[꼰망울]　붙는[분는]
놓는[논는]　　　잡는[잠는]　　　밥물[밤물]　　　앞마당[암마당]
밟는[밤 : 는]　　읊는[음는]　　　없는[엄 : 는]　　값매다[감매다]

[붙임] 두 단어를 이어서 한 마디로 발음하는 경우에도 이와 같다.

책 넣는다[챙넌는다]　흙 말리다[흥말리다]　옷 맞추다[온마추다]
밥 먹는다[밤멍는다]　값 매기다[감매기다]

제19항 받침 'ㅁ, ㅇ' 뒤에 연결되는 'ㄹ'은 [ㄴ]으로 발음한다.

담력[담 : 녁]　　침략[침냑]　　　강릉[강능]　　　항로[항 : 노]
대통령[대 : 통녕]

[붙임] 받침 'ㄱ, ㅂ' 뒤에 연결되는 'ㄹ'도 [ㄴ]으로 발음한다.[3]

막론[막논 → 망논]　　백리[백니 → 뱅니]　　협력[협녁 → 혐녁]
십리[십니 → 심니]

제20항 'ㄴ'은 'ㄹ'의 앞이나 뒤에서 [ㄹ]로 발음한다.

(1) 난로[날 : 로]　　신라[실라]　　　천리[철리]　　　광한루[광 : 할루]
　　대관령[대 : 괄령]

(2) 칼날[칼랄]　　　물난리[물랄리]　　줄넘기[줄럼끼]　　할는지[할른지]

---

3) 예시어 중 '백리', '십리'를 '백 리', '십 리'처럼 띄어 쓸 수 있겠으나, 현용 사전에서 이들을 하나의 단어로 처리한 것도 있으므로, 고시본대로 두기로 한다.

〔붙임〕 첫소리 'ㄴ'이 'ㅀ', 'ㄾ' 뒤에 연결되는 경우에도 이에 준한다.

　　닳는〔달른〕　　　　뚫는〔뚤른〕　　　　핥네〔할레〕

다만, 다음과 같은 단어들은 'ㄹ'을 〔ㄴ〕으로 발음한다.

　　의견란〔의 : 견난〕　　임진란〔임 : 진난〕　　생산량〔생산냥〕
　　결단력〔결딴녁〕　　　공권력〔공꿘녁〕　　　동원령〔동 : 원녕〕
　　상견례〔상견녜〕　　　횡단로〔횡단노〕　　　이원론〔이 : 원논〕
　　입원료〔이붠뇨〕　　　구근류〔구근뉴〕

제21항　위에서 지적한 이외의 자음 동화는 인정하지 않는다.

　　감기〔감 : 기〕(×〔강 : 기〕)　　　옷감〔옫깜〕(×〔옥깜〕)
　　있고〔읻꼬〕(×〔익꼬〕)　　　　　꽃길〔꼳낄〕(×〔꼭낄〕)
　　젖먹이〔전머기〕(×〔점머기〕)　　문법〔문뻡〕(×〔뭄뻡〕)
　　꽃밭〔꼳빧〕(×〔꼽빧〕)

제22항　다음과 같은 용언의 어미는 〔어〕로 발음함을 원칙으로 하되, 〔여〕로 발음함
　도 허용한다.

　　되어〔되어/되여〕　　　　　피어〔피어/피여〕

〔붙임〕 '이오, 아니오'도 이에 준하여 〔이요, 아니요〕로 발음함을 허용한다.

제6장　경음화

제23항　받침 'ㄱ(ㄲ, ㅋ, ㄳ, ㄺ), ㄷ(ㅅ, ㅆ, ㅈ, ㅊ, ㅌ), ㅂ(ㅍ, ㄼ, ㄿ, ㅄ)' 뒤에
　연결되는 'ㄱ, ㄷ, ㅂ, ㅅ, ㅈ'은 된소리로 발음한다.

　　국밥〔국빱〕　　깎다〔깍따〕　　넋받이〔넉빠지〕　　삯돈〔삭똔〕
　　닭장〔닥짱〕　　칡범〔칙뺌〕　　뻗대다〔뻗때다〕　　옷고름〔옫꼬름〕

있던[읻떤]　　　꽂고[꼳꼬]　　　꽃다발[꼳따발]　　　낯설다[낟썰다]

밭갈이[받까리]　솥전[솓쩐]　　　곱돌[곱똘]　　　　덮개[덥깨]

옆집[엽찝]　　　넓죽하다[넙쭈카다]　　　읊조리다[읍쪼리다]

값지다[갑찌다]

제24항　어간 받침 ‘ㄴ(ㄵ), ㅁ(ㄻ)’ 뒤에 결합되는 어미의 첫소리 ‘ㄱ, ㄷ, ㅅ, ㅈ’
　　　　은 된소리로 발음한다.

　　　　신고[신 : 꼬]　　　껴안다[껴안따]　　　앉고[안꼬]　　　　얹다[언따]
　　　　삼고[삼 : 꼬]　　　더듬지[더듬찌]　　　닮고[담 : 꼬]　　　젊지[점 : 찌]

　　　　다만, 피동, 사동의 접미사 ‘-기-’는 된소리로 발음하지 않는다.

　　　　안기다　　　　　　감기다　　　　　　굶기다　　　　　　옮기다

제25항　어간 받침 ‘ㄼ, ㄾ’ 뒤에 결합되는 어미의 첫소리 ‘ㄱ, ㄷ, ㅅ, ㅈ’은 된소리
　　　　로 발음한다.

　　　　넓게[널께]　　　　핥다[할따]　　　　훑소[훌쏘]　　　　떫지[떨 : 찌]

제26항　한자어에서, ‘ㄹ’ 받침 뒤에 연결되는 ‘ㄷ, ㅅ, ㅈ’은 된소리로 발음한다.

　　　　갈등[갈뜽]　　　　발동[발똥]　　　　절도[절또]　　　　말살[말쌀]
　　　　불소[불쏘](弗素)　일시[일씨]　　　　갈증[갈쯩]　　　　물질[물찔]
　　　　발전[발쩐]　　　　몰상식[몰쌍식]　　불세출[불쎄출]

　　　　다만, 같은 한자가 겹쳐진 단어의 경우에는 된소리로 발음하지 않는다.

　　　　허허실실[허허실실](虛虛實實)　　　절절-하다[절절하다](切切-)

제27항　관형사형 ‘-(으)ㄹ’ 뒤에 연결되는 ‘ㄱ, ㄷ, ㅂ, ㅅ, ㅈ’은 된소리로 발음한다.

　　　　할 것을[할꺼슬]　　　갈 데가[갈떼가]　　　할 바를[할빠를]

할 수는[할쑤는]　　할 적에[할쩌게]　　갈 곳[갈꼳]

할 도리[할또리]　　만날 사람[만날싸람]

다만, 끊어서 말할 적에는 예사소리로 발음한다.

[붙임] '-(으)ㄹ'로 시작되는 어미의 경우에도 이에 준한다.

할걸[할껄]　　　　할밖에[할빠께]　　할세라[할쎄라]

할수록[할쑤록]　　할지라도[할찌라도]　할지언정[할찌언정]

할진대[할찐대]

제28항　표기상으로는 사이시옷이 없더라도, 관형격 기능을 지니는 사이시옷이 있어야 할(휴지가 성립되는) 합성어의 경우에는, 뒤 단어의 첫소리 'ㄱ, ㄷ, ㅂ, ㅅ, ㅈ'을 된소리로 발음한다.

문-고리[문꼬리]　　눈-동자[눈똥자]　　신-바람[신빠람]

산-새[산쌔]　　　　손-재주[손째주]　　길-가[길까]

물-동이[물똥이]　　발-바닥[발빠닥]　　굴-속[굴 : 쏙]

술-잔[술짠]　　　　바람-결[바람껼]　　그믐-달[그믐딸]

아침-밥[아침빱]　　잠-자리[잠싸리]　　강-가[강까]

초승-달[초승딸]　　등-불[등뿔]　　　　창-살[창쌀]

강-줄기[강쭐기]

제7장　음의 첨가

제29항　합성어 및 파생어에서, 앞 단어나 접두사의 끝이 자음이고 뒤 단어나 접미사의 첫음절이 '이, 야, 여, 요, 유'인 경우에는, 'ㄴ' 음을 첨가하여 [니, 냐, 녀, 뇨, 뉴]로 발음한다.

솜-이불[솜 : 니불]　　홑-이불[혼니불]　　막-일[망닐]

삯 - 일〔상닐〕　　맨 - 입〔맨닙〕　　꽃 - 잎〔꼰닙〕

내복 - 약〔내 : 봉냑〕　　한 - 여름〔한녀름〕　　남존 - 여비〔남존녀비〕

신 - 여성〔신녀성〕　　색 - 연필〔생년필〕　　직행 - 열차〔지캥녈차〕

늑막 - 염〔능망념〕　　콩 - 엿〔콩녇〕　　담 - 요〔담 : 뇨〕

눈 - 요기〔눈뇨기〕　　영업 - 용〔영엄농〕　　식용 - 유〔시굥뉴〕

국민 - 윤리〔궁민뉼리〕　　밤 - 윷〔밤 : 눋〕

　　다만, 다음과 같은 말들은 'ㄴ' 음을 첨가하여 발음하되, 표기대로　발음할 수
있다.

이죽 - 이죽〔이중니죽/이주기죽〕　　야금 - 야금〔야금냐금/야그먀금〕

검열〔검 : 녈/거 : 멸〕　　욜랑 - 욜랑〔욜랑놀랑/욜랑욜랑〕

금융〔금늉/그뮹〕

〔붙임 1〕 'ㄹ' 받침 뒤에 첨가되는 'ㄴ' 음은 〔ㄹ〕로 발음한다.

들 - 일〔들 : 릴〕　　솔 - 잎〔솔립〕　　설 - 익다〔설릭따〕

물 - 약〔물략〕　　불 - 여우〔불려우〕　　서울 - 역〔서울력〕

물 - 엿〔물렫〕　　휘발 - 유〔휘발류〕　　유들 - 유들〔유들류들〕

〔붙임 2〕 두 단어를 이어서 한 마디로 발음하는 경우에도 이에 준한다.[4]

한 일〔한닐〕　　옷 입다〔온닙따〕　　서른여섯〔서른녀섣〕

3 연대〔삼년대〕　　먹은 엿〔머근녇〕　　할 일〔할릴〕

잘 입다〔잘립따〕　　스물여섯〔스물려섣〕　　1 연대〔일련대〕

먹을 엿〔머글렫〕

　　다만, 다음과 같은 단어에서는 'ㄴ(ㄹ)' 음을 첨가하여 발음하지 않는다.

6 · 25〔유기오〕　　3 · 1절〔사밀쩔〕　　송별 - 연〔송 : 벼련〕

---

4) 예시어 중 '서른여섯〔서른녀섣〕', '스물여섯〔스물려섣〕'을 한 단어로 보느냐 두 단어로 보느냐에 대하여 논란의 여지가 있으나,
　여기에서는 고시본에서 제시한 대로 두기로 한다.

등 - 용문[등용문][5]

제30항 사이시옷이 붙은 단어는 다음과 같이 발음한다.

1. 'ㄱ, ㄷ, ㅂ, ㅅ, ㅈ'으로 시작하는 단어 앞에 사이시옷이 올 때는 이들 자음만을 된소리로 발음하는 것을 원칙으로 하되, 사이시옷을 [ㄷ]으로 발음하는 것도 허용한다.

    냇가[내 : 까/낻 : 까]　　샛길[새 : 낄/샏 : 낄]　　빨랫돌[빨래똘/빨랟똘]

    콧등[코뜽/콛뜽]　　깃발[기빨/긷빨]　　대팻밥[대 : 패빱/대 : 팯빱]

    햇살[해쌀/핻쌀]　　뱃속[배쏙/밷쏙]　　뱃전[배쩐/밷쩐]

    고갯짓[고개찓/고갣찓]

2. 사이시옷 뒤에 'ㄴ, ㅁ'이 결합되는 경우에는 [ㄴ]으로 발음한다.

    콧날[콛날 → 콘날]　　　　아랫니[아랟니 → 아랜니]

    툇마루[퇻 : 마루 → 퇸 : 마루]　　뱃머리[밷머리 → 밴머리]

3. 사이시옷 뒤에 '이' 음이 결합되는 경우에는 [ㄴㄴ]으로 발음한다.

    베갯잇[베갣닏 → 베갠닏]　　깻잎[깯닙 → 깬닙]

    나뭇잎[나묻닙 → 나문닙]　　도리깻열[도리깯녈 → 도리깬녈]

    뒷윷[뒫 : 늗 → 뒨 : 늗]

---

5) 고시본에서 '등용 - 문[등용문]'으로 보인 것을 위와 같이 바로잡았다.

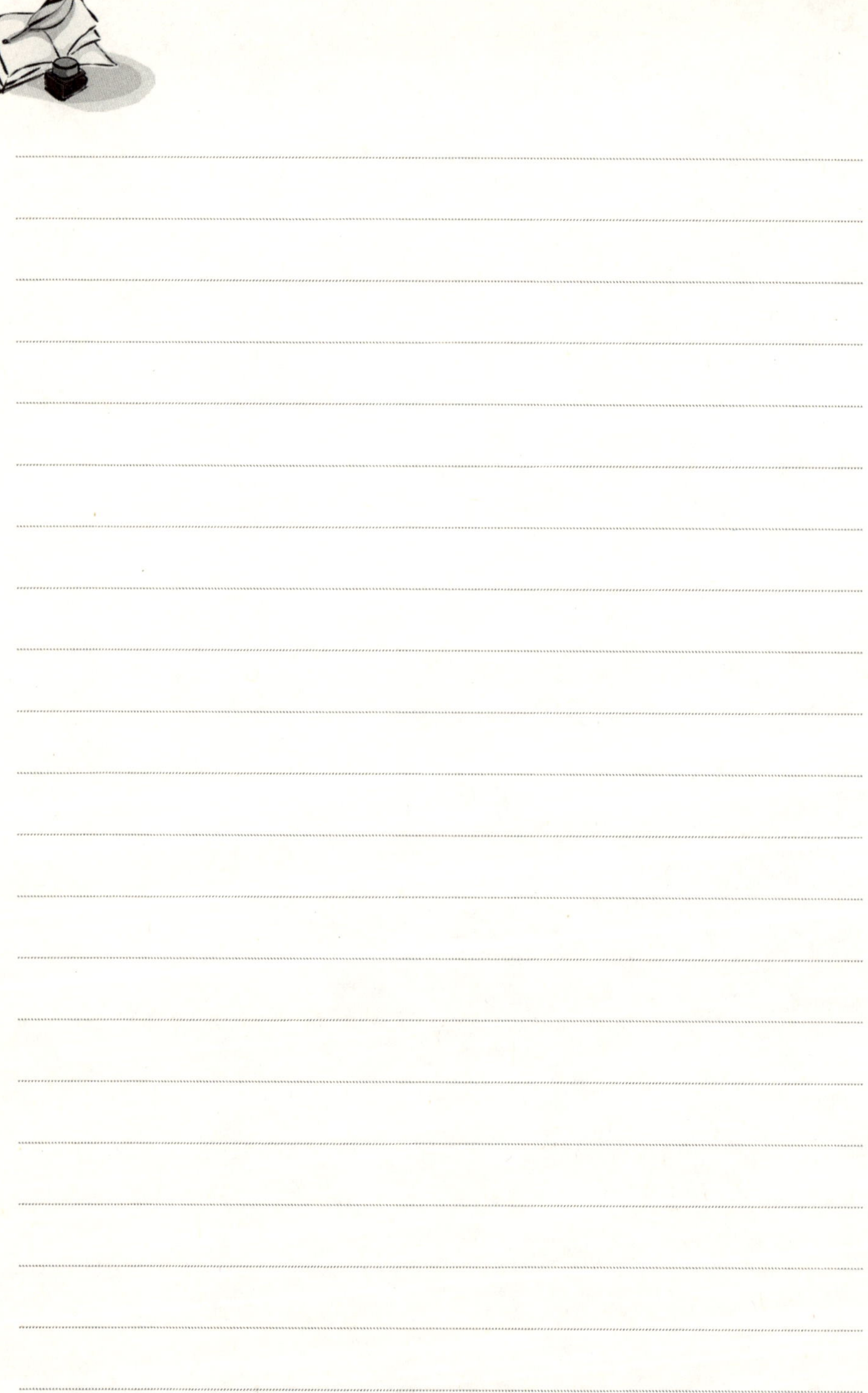